MARCO POLO

Unvergessliche Wohnmobiltrips von Norwegen bis Schottland

Eine eigene Windmühle – wie diese im südschwedischen Mörbylånga – gehörte früher auf Öland zum guten Ton

Inhalt

Norwegen 12

- Nordnorwegen: Von Bodø nach Andenes **18**
  Nördlich des Polarkreises

- Südnorwegen: Von Måløy nach Ålesund **32**
  Viel Landschaft mit viel Aussicht

Südschweden 46

- Vom Süden der Ostküste nach Stockholm **52**
  Tausend kleine Einsamkeiten

- Von Norrköping zum Nationalpark Tresticklan **64**
  Seen, so groß wie Meere

Dänemark 76

- Von Skagen zur Insel Mors **82**
  Jütlands magische Ostseeküste

- Von Kopenhagen zur Großer-Belt-Brücke **94**
  Slow Travel in Sjælland

Estland, Lettland & Litauen 108

- Litauen & Lettland: Von der Kurischen Nehrung zum Kap Kolka **114**
  Das Beste in Sachen Strand & Meer

- Lettland: Einmal komplett um die Rigaer Bucht **128**
  Dschungel, Strand & baltische Kapitale

- Estland: Von Tallinn zum lettischen Razna-See **140**
  Tiefe Provinz & coole Hauptstadt

Deutsche Ost- & Nordseeküste 154

- Ostseeküste: Von Preetz nach Travemünde **160**
  Wo die Schweiz nah am Meer liegt

- Nordseeküste: Von Büsum nach Nordstrand **172**
  Schmucke Städte auf dem Festland

Schottland 186

- Rundtour von Edinburgh über Melrose & North Berwick **192**
  Romantikrunde zu Abteien & Küste

- Von Glasgow über Loch Lomond zur Insel Skye **204**
  Enge & Weite – ein Roadmovie

Niederlande 218

- Von Rotterdam bis Texel **224**
  Entlang einer endlosen Küste

- Rundtour von Urk über den Afsluitdijk & Amsterdam **238**
  Romantisches Ijsselmeer

Herrliche Panoramatouren erwarten dich und dein Womo auf dem Weg durchs nördliche Europa: hier auf der Atlantikstraße von Vevang nach Kårvåg in Südnorwegen

NORWEGEN
Von Måløy nach Ålesund
Viel Landschaft mit viel Aussicht

SCHOTTLAND
Von Glasgow über Loch Lomond zur Insel Skye
Enge & Weite – ein Roadmovie

DÄNEMARK
Von Skagen zur Insel Mors
Jütlands magische Ostseeküste

DÄNEMARK
Von Kopenhagen zur Großer-Belt-Brücke
Slow Travel in Sjælland

SCHOTTLAND
Rundtour von Edinburgh über Melrose & North Berwick
Romantikrunde zu Abteien & Küste

DEUTSCHE NORDSEEKÜSTE
Von Büsum nach Nordstrand
Schmucke Städte auf dem Festland

NIEDERLANDE
Rundtour von Urk über den Afsluitdijk & Amsterdam
Romantisches Ijsselmeer

DEUTSCHE OSTSEEKÜSTE
Von Preetz nach Travemünde
Wo die Schweiz nah am Meer liegt

NIEDERLANDE
Von Rotterdam bis Texel
Entlang einer endlosen Küste

Alle Touren im Überblick

Unvergessliche Campingtrips

NORWEGEN
Von Bodø nach Andenes
Nördlich des Polarkreises

SÜDSCHWEDEN
Von Norrköping zum Nationalpark Tresticklan
Seen, so groß wie Meere

SÜDSCHWEDEN
Vom Süden der Ostküste nach Stockholm
Tausend kleine Einsamkeiten

ESTLAND
Von Tallinn zum lettischen Razna-See
Tiefe Provinz & coole Hauptstadt

LETTLAND
Einmal komplett um die Rigaer Bucht
Dschungel, Strand & baltische Kapitale

LITAUEN & LETTLAND
Von der Kurischen Nehrung zum Kap Kolka
Das Beste in Sachen Strand & Meer

Best of Campingplätze

Für Nordlicht-Fans

Einsam an der nordnorwegischen Westküste liegt der einfache **Stellplatz Borga Eggum.** Du hast das Küstengebirge im Rücken, vor der Brust das Meer, über dem im Hochsommer die Sonne nicht untergehen will. Nur zwei Monate später siehst du hier schon die hypnotisierenden Polarlichter über den Resten deiner Lagerfeuerglut aufsteigen. Der kleine Ort Unstad ist 30 Minuten südwärts. ▶ **S. 29**

Für Romantiker

Ein Schloss, ein Wald und ein geschützter Platz für dein mobiles Zuhause am See. Und ganz viel Ruhe. Es gibt sie noch, die kleinen, feinen Campingplätze, die trotz ihrer Superlage nicht expandieren oder die Preise erhöhen. So wie **Läckö** Slott Camping, der versteckt in einem Kiefernwald auf einer verwunschenen Halbinsel am südschwedischen Vänern liegt, dem viertgrößten See Europas. Einfach, aber gut. Und den Blick auf das Barockschloss Läckö, das sich mit seinen strahlend weißen Türmchen und roten Dächern märchenhaft vor dem Blau des Sees abzeichnet, gibt es gratis dazu. ▶ **S. 73**

Für Freiheitsliebende

Sekt oder Sundowner sollten gekühlt sein! Die kleine **Dünensackgasse Damstedvej** knapp außerhalb von Skagen erlaubt freies Übernachten und die von sandigen Höhen gerahmte Stelle lädt ein zur Geselligkeit mit Mitcampern. Den Drink nehmt ihr auf dem Dünenkamm und den nächsten Tag beginnst du mit einem Strandlauf, dort wo sich Nord- und Ostsee treffen ▶ **S. 90**

Für Alle

Wenn du den einzigartigen und ursprünglichen Charakter der Kurischen Nehrung in Litauen hautnah erleben möchtest, hast du nur eine Wahl: den All-inclusive-Platz **Nidos kempingas** bei Nida. Abgesehen von großzügigen Stellflächen und einem guten Restaurant gibt es drei neue Padel-Tennisplätze, auf denen du dich auspowern kannst. Und dann geht's ab durch die Dünen zum unendlich weiten Strand, aufs Fahrrad, das Haff entdecken oder die niedlichen kleinen Fischerorte. All inclusive eben. ▶ S. 124

Für Insel-Bergsteiger

Der **Glenbrittle Camping Ground** wirkt wie eine freundliche Oase zwischen den Bergriesen der Black Cuillins und der Bucht des Loch Brittle auf der schottischen Isle of Skye. Schon die Anfahrt von den Fluss-Gumpen der Fairy Pools entlang der Berge ist fantastisch. Bergstiefel für den Aufstieg schnüren oder spazierengehen am Ufer des Loch. Tipps gibt's im kleinen Café, wo du dir morgens ein Croissant gönnst. ▶ S. 215

Für Deichgrafen

Hinter dem Deich beim **WoMoLand** auf der Halbinsel Nordstrand an der Deutschen Nordseeküste beginnt gleich ein großes Naturschutzgebiet. Kein schicker Badestrand direkt vor der Haustür, sondern nur das Blöken der Schafe, das Schreien der Möwen und das Brutzeln des Grillfleischs im Foodtruck. Totale Entspannung. Ansonsten liegt das hübsche Städtchen Husum auch nur 15 Minuten entfernt. ▶ S. 183

Für Familien

Bakkum ist ein winziger Ort bei Castricum. Hinter den stattlichen Dünen von Noord-Holland breitet sich hier ein herrlich duftender Nadelwald aus, der als Schutz vor Sonne und Regen dient. Auf dem riesigen **Camping Bakkum** ist von Fußballplätzen über Restaurants bis hin zu einer Bühne wirklich alles vorhanden, was Kindern und Erwachsenen fantastische Ferien ermöglicht. ▶ S. 235

Nach nur einer Viertelstunde Fußmarsch vom Nidos kempingas liegt dir die Baltische See zu Füßen

Best of Kulinarisches

Für Historiker

Der Handelssteg auf Svinøya ist in seiner Größe einer der am besten erhaltenen in Nordnorwegen. Dort wo sich früher Fischer, Fischkäufer und Einheimische trafen, um die neuesten Nachrichten und Gerüchte auszutauschen – also eine Gerüchteküche –, bereitet die **Børsen Spiseri** heute Fleisch- und Fischgerichte aus den frischsten regionalen Zutaten der Lofoten und der einzigartigen Speisekammer Nordnorwegens zu. Sensationell und weithin bekannt ist der Stockfisch. ▶ S. 30

Für Schleckermäulchen

Wer hat's erfunden? Eine schwedische Geschäftsfrau mit Namen Amalia Eriksson. Dem südschwedischen Städtchen Gränna verhalf sie damit zur unverwechselbaren Identität als Wiege der süßen Zuckerstange *polkagris*. In der **Polkagriskokeri** kommst du dem Geheimnis des Streifenmusters auf die Schliche, oder naschst extravagante Sorten wie „Omas Seidenkissen" und den Prinzessinnen-Mix. ▶ S. 74

Für Krustentier-Fans

Halt! Bevor du auf die Insel Mors übersetzt und Muscheln oder Austern magst, ist ein Schlemmerstopp in der dänischen **Østersbar & Glyngøre Shellfish** ein Muss. Nachhaltige Austern, Muscheln und Hummer landen ohne Umwege direkt aus dem frischen und sauberen Wasser des Limfjords auf deinem Teller. Und dazu ein selbst gebrautes Oyster Stout mit dem raffinierten Geschmack aus Mineralien, Malz und „wilder Natur". ▶ S. 93

Fisch, Fisch, Fisch – das ist Lebensmittel Nr. 1 in ganz Nordeuropa. Zu Recht, denn hier kann man ihn wirklich frisch genießen

Für Caféhausträumer

Im ältesten Café Estlands, dem **Café Maiasmokk** in Tallinn, steht ein süßes Päuschen an. Im Jahr 1913 erhielten die Caféräume ihr bis heute erhaltenes, luxuriöses Aussehen. Aus den Vitrinen und Verkaufstheken aus rötlichem Holz mit Bronzeverzierungen rufen feinste Kuchen und Torten verführerisch: „Iss mich, iss mich!" Verspeisen und genießen kannst du sie dann unter einer seltenen Glasdecke mit Gemälden aus dieser Zeit. Absolut *merveilleux!* ▶ S. 152

Für Braumeister

Geselligkeit und eine gute Zeit unter Freunden, das verspricht die Einkehr ins altehrwürdige **Brauhaus** von Eutin. Die kannst du entweder in der urigen Schankstube, im Wintergarten oder auf der Außenterrasse direkt am lebendigen Marktplatz der schleswig-holsteinischen Kreisstadt erleben. Im Brauhaus werden die natürlichen und unbehandelten Eutiner Biere gebraut, dazu kommen saisonale und regionale Gerichte auf den Tisch. ▶ S. 170

Für Sternchen

Man muss nicht Franzose sein, um französische Techniken als Grundlage seiner Kochkunst auszuwählen. Man kann auch stolzer Schotte sein, so wie der Ur-Edinburgher Martin Wishart, um der Küche seines gleichnamigen **Restaurant Martin Wishart** zu den Sternen zu verhelfen. Und das mit feinster Unterstützung von qualitativ hochwertigem schottischen Gemüse, Schalengetier und Wild. Es ist ein Erlebnis, gönnt es euch! ▶ S. 202

Für Strandläufer

Aus dem Traum der Freunde Fritz und Sander hat sich seit 2006 der wunderschöne und komplette Strandpavillon **Bada Bing** im niederländischen Bergen aan Zee entwickelt: mit vier verschiedenen Terrassen, Betten am Strand, Lounge-Bereichen und natürlich einem fantastischen Blick aufs Meer. Jetzt noch ein Baguette mit Carpaccio, Trüffelmayo und Parmesanstreuseln, dazu ein kühler Weißwein – so nämlich geht Urlaub! ▶ S. 237

Naschen erlaubt – aber nach dem Besuch in Gränna das Zähneputzen nicht vergessen

Das Panorama des Weltkulturerbefjords Geiranger ist sensationell

Velkommen im Land der Fjorde und Rentiere

Wochenlang sitzt du am Lenkrad – begeistert! Die norwegischen Straßenbauer sind wegbereitende Magier, die der von Fjordfurchen und schieren Steilwänden zerknüllten Natur im Süden Gradlinigkeit bringen. Im Norden sind die Strecken raumgreifender. Du versinkst in Fjordruhe oder in der Mückentanzstille alpiner Hochebenen. Dazwischen moderne Städte, kuriose Kirchen und Königskrabben auf dem Teller.

Rentierbegegnungen gehören in Norwegen zum Alltag

Naturbewegte Nordländer

Handy aus und raus ins Freie – Norweger wissen, wie man aktiv genießt. Sie haben aber auch kaum eine Wahl, denn bei so viel Natur im Überfluss ist der Gang vor die Tür ein Muss und wird regelrecht zum Lebenssinn. Folgerichtig hat die Bewegung an der manchmal sehr frischen Luft auch einen Namen – *friluftsliv* – Freiluftleben. Man erstarrt jedoch nicht in Ehrfurcht vor der kolossalen Berg- und Tallandschaft, sondern wandert, klettert, paddelt im Sommer, der vielerorts nur drei Monate dauert. Im Winter laufen Norweger Ski, fischen durch Löcher im Eis und flitzen mit Schneemobilen über den Zugewinn an Fläche, den die gefrorenen Seen bieten. Schnee ist das beliebteste Parkett für das *friluftsliv*, hellt stockdunkle Wintertage auf und macht die Einheimischen zu selbst erklärten Glückspilzen. Von Winterblues oder -schlaf keine Spur. Ein Autor schrieb einmal: „Norwegen ohne Schnee ist wie Hawaii ohne Palmen".

Norwegische Landschaftsmeditation

Wie wertet man eine famose Gegend aus Fjorden, Wasserfällen und Bergen in Südnorwegen so auf, dass Reisende sie gezielt erleben? Wie erdet man Reisende auf 200-km lange Himmelfahrten wie die von Ålesund bis zum Nordkap in Nordnorwegen? In den 1990er-Jah-

Die Trollstigen-Aussicht ist eine der spektakulärsten des Landes

ren holten sich Straßenbauer, Architekten und Landschaftsplaner in Europa Inspirationen für ein Riesenprojekt. Mit der Zeit kamen internationale Künstler hinzu und es entstand ein Konzept aus 19 Landschaftsrouten mit etwa 250 Kunstwerken. Die Haltepunkte der Routen, darunter Aussichtsplattformen am Trollstigen, Design-Toiletten oder ein Mahnmal für Hexentötungen in Vardø von Louise Bourgeois, gewannen internationale Preise. An lokalen Konzepten sind auch die Gemeinden beteiligt. Die etwa vier Milliarden NOK für über 1600 km kamen aus dem Verkehrsministerium. *Omweg* (Umweg) heißt das Konzept – eine kühne und meditative Symbiose aus Natur und Kultur.

Samisches Mitspracherecht

Norweger sind eher wortkarg, gönnen sich aber zwei Sprachvarianten. Nynorsk und das geläufigere Bokmål sind landesweit gleichberechtigte schriftliche Varianten des Norwegischen, in der nördlichsten und größten Provinz Troms og Finnmark ist dem Norwegischen zusätzlich das Nordsamische behördlich gleichgestellt. 1989 wurde den lange Zeit zwangsnorwegisierten Samen ein Parlament in Karasjok zugestanden. Seit 2005 hat dieser Sametinget beschränkte Konsultationsrechte.

Scheue Elche & neugierige Rentiere

Großes Land, kaum Menschen: Das spräche für viele Wildtierbegegnungen. Doch weit gefehlt, Wölfe und Braunbären gibt's sehr wenige. Mit Glück könntest du allerdings einem der etwa 200 000 meist gut getarnten Elche begegnen. Bejagt werden sie im Herbst und kommen mit Wildbeeren auf den Teller. Rentieren hingegen begegnet man in Nordnorwegen häufig, sogar in Ortschaften. Nur noch etwa 15 Prozent der über 60 000 norwe-

AUF EINEN BLICK

5,4 Mio.
Einwohner*innen in Norwegen
[Deutschland 84 Mio.]

385 207 km²
Fläche Norwegens
[Deutschland 357.588 km²]

98 %
Stromerzeugung aus Wasserkraft
[Deutschland 58,4 % aus erneuerb. Energien]

Wärmster Monat
Juli
durchschnittliche Höchsttemperatur 22 °C

47
NATIONALPARKS IN NORWEGEN
[Deutschland 16]

HÖCHSTER BERG
2469 m
Galdhøpiggen

Kältester Ort
Karasjok
IM WINTER BIS -51 °C

29 000 km
Küstenlänge ohne Inseln
[Deutschland 3624 km]

498
SKISPRUNGSCHANZEN

Gourmetburger Norge-Style – natürlich mit Elchfleisch und Preiselbeeren

gischen Samen halten sie und ziehen mit ihnen saisonal von den Sommerweiden zum Winterquartier. Das Rentier ist die einzige Hirschart, bei der auch das Weibchen ein Geweih trägt.

Ein Land für Gourmets?

Natur satt, aber Esskultur auf Sparflamme? Unterwegs ist die Gourmetsuppe dünn, denn du triffst auf wenige tolle Lokale oder Cafés. Allerdings ist solche Schonkost für die Reisekasse gesund. Das Ersparte verjubelst du dann an raren, aber exquisiten Gourmetstopps. Egalitär statt elitär, unprätentiös und verspielt seien Norweger, befindet der Küchenkritiker der „New York Times". Statt sich in Raffinesse zu versteigen, brilliert die lokale Küche mit frischen Zutaten aus Meer und Flur. Die kurze Wuchssaison gepaart mit langen Tagen im milden Golfstromklima intensiviert so manche Aromen, etwa die vom Obst des Hardangerfjords. Inzwischen trauen sich Köche zwischen Oslofjord und Bergen, Rotkohl mit Himbeeren, Fisch mit Apfelsauce oder Rhabarberpudding mit Basilikum zu kombinieren. Jede Region hat ihre Spezialitäten. Ab Tromsø gibt es sogar in einfachen Cafés samische Hausmannskost in Form von leckerem Rentiergulasch. In der Finnmark ist die aus den Gewässern von Kamtschatka eingeführte Königskrabbe das Highlight.

In Hofläden shoppen

Ökotourismus wurde in Norwegen 2005 offiziell als Projekt gestartet. Darunter fallen auch die in ganz Norwegen aufblühenden Hofläden, norwegisch *landhandleri* oder *gårdsbutik* genannt. Das kann ein alter Bahnhof sein, eine Bäckerei, ein Restaurant mit Regalen voll örtlicher, meist ökologisch hergestellter Köstlichkeiten. Lokale Kleinproduzenten bieten Sauerteigbrot, selbst produzierten Käse, *gløgg* (Glühwein) aus arktischen Kräutern oder ökologisches Rapsöl mit arktischem Schnittlauch an. Folgende Website listet sie: *hanen.no/de/utforsk/32HANEN*

NÖRDLICH DES POLARKREISES

Nordnorwegen: Von Bodø nach Andenes

Strecke & Dauer

- Strecke: 559 km
- Reine Fahrzeit: 10–11 Std.
- Streckenprofil: Gute Strecke entlang der Küste mit wenigen moderaten Steigungen
- Empfohlene Dauer: 5–6 Tage

Was dich erwartet

Irrwitzig steil ragen die beiden Inselgruppen Lofoten und Vesterålen vor der Westküste zwischen Bodø und Senja aus dem Nordatlantik. Zerklüftete Küsten ziehen Kabeljau, Heringe, Orcas, Pott- und Buckelwale, Papageitaucher und Seeadler in Schwärmen an. Der Stockfisch geht seit jeher von hier aus in die Welt und will natürlich verkostet werden. Du erfährst die Inseln auf zwei Nationalen Landschaftsrouten – mal extrem eng, mal entlang traumhafter Strände. An diversen Zwischenstationen verblüffen Kunst, Architektur und Design.

Seeadler, Strände und Gezeitenstrom

 Bodø

Fähre 102 km
ca. 3,5 Std.
dann 5 km

Die moderne 52 000-Einwohner-Stadt ❶ **Bodø**, die erst mit dem Heringsfang in Nordland richtig aufblühte, ist 2025 die nördlichste europäische Kulturhauptstadt – obwohl Norwegen nicht zur EU gehört. Wegen der Polarkreisstrände lohnt sich ein Aufenthalt, bevor man auf die Lofoten übersetzt. Aber Bodø hat noch mehr zu bieten: Du kannst das Womo gegen ein RIB-Schnellboot tauschen und zum Gezeitenstrom Saltstraumen fahren *(exploresalten.no)*. Auch die Museen sind spannend. Und es gibt rund um den Hafen sogar ein Nachtleben.

Der Saltstraumen ist der stärkste Gezeitenstrom der Welt

Von Bodø geht es mit der Fähre zur Inselgruppe Lofoten. Die Überfahrt nach Moskenes dauert 3–4 Std., von Juni bis zur dritten Augustwoche gibt es etwa sieben Fähren täglich. Im Sommer empfiehlt es sich, im Voraus zu buchen (torghatten-nord.no). Statt ozeanischer Weite baut sich Moskenesøya, die größte Insel der südlichen Lofoten, mit Gipfeln zwischen 800 und gut 1000 m kompakt auf. Wer erst am nächsten Tag weiterfahren will, kann auf dem Campingplatz Moskenes Camping in unmittelbarer Nähe der Fähranlegestelle übernachten (Sørvågan | GPS 67.899979, 13.052576 | moskenescamping.no). Hinter dem Fähranleger biegst du links auf die E 10, die sich schmal nach Süden windet. In ungestümer Natur fährst du gemächlich und kurz nach der Fährankunft sicher erst mal im Konvoi. Wo immer etwas Platz ist, und vor allem an den kleinen Buchten, haben sich die Lofoter gemütlich eingerichtet. Gestelle zur Fischtrocknung tauchen auf, im Sommer natürlich leer. Die Insel gehört zum Lofotodden-Nationalpark. Du parkst am Sackgassenende der E 10, im Museumsdorf Å i Lofoten.

❷ Å i Lofoten

9 km

Vom Leben als Fischer

Steure im Museumsdorf ❷ **Å i Lofoten** gleich das rustikale kleine Stockfischmuseum *(Lofoten Tørrfiskmuseum)* an, wo man alles über die Qualitäten und Verarbeitung von Stockfisch lernt. Es gibt ein spannendes Video und eine deutschsprachige Führung (nach Anmeldung). Danach spazierst du durch das 100-Einwohner-Dorf. Dazu gehört das mehr-

Nordnorwegen: Von Bodø nach Andenes

teilige Fischereimuseum *(Norsk Fiskeværsmuseum, beide: Å | museum-nord.no/)* mit Fischerhütten, einem alten Backofen, der noch in Betrieb ist, und einer Trankocherei. In Å erlebst du anschaulich, wie aus dem Existenzkampf zwischen ultrasteilen Gebirgswänden und abgrundtiefem Meer malerischer Tourismus wurde.

Die kurze Fahrt zum nächsten Zwischenstopp geht zurück nach Norden durch inzwischen vertrautes Gelände mit unfassbaren Ausblicken. Schneller als 40 km/h fährst du hier kaum. Beim Abzweig nach Reine stößt du sofort rechter Hand auf einen Kurzzeitparkplatz (Reine korttidsparkeringsplass, GPS 67.928350, 13.084260). Sollte der voll sein, musst du 2 km vorher direkt vor der Djupfjord-Brücke parken und eine Weile über die Brücke zum Anstieg auf den Berg Reinebringen laufen (GPS 67.911998, 13.074443).

❸ **Reine & Reinebringen**

5 km

Natur aus der Vogelperspektive

DER Höhepunkt schlechthin beginnt kurz vor dem unglaublich malerischen Lofotendorf und seinem Hausberg ❸ **Reine & Reinebringen**. Das im Sommer von vielen Touristen besuchte 300-Einwohner-Örtchen lädt zu einem einstündigen Spaziergang ein, vorbei an Rorbuern (heute zu Pensionen umgebaute Fischerhütten) und dem einmalig gelegenen Fußballstadion. Der Aufstieg auf den Hausberg Reinebringen bringt dich in die Vogelperspektive. Nepalesische Sherpas legten eine Steinplattentreppe mit etwa 1500 großen Stufen an. Das letzte Stück zum Gipfel ist stufenlos, die Aussicht bei klarer Sicht nicht von dieser Welt.

Die nächsten 5 km auf der E 10 gehören wohl zu den fotogensten Kurzstrecken weltweit. Du könntest hier einen ganzen Tag mit Fotografieren verbringen. Die E 10 beschreibt einen Rechtsbogen um Reine herum, was ständig neue Perspektiven eröffnet. Weiter

Die typischen Rorbuer im Dorf Hamnøy sind aus Holz gebaut

Die Wanderung auf den Reinebringen ist für viele das Highlight auf den Lofoten

auf der E 10 komplettierst du den Rechtsbogen um Reine und hüpfst über eine Brücke auf den nur gut 100 m breiten Inselsplitter Sakrisøya. Rechts erhebt sich ein niedriger Hügel über Sakrisøya, dessen Anhöhe du flott erklimmst, um aus luftiger Perspektive eine Reihe gelber Rorbuer zu bestaunen *(Parken: GPS 67.941658, 13.112716)*. Von hier sind es nur noch anderthalb aussichtsreiche Kilometer bis zum Dorf Hamnøy.

Wo die Fischer wohnen

Das Örtchen ❹ **Hamnøy** wird ebenfalls von Rorbuern am Wasser mit mächtigem Berghintergrund dominiert. Beliebtester Fotostandort ist der Fußgängerweg über das 100-m-Brückchen, das den Breisund direkt vor der Ortseinfahrt überwindet. Parke jenseits der Brücke bei Fischtrocknungsgestellen *(GPS 67.945111, 13.134413)* – auch ein schönes Motiv und bislang ein potenzieller freier Stellplatz für Fotografen, die auf anderes Licht warten wollen.

Direkt hinter Hamnøy beginnt ein Tunnel, vor dem ein etwa 1 km langes schmales Sträßchen rechts abzweigt. Dieses trifft am großen Rastplatz Akkarvikodden wieder auf die E 10. Das offene Meer liegt rechts, bis du über eine Brücke auf die nächste größere Insel Flakstadøya wechselst. Vor dem Örtchen Ramberg stehen Trocknungsgestelle, an seinem Ende wird der Ort durch den hellen Ramberg strand begrenzt. Bei einem Strandspaziergang vor immenser Berg-

❹ Hamnøy

36 km

Nordnorwegen: Von Bodø nach Andenes

kulisse oder an den Stränden von Flakstad nur drei Fahrminuten weiter kannst du dir die Beine vertreten. Die E 10 wendet sich nun um 180 Grad nach Süden, die Landschaft wird weiträumiger. Folge dem Abzweig nach Nusfjord.

Ein Ort wie aus dem Bilderbuch

⑤ **Nusfjord**

67 km

Der abgelegene, denkmalgeschützte kleine Ort ⑤ **Nusfjord** liegt ideal um einen engen Naturhafen herum. Die Aussichten von kleinen Anhöhen sind fantastisch. Das inzwischen als Urlaubsresort mit 20 Unterkünften und drei Restaurants hergerichtete Schmuckstück *(nusfjord arcticresort.com)* lädt dich ein, alte Betriebe wie Lebertransiederei, Räucherei, Bäckerei, Schmiede und ein Kraftwerk von 1905 zu besichtigen. Das Landhandleriet Café ist der urigste Ort, um den Besuch beim Kaffee oder mit einer Fischsuppe ausklingen zu lassen.

Fahr zurück zum Abzweig der E 10 und biege rechts ab. Dem Abzweig „Glasshytta" folgst du für einige Minuten bis zu einer wunderschön gelegenen Glasbläserei (Glasshytta på Vikten) in einem Holzbau. Hier kannst du beim Glasblasen zuschauen und gleich auch fertige Produkte erwerben (Vikten | glasshyttavikten.no | GPS 68.138825, 13.312324).

Zurück zur E 10, links ab und flugs durch den Nappstraumentunnel zur größeren Insel Vestvågøya geschlüpft. Schon bald taucht der aufgeräumte Landschaftsrouten-Rastplatz Skreda (GPS 68.149373, 13.506311) auf, mit Sicht auf Fjord, Meerengen und südliche Berge. Die E 10 führt dich nordwärts durch eine überraschend liebliche Gegend mit Landwirtschaft. Ein nach Haukland ausgeschilderter Abzweig bietet die Möglichkeit, nach 5 km den einsamen Haukland-

Das schnuckelige Nusfjord liegt bereits nördlich des arktischen Zirkels

Wie ein umgedrehtes Wikingerschiff liegt das Lofoten Wikingermuseum Borg in der Landschaft

Strand anzusteuern. Weiter geht es auf der E 10, die sich jetzt etwas breiter macht, weil es auf ein Highlight, das Wikingermuseum an der Ausgrabungsstätte Borg, zugeht.

Wer findet den Hammer des Thor

Das Topmuseum ❻ **Lofotr Vikingmuseum Borg** *(Prestegårdsveien 4 | Bøstad | museumnord.no/en/lofotr-viking-museum)* lockt die Besucher nach Borg, einem von ehemals zwölf Wikinger-Häuptlingssitzen in Nordnorwegen mit über 115 Höfen und 1800 Bewohnern. Heute wird im Bankettsaal im Eisenkessel über offenem Feuer gekocht und Met gereicht, dazu gibt es Handwerksvorführungen. Draußen wartet ein Tiergehege mit Pferden, der alten Schafrasse Villsau und einer dunklen Schweinerasse. Die Gärten sind wie vor 1000 Jahren bestellt.

Weiter geht es auf der E 10, bis du hinter Bøstad zur Küste nach Eggum abzweigst. Zweimal wirst du noch nach links gewiesen, dann schleichst du über die schmale Fv382 in die Abgeschiedenheit. Du durchfährst das Örtchen Eggum, das sich entlang der schmalen Straße hinzieht, und fährst dann noch ein paar privatmautpflichtige Minuten zum Straßenende bei einer kleinen Bergwand am Ozean bis zur Burg Eggum.

Kunst und Kultur in der Einsamkeit

Der Name ❼ **Burg (Borga) Eggum** trügt, denn es handelt sich um eine ehemalige deutsche Radarstation aus dem Zweiten Weltkrieg, die von den Kultarchitekten von Snøhetta (Osloer Oper) umgebaut wurde. Angeschlossen ist ein kleines Café. Ein paar Fußminuten entfernt findest du in der Einsamkeit einen Eisenkopf auf einer Stele. Das frappierende Kunstwerk „Hode" (Haupt) des Schweizers Markus Raetz gehört zur Skulpturlandskap Nord *(skulpturlandskap.no)*.

❻ **Lofotr Vikingmuseum Borg**

11 km

❼ **Burg (Borga) Eggum**

60 km

Norwegen

Nordnorwegen: Von Bodø nach Andenes

8 Hov Gård

41 km

Zurück zur E 10, wo du links abbiegst und kurz darauf am **Rastplatz Torvdalshalsen** (GPS 68.263262, 13.827110) auf den geschützten Bänken die Landschaft betrachten kannst. An der nächsten Kreuzung entscheidest du dich für den ausgeschilderten Schlenker über Kvalnes und ein einsames Schmalspur-Roadmovie entlang der Westküste.

Zurück auf der E 10 nimmst du wenig später erneut einen Umweg nach Westen, diesmal direkt nach dem flachen Brückenschlag Richtung Hov auf die **Insel Gimsøya**. Auf schmaler Piste geht es durch frappierend topfebenes Schutzgebiet, in dessen Mitte du links abbiegst, um Hovsund an der Inselspitze nicht auszulassen. Das letzte Stückchen ist eine Sackgasse zum Meer, begleitet von Gestellen zur Fischtrocknung. Danach nimmst du die Inselumrundung wieder auf, den Solitärberg Hoven (368 m) plötzlich vor der Brust. Wer die Einladung zum unkomplizierten Aufstieg nicht ausschlagen mag, parkt am Golfplatz Lofoten Links und stiefelt los (GPS 68.340154, 14.125198). Dann geht es weiter nach Hov Gård (600 m vor dem Golfplatz).

Die Tradition wird bewahrt

Die entlegene Mini-Siedlung **8** **Hov Gård** hat's in sich: kleine Sandstrände, an denen du geführte Ausritte auf Islandponys unternehmen kannst; eine Sauna am Strand von Hovsvika; das Restaurant Låven in einer Ex-Scheune mit tollem Frühstück; ein Golfplatz. Alles muss vorab gebucht werden: hovgard.no.

Weiter geht's zum südlichen Inselende, wo du Grimsøya über eine Brücke verlässt und dich auf die E 10 nach Svolvaer einsortierst. Ab jetzt bist du auf Austvågøya unterwegs, der größten und letzten Lofoten-Insel. Über Lyngvær geht es bequem und ohne große Aufreger zum Lofoten-Hauptort Svolvær.

Die Gimsøystraumen-Brücke führt auf die Insel Gimsøya

Unglaubliches Schauspiel: Polarlichter in Svolvær

Zum urbanen Platzhirsch ...

... auf den Lofoten machen die 5000 Einwohner ❾ **Svolvær**. Vom kleinen Hausberg erkennst du die fantastische Lage des Ortes. Kabelvåg mit seinem Ozeanaquarium *(museumnord.no/varemuseer)* und das enorm pittoreske, aber auch zeitgenössisch kunstaffine Henningsvær mit der **Galerie Kaviarfactory** *(Henningsværveien 13 | Henningsvær | kaviarfactory.com)* liegen in der Nähe.

Von hier aus lohnt auch ein Halbtagestrip mit Flüstermotor zu den **Naturwundern Raftsund** und **Trollfjord** *(brimexplorer.com/tours/silent-trollfjord-cruise)*. Der Ausflug auf die **Schäre Skrova** bietet Gelegenheit, Fotokunst unter freiem Himmel zu sehen.

Du verlässt Svolvær auf der E 10 Richtung Flughafen, wo du nach Norden schwenkst und dann den Austnesfjord entlangrollst, bis dich der Abzweig nach Laukvik auf die Fv888 schickt. In Straumnes triffst du wieder auf die Westküste und biegst nach rechts ab. Entlang schöner Küstenszenarien fährst du auf der schmalen Fv888 bis zum Fähranleger Fiskebøl, von wo du in 40 Minuten nach Melbu auf der Insel Hadseløya übersetzt (torghatten-nord.no). Du setzt die Inselreise in der Region Vesterålen fort. Über die Fv82 erreichst du schnell den größeren Ort Stokmarknes, wo das neue Hurtigrutenmuseum, das aussieht wie ein lichtdurchfluteter Wasserbahnhof, lockt.

Einmal mit dem Postschiff fahren

Der Reeder Richard With gewann 1891 die Ausschreibung für eine staatliche Postschifffahrtslinie im Norden. Heute trägt sie den

❾ Svolvær

87 km

Nordnorwegen: Von Bodø nach Andenes

bekannten Namen ⑩ **Hurtigruten** und Richard With wird am neuen **Museum** mit einem Denkmal geehrt *(Richard Withs Plass | Stokmarknes | hurtigrutemuseet.com)*. Drinnen wird die spannende Historie gezeigt. Mittendrin liegt die aus der Flotte genommene *Finnmarken*. Gegenüber vom Museum am Ende der Straßenbrücke steht **Skulpturkunst:** zwei kühle Granithäuschen, „Dager og Netter" („Tage und Nächte"), des türkisch-armenischen Künstlers Sarkis Zabunyan.

Mit einem spektakulären Brückensprung kommst du über die Fv82 von Hadseløya auf die Vesterålen-Insel Langøya. Entlang des Hadselfjords erreichst du flott das Städtchen Sortland. Die mit 10.000 Einwohnern größte Kommune von Vesterålen bietet nach so viel Landschaft eine willkommene urbane Abwechslung.

⑩ Hurtigrutemuseet

28 km

⑪ Sortland

107 km

Blau, blau, blau wie der Ozean

Beim Stadtbummel durch ⑪ **Sortland** entdeckst du viele Fassaden in unterschiedlichen Blautönen – man wollte dem Namen „Schwarzland" und der Nachkriegsarchitektur etwas entgegensetzen. Der öffentliche Parkplatz, wo du auch über Nacht stehen darfst, liegt am Ufer des Sortlandsunds *(Gardsalléen | Sortland | GPS 68.696560, 15.419449 | 15–20 Stellplätze | € | keine Ausstattung)*.

Vom Parkplatz fährst du zur weithin sichtbaren Sortlands-Brücke hinüber nach Hinnøya und schlägst den Weg nordwärts über die Rv85 ein. Nach wenigen Minuten erreichst du eine Rentierfarm.

Rentiere & Co.

Die Besitzer mussten von teilnomadischer Rentierzucht auf Heimfütterung umstellen. Im Sommer kannst du einfach mal in die

Pottwal-Sichtungen werden vor Andenes im Frühjahr und Sommer garantiert

Best view vom Parkplatz am Hafen von Sortland

⑫ **Rentierfarm Inga Sámi Siida** reinschauen, deinen Lunch im Hirtenzelt *lavvu* essen und dich über Rentierzucht informieren, Lassowerfen inklusive. Falls du dir eine Auszeit vom Womo gönnen willst: Es gibt geräumige Hirtenzelte für eine kuschlige Übernachtung *(Kringelveien 421 | Sortland | ingasamisiida.no)*.

Es geht weiter über die Fv82 entlang des Risøysunds, den du in Dragnes über einen langen Damm, der sich zwischendurch zum Brückenbuckel aufsteilt, überwindest. Du erreichst Andøya, Vesterålens nördlichste Insel. Als Tourfinale winkt ein 58 km langes Roadmovie an Andøyas Westseite. Diese liegt breit und flach vor den Bergen, hat tolle Strände und mit Bukkekjerka und weiter nördlich Kleivodden zwei typische Design-Rastplätze. Die Andøya-Küste ist eine Nationale Landschaftsroute (nasjonaleturistveger.no/de/routen/andøya). Kurz vor Kleivodden fährst du durch einen wie ein Felsentor wirkenden Mini-Tunnel. Kurz nach dem Rastplatz erreichst du Andenes.

Ozeanriese in Sicht

Sind ⑬ **Andenes & Andøya** noch von dieser Welt? Die nördlichste Insel von Vesterålen verströmt Weltende-Aura und fährt ordentlich auf: Strände, Tiefland und gezackte, schiere Höhen stehen landschaftlich auf dem Programm. Ein Highlight ist sicher eine Walsafari mi+t garantierter Sichtung der Riesensäugetiere *(whalesafari.com)*. Aber auch die Begegnung mit Seevögeln ist ein Erlebnis. Genug von so viel realer Fauna? Im Space Center entschwindest du per VR-Brille ins All *(spaceshipaurora.no)*. Gut parken kannst du auf dem Parkplatz Hamnegata am Hafen *(GPS 69.322541, 16.130679)*. Der Parkplatz liegt direkt am Wasser, keine zehn Fußminuten vom Walzentrum entfernt.

⑫ **Rentierfarm Inga Sámi Siida**

103 km

⑬ **Andenes & Andøya**

Norwegen

Campingplätze am Wegesrand

Nordnorwegen: Von Bodø nach Andenes

Ferien auf dem Bauernhof

Der angenehme Campingplatz befindet sich auf einem 100 Jahre alten Bauernhofgelände im Grünen und ist sehr gut ausgestattet. Nur 2,5 km von Kabelvåg, 7,5 km von Svolvær und 18 km von Henningsvær entfernt. Der sehr freundliche Betreiber gibt Tipps fürs Wandern und Angeln. Ihr könnt auf verschiedenen Trails direkt vom Platz aus loswandern, oder in Laufdistanz an kleinen Frischwasserseen die Angelrute auswerfen.

Kabelvåg Feriehus & Camping
€€€ | Mølnosveien 19 | Kabelvåg
Tel. +47 46 87 91 18 | kabelvag.com/nb/
GPS 68.217411, 14.445219

▸ **Größe:** 120 Stellplätze plus 8 Hütten und Apartments
▸ **Ausstattung:** komplett ausgestattet

Nah bei den Walen schlafen

Der Campingplatz gehört den Walsafari-Veranstaltern und liegt 3 km vom Pier in Andenes entfernt an der Westküste. Wegen der schönen Wiese und direkten Strandnähe hat er etwas Ursprüngliches, wenn er nicht zu voll ist. Vom Aufenthaltsraum hat man einen wunderbaren Ausblick aufs Meer, genau wie vom gut ausgestatteten Barberque-Platz. Der nur 200 m entfernte Bunnpris-Supermarkt versorgt dich mit allem Notwendigen.

Andenes Camping
€€ | Bleiksveien 32 | Andenes
Tel. +47 41 34 03 88 | whalesafari.no/andenes-camping/
GPS 69.303621, 16.064999

▸ **Größe:** 100 Stellplätze
▸ **Ausstattung:** komplett ausgestattet

Fast wie in der Südsee mutet der Strand bei Borga Eggum an – schönes Wetter vorausgesetzt

Und auch der Andenes Camping liegt beschaulich in Strandnähe

Ein komplettes Dorf

Bei einem so reichhaltigen Beschäftigungsprogramm bietet sich eine Übernachtung in wundervoller Lage am Strand an. Im dazugehörigen Restaurant kannst du dir eine lokale Fischsuppe schmecken lassen. Den Abend lässt du am besten in der Sauna mit Meerblick ausklingen.

Hov Camping
€€ | *Tore Hjortsvei 471* | *Gimsøysand*
Tel. +47 97 55 95 01 | *hovgard.no*
GPS 68.33950, 14.11223
▶ **Größe:** *40 Stellplätze, Lodges*
▶ **Ausstattung:** *Golf, private Sauna, im Sommer öffentliche Sauna, private und öffentliche Reitstunden für Kinder und Erwachsene, direkter Strandzugang, Restaurant, Waschmaschine, Trockner*

Strand, Ortsanschluss & Vogelfelsen

Schöne Strandlage im hübschen Örtchen Bleik 10 km südwestlich von Andenes mit teilweise denkmalgeschützten Häusern. Auch wenn's hier im Sommer voll wird, kannst du deinen Platz tagsüber verlassen, ohne ihn zu verlieren. Von Bleik aus kannst du auf Vogelsafari gehen. Aber auch Angeln, Wal- und Meeressafari stehen auf dem Programm, oder du beobachtest Robben, Otter und kleine Wale vom Strand aus.

Midnattsol Camping
€€ | *Gårdsveien 8* | *Bleik*
Tel. +47 47843219 | *midnattsolcamping.com*
GPS 69.275954, 15.964695
▶ **Größe:** *30 Stellplätze, Rorbuer-Anlage mit 8 DZ und 2 Apartments*
▶ **Ausstattung:** *Küche, Waschmaschine, Trockner, Lebensmittelmarkt, Pub, Café, Verleih von Booten, Kanus und Fahrrädern*

Der schönste Stellplatz der Lofoten

Die Übernachtung lohnt wegen der Einsamkeit, dem superben Meerblick nach Westen inklusive Sonnenuntergängen sowie hypnotisierenden Polarlichtern. Hier kannst du einfach Natur pur genießen.

Stellplatz Borga Eggum
€ | *Eggumsveien 850* | *Bøstad*
GPS 68.308198, 13.654226
▶ **Größe:** *15–20 Stellplätze*
▶ **Ausstattung:** *Toiletten, Wasser, kein Strom*

Norwegen

Kulinarisches am Wegesrand

Nordnorwegen: Von Bodø nach Andenes

Zurücklehnen & genießen

Das coole Restaurant und der Kulturklub **Bacalao** punktet mit einer tollen Lage am Hafen von Svolvær. Auf der Speisekarte stehen Fish & Chips, Stockfisch, Lammkeule und vegetarische Burger. Genieß zum Lunch die Fischsuppe auf der Terrasse mit beeindruckender Aussicht. *Infos: Havnepromenaden 2 | Svolvær | bacalaobar.no | €€–€€€*

Wo Köche schmuggeln

Das **Børsen Spiseri** ist eines der renommiertesten Restaurants der Lofoten in Svolvær mit kleiner, aber feiner Karte. Hier werden frische Zutaten von den Lofoten und der einzigartigen Speisekammer Nordnorwegens serviert. In stylischer Lagerhaus-Atmosphäre tischt man natürlich Stockfisch auf, du kannst aber auch auf Heilbutt ausweichen. Zum Dessert gibt's die Lofoten-Käseplatte. *Infos: Gunnar Bergs vei 2 | Svolvær | svinoya.no/restaurant | €€€*

Perfekter Zwischenstopp

Der **Bleik Landsbyservice** (10 km südwestlich von **Andenes**) hat ein Café, das mit selbst gemachten Suppen und Wraps überrascht. Die Einheimischen treffen sich hier gerne auch zu Kaffee und Kuchen. Wer am Laden vorbeikommt, sollte nicht vorbeifahren, sondern für eine Weile einkehren. Abgesehen davon kann man auch die Camperküche mit leckeren regionalen Produkten bestücken *Infos: Skoleveien 45 | Bleik | €*

Im Gefängnis speisen

Das tolle, gemütliche Restaurant **Arresten** mitten im alten Andenes bringt Farbe in die

Die köstliche Marmelade aus den auch als arktisches Gold bezeichneten Moltebeeren kannst du in den Hofläden oder im Landhandel erstehen

Fangfrische Meeresfrüchte sind die unwiderstehlichen Delikatessen des Nordens

nordische Stockfisch-Litanei. Wie wär's mit Rote-Bete-Burger mit Süßkartoffeln? So leckere Sachen gab's übrigens nicht immer, denn das Restaurant befindet sich im alten Gefängnis und eine über 150 Jahre alte Zellentür sowie die beiden Fenster mit schmiedeeisernen Gittern zeugen davon. *Infos: Prinsensgate 6 | Andenes | arresten.no | €€€*

Geschichte & Esstradition eines Bauernhofs

Das in Hov Gård gelegene Bauerncafé und Restaurant **Låven** in einer ehemaligen Scheune bietet dir ausgezeichnetes Essen in einer ungezwungenen und entspannten Atmosphäre. Bei fantastischer Aussicht aufs Meer schlemmst du Muscheln, frischen Fisch, Lamm und abwechslungsreiche Desserts. Aber auch der sehr gute Kaffee und die köstlichen hausgemachten Kuchen sind für ein süßes Päuschen nicht zu verachten. Wer dafür nicht sein den Camper parkt, ist selbst schuld. *Infos: Tore Hjortsvei 471 | Gimsøysand | hovgard.no | €€*

Wie in alten Zeiten

Das **Landhandleriet Café** ist der urigste Ort, um den Besuch vom denkmalgeschützten, nordisch-romantischen Nusfjord mit der weithin bekannten schmackhaften Fischsuppe ausklingen zu lassen. Direkt an der Uferpromenade hast du einen fantastischen Blick auf die Berge und den Hafen – perfekt für einen leichten Snack. Vielleicht locken dich aber wesentlich mehr die Waffeln, Zimtschnecken oder die köstlichen Brotaufstriche aus heimischen Moltebeeren, die du alle im angeschlossenen Laden als Proviant kaufen kannst. Der Lebensmittelladen befindet sich originalausgestattet im Geschäft von 1907 – Zeitflash ist garantiert. *Infos: nusfjordarcticresort.com | €*

Viel Landschaft mit viel Aussicht

Südnorwegen: Von Måløy nach Ålesund

Strecke & Dauer
- Strecke: 406 km
- Reine Fahrzeit: 8 Std.
- Streckenprofil: Serpentinen und schmale Hochlandstraßen. Entspantes Fahren am Fjord
- Empfohlene Dauer: 5–6 Tage

Was dich erwartet
Der weite Bogen von der rauen Insel Vågsøy zum zivilisierten Art-nouveau-Stil von Ålesund am selben Ozean führt dich tief in den Nordfjord hinein, vorbei an einem Wikingerschiff und Fjordpferden. In Stryn gerätst du von Norden her ins Jostedalsbreen-Gletscherland. Auf den gewundenen Pfaden der Landschaftsrouten Gamle Strynefjellsvegen und Geiranger-Trollstigen kommst du vor lauter Aussichtsarchitektur kaum zum Fahren. Auf dem Geirangerfjord entfliehst du dem Trubel im Kajak.

Entlegene Naturgenüsse am wilden Atlantik

1 Måløy — 55 km

An der Mündung des Nordfjords erreichst du die raue Seite Fjordnorwegens. Die Inseln Vågsøy und Bremanger sind baumlos und dem oft stürmischen Ozeanklima ausgeliefert. **1 Måløy** auf Vågsøy hat einen herben, aber herzlichen Charme, den du vom **Hausberg Veten** bei Sonne aber von seiner lieblichen Seite erleben kannst (*westcoastpeaks.com/Peaks/brurahornet.html | Startpunkt ist der Stausee Skramsvatnet am Fussballstadion auf 180 m | Parken: GPS 61.934187, 5.102612*). Genauso wirst du dem Zauber des entlegenen Sandstrands **Refviksanden** erliegen (*10 km/16 Min. von Måløy*). Künstlerisch wertvoll hat natürlicher Abrieb den Kannesteinen gestaltet. Karge, großartige Einsamkeit am Atlantik.

Traumhaft schön: der Sandstrand von Refviksanden

In Måloy startet deine Reise in den Nordfjord gleich mit einem Höhepunkt. Die Fahrt über die Måløy-Brücke führt dich 42 m hoch über den Måløystraumen. Bei Wind singt die Brücke. Drüben nimmst du die Rv15 nach Osten auf. Die einstündige Reise am Nordufer des Fjords beginnt mit von Kiefern und Wiesen gesäumten Streusiedlungen. Den 2–4 km breiten Fjord siehst du nur stellenweise. Nach etwa 20 Fahrminuten lockt dich kurz nach dem Ortsschild Bryggja ein Abstecher nach rechts. Parallel zur Hauptroute fährst du kurz zum Fjordufer in das Dorf und findest linker Hand eine nicht zu verfehlende Bäckerei. Hier kannst du dich mit leckerem Brot eindecken.

Keine Minute später schwingt die Uferstraße wieder zurück auf die Rv15. Nach kurzer Fahrt fällt dir rechter Hand plötzlich ein stark gesichertes Gebäude auf. Hier befindet sich das Datenzentrum Lefdal, nicht das einzige seiner Art. Daten-Clouds werden in einem großen Tunnelsystem gelagert, weil die wichtige Kühlung mit 9 °C kaltem Fjordwasser ohne Energieeinsatz so simpel ist. Das ist Norwegens Antwort auf die marktführenden Datenspeicher in den USA. Auf dem letzten Stück vor Nordfjordeid begleitet die gute Straße den Fjord.

Von Fjordingern und Wikingern

Der 2800-Seelen-Ort ❷ **Nordfjordeid** liegt am Ende eines Fjordarms namens Eidfjord. Zum Parken gibt es mehrere Möglichkeiten entlang der Sjøgata direkt am Wasser. Deine Tanks kannst du übrigens an der Esso-Tankstelle leeren *(GPS 61.912257, 5.980588)*. Trotz seiner geringen Größe ist Nordfjordeid ziemlich bekannt. Es gibt ein Opern-

❷ Nordfjordeid

45 km

Norwegen

Südnorwegen: Von Måløy nach Ålesund

haus und ein jährliches Rockfestival. In der Eidsgata und der Tverrgata findest du weiß getünchte Häuser im Schweizer Stil – Norwegens bürgerliche Bauweise der Vergangenheit.

Pferdefreunde besuchen das **Norsk Fjordhestsenter.** 1907 wurde eine Reinzucht der Fjordinger begonnen, nachdem Kreuzungsversuche mit ostnorwegischen Rassen erfolglos blieben. Du kannst die robusten braunen Kleinpferde draußen beobachten und dir ein, zwei Reitstunden gönnen, auch als Anfänger *(Myroldhaugvegen 95 | Nordfjordeis | norsk-fjordhestsenter1.trekksoft.com/de/aktivitaten).*

❸ **Stryn und Nationalpark Jostedalsbreen**

20 km

Der größte norwegische Nachbau eines 30-m-Ruderboots wird in dem eigens dafür gebauten **Sagastad-Wikingerzentrum** ausgestellt *(Sjøgata 41 | Nordfjordeid | sagastad.no).* Über das Boot, das für die Bestattung eines lokalen Königs angefertigt wurde, und recht gruselige Begräbnissitten erfährst du mehr in einem Video. Einmal im Jahr wird das Boot aus dem Museum zu Wasser gelassen.

Die Rv15 (E 39) führt weiter ostwärts durch die fruchtbaren Gefilde des sich windenden Flusses Eidselva bis zum See Honingdalsvatnet, dessen Südufer du ausfährst. Dann folgt eine kurze Strecke ohne Wasserblick, bis du rechts den Innvikfjord aufblitzen siehst. Das Wasser schimmert auf einmal grünlich, was die Nähe der Gletscher signalisiert. Stryn, etwa so groß wie Nordeidfjord, liegt von Bergen umstellt in einer Fjordecke.

Betörende Landschaftssymphonie in Türkis

Am Fjordende sind ❸ **Stryn** und der **Nationalpark Jostedalsbreen** die Ouvertüre zu einer wahren Landschaftssymphonie. Hoch auf dem **Berg Hoven** oberhalb von Loen gewinnst du den Überblick nach bequemem Blitzaufstieg in der Gondel oder über schweißtreibende Kletterei *(loenskylift.com und loenactive.no).*

Die Rv15 führt am Oppstrynsvatnet entlang, wo herrliche Stellen zum Picknick einladen

Im türkisen Wasser des Lovatnet-Sees erfreuen Forellen das Anglerherz

Urige Bauernkaten vor türkisfarbenem See – die langsame Fahrt mit vielen Fotostopps entlang des Sees Lovatnet durchs **Tal Lodalen** ist atemberaubend. Am südlichen Seezipfel liegt das einsame Lokal Kjenndalstova *(16 km/30 Min. | kjenndalstova.no | Parken: Kjenndalsbreen, GPS 61.747295, 7.035230)*. Der **Traumsee Lovatnet** reizt zum Paddeln. Am Loenvatn Feriesenter kannst du dir Kajaks und Kanus ausleihen und im See nach Forellen angeln. Und später auf der Terrasse einen Kaffee trinken *(loenvatn.com)*. Also am besten den Wagen stehen lassen – Wandern und Radeln sind angesagt: Radle frühmorgens auf schmaler Fv723 von Loen am Seeufer entlang zur Kjenndalstova, später per gebuchtem Ausflugsschiff zurück nach Loen.

Erneut begleitest du einen mäandernden Fluss. Die Stryneelva lockt ab Mitte Juni die Lachsangler, ab Mitte Juli geht man auf Meeresforellen-Fang – frag in der Stryn Tourist Information (Perhusvegen 24) nach einer Angelerlaubnis. Am Fluss vorbei, triffst du erneut auf Seen, in denen sich die umliegenden Anhöhen spiegeln. Am Südufer des Sees Oppstrynsvatnet gelangst du zur Siedlung Oppstryn.

❹ **Jostedalsbreen Nasjonalparksenter**

45 km

Panoramakino à la Wikinger

Schöner Halt am ❹ **Jostedalsbreen Nasjonalparksenter** *(Strynevegen 1932 | Oppstryn | visitjostedalsbreen.no)*. Im Kontrast zum postmodernen Parkzentrum Breheimsenteret auf der Südseite des großen Gletschers erinnert dieses Gebäude an ein Wikinger-Langhaus

Südnorwegen: Von Måløy nach Ålesund

mit Grasdach. Das Panoramakino aus poliertem, schimmerndem Larvikit, einem norwegischen Gestein, sticht heraus. Passenderweise lernst du im Geologiegarten etwas über hiesige Gesteinsarten. Im Botanischen Garten wachsen über 300 norwegische Pflanzen.

Setze die Fahrt auf der Fv15 ostwärts bis zum Ende des Oppstrynsvatnet fort, wo du den kurzen, nach links ausgeschilderten Abzweig nach Hjelle nimmst. Die schmale Fv720 führt dich in zwei Minuten zurück in die Zeit um das Jahr 1900, als Reisende vom Dampfschiff am Hjelle Hotel abgesetzt wurden. Fahr weiter auf der kleinen Straße, bis du wieder die Rv15 aufnimmst. Bald beginnt die Straße, sich kurvig ins Gebirge zu schrauben, mit breit ausgebauten Kurven. Hinter einem Parkplatz zweigt die ausgeschilderte Landschaftsroute Gamle Strynefjellsvegen, die kürzeste der 18 Landschaftsrouten, rechts ab. Die 27 km übers Fjell wurden durch den Bau der Rv15 obsolet, aber zwischen Juni und Oktober kannst du die auf 1138 m gipfelnde Route befahren – allerdings ist sie nicht asphaltiert.

❺ Stryn-Sommerski-Zentrum und Grotli Høyfjellshotell

42 km

Gemütlichkeit trifft Hafenleben

Kurz vor einem See stößt du plötzlich auf das ❺ **Stryn-Sommerskizentrum**, wo auch im Juli noch Ski und Snowboard gefahren wird *(Facebook: Stryn Sommerski)*. Das wunderbare Sträßchen mit vielen Steinmännchen endet am **Grotli Høyfjellshotell**, noch einer urgemütlichen Herberge aus alten Reisetagen. Gönn dir einen Café unter Holzbalken am Kamin auf Schafsfellen, wenn du vom kalten Fjell herunterkommst *(grotli.no)*.

Herrliche Ausblicke ergeben sich auf der Landschaftsroute Gamle Strynefjellsvegen

Zeit für ein Päuschen am See Breidalsvatnet

Am Hochlandhotel triffst du wieder auf die Rv15. Du folgst dem Ufer des Sees Breidalsvatnet und stößt am nächsten See auf den Abzweig der Fv63 – hier beginnt deine Reise über die mit Highlights gespickte, 104 km lange Landschaftsroute Geiranger-Trollstigen. Die Route verschlankt sich und kommt ohne Mittelstreifen aus. Du bist erneut in baumloser Fjell-Tundra unterwegs. Über Straßenverhältnisse solltest du dich online informieren (vegvesen.no). Manche Womos fahren die populäre Straße sehr langsam, damit auch der Fahrer die Aussicht genießen kann – sehr unpopulär bei Einheimischen!

Wenn du den tollen Bergsee Djupvatnet erreichst, umfährst du sein Nordufer und stößt kurz vor der Wanderhütte Djupvashytta in 1038 m Höhe auf den rechts abzweigenden Nibbevegen. Das 7 km lange und bis zu 12,5 Prozent steile Sträßchen hat eine Mautstelle (geöffnet ca. Mitte Mai–Ende Sept.). Oben stehst du in 1476 m Höhe auf einem im Sommer von Ausflugbussen stark genutzten Parkplatz und der **Dalsnibba-Aussicht.** Dieser Skywalk bietet schwindelerregende Blicke auf die Bergwelt und den 7 km entfernten Geirangerfjord.

Vorsichtig manövrierst du dich wieder steil bergab zur Rv63, biegst rechts ab und lässt dich durch flachere Kehren gemächlich zur nächsten exzellenten Aussicht absinken.

❻ Flydalsjuvet-Aussicht

4 km

Königlicher Landschaftsgenuss

Parkplatz, ❻ **Flydalsjuvet-Aussicht,** Toiletten und Treppenwege – alles am Steilhang mit unmittelbarem Fjordblick über Geiranger. Interessante Bauweise der Toilettenhäuschen: Uralte Hölzer sind in Blockbauweise rund um grünliche Milchglaswände aufgeschichtet. Der XXL-Stuhl mit Blick auf Ort und Fjord wurde von Königin Sonja eröffnet. Toll für ein Tête-à-Tête frühmorgens oder zur Blauen Stunde.

Südnorwegen: Von Måløy nach Ålesund

Es geht steil in Serpentinen abwärts, bis du den kleinen Ort Geiranger am Ende des Geirangerfjords erreichst. Freundlich und terrassiert liegt die kleine Siedlung unfassbar malerisch da. Fjord und Ort zählen zum Weltkulturerbe. Ein Traumziel auch für Kreuzfahrtschiffe, allerdings so reglementiert, dass es mit dem lästigen Smog im Fjordkessel endlich vorbei ist.

Weltkulturerbe-Fjord für Aktivreisende

❼ Geirangerfjord

8 km

Der ❼ **Geirangerfjord** ist nur 15 km lang, sein Ruf als Weltkulturerbe immens. Deshalb schwillt von Mai bis Ende September der steil terrassierte 300-Seelen-Ort stark an. Doch du kannst dem Rummel von Kreuzfahrtschiffen und Bussen auf den beiden steilen Zufahrten entfliehen. Leih dir einfach ein Kajak und kombiniere das Paddeln mit Aufstiegen zu alten Fjordalmen – so gestaltest du deine Erlebnisse intim. Die Angebote von **Active Geiranger** reichen vom Seekajak-Verleih bis hin zur geführten Tour Paddle & Hike mit 1,5 Stunden im Kajak und 4,5 Stunden Wandern über Skageflå nach Geiranger *(geirangerfjord.no; activegeiranger.no)*. Die Straßen-Aussichtspunkte sind außerdem auch architektonische Highlights.

Zunächst gleitest du noch flach am östlichen Fjordufer entlang, dann steigt die Rv63 urplötzlich in elf separat benannten Haarnadelkurven mit zehnprozentiger Steigung bis zur letzten und schönsten Aussicht auf den Traumfjord. Ørnesvegen (Adlerstraße) heißen die 8 km, weil beim Bau 1955 ein Adlerbrutgebiet durchquert wurde. Besonders die erste Kurve verursacht einen leichten Schwindel, weil die plötzliche Neigung zum Fjord an das Anfahren auf einer Achterbahn erinnert.

Beeindruckende Architektur: die Ørnesvingen-Aussicht aus Beton, Glas und Wasser

Sich einmal wie eine Königin fühlen: auf dem Königin-Sonja-von-Norwegen-Thron an der Flydalsjuvet-Aussicht über den Geirangerfjord

Aussicht mit Stil

Die ❽ **Ørnesvingen-Aussicht** ist ein von Sixten Rahlff, dem Architekten der Flydalsjuvet-Aussicht, entworfener Fjordbalkon. Ineinander verschobene Betondecken schaffen ein Plateau aus Bänken, Treppen und Plazas. Ein Bach fließt auf einer Glasfläche über den Platz und stürzt von der Kante hinunter zum Fjord. Gebogene lange Bänke aus Beton nehmen die Form der Straße auf und grenzen gegen sie ab. Schau aus 620 m Höhe noch ein letztes Mal auf Geiranger, die Farm Knivslå und die Wasserfälle Die sieben Schwestern.

Die Rv63 wendet sich komplett vom Fjord ab und führt dich geradewegs durch ein fast liebliches Hochtal. Was für ein Antiklimax! Dein Puls beruhigt sich bei der geruhsamen Fahrt entlang dem wunderschön gelegenen See Eidsvatnet. Bald erreichst du den Fähranleger Eidsdal, wo du über den Eidsfjord nach Linge übersetzt (fjord1.no). Dort ist das Fährhafen-Gebäudeensemble mit Obstgärtchen eine Überraschung. Vom Linge Ferjekai folgst du dem Fjordufer bis nach Valldal, wo die RV63 nach links abknickt. Streusiedlungen, typisch einzeln stehende Höfe und Landwirtschaft begleiten dich bis zu einer Stelle, wo es am Fluss Valldøla viel rauer zugeht.

❽ **Ørnesvingen-Aussicht**

40 km

❾ **Gudbrandsjuvet-Aussicht**

20 km

Rauschendes Flusscanyon-Spektakel

Von einem kranzartigen, gewundenen Brückenschlag blickst du in die Tiefen des Flusscanyons. Unter dir gischtet es nur so. Zur ❾ **Gudbrandsjuvet-Aussicht** gehören ein schönes Café (Facebook: Gudbrandsjuvet cafe) und das versteckte exquisite Chalet-Hotel Juvet Landskapshotell (juvet.com), dessen neun edel, aber sparsam eingerichtet Waldbungalows mit viel Glas das Spartanische zum Luxus

Norwegen

Südnorwegen: Von Måløy nach Ålesund

erklären und zur Naturmeditation einladen. Hier wurde übrigens der preisgekrönte Science-Fiction-Thriller „Ex Machina" gedreht.

Die Rv63 (weiter ohne Mittelstreifen) führt dich durch ein bewaldetes Hochtal, um dann sanft wieder zur Tundra aufzusteigen. Bis unvermittelt endlich die aufwendigste Aussichtsplattform dieser Landschaftsroute auftaucht.

- ⑩ Trollstigen-Aussicht
- 19 km
- ⑪ Åndalsnes
- 108 km

Natur und Architektur im Gespräch

Das Ensemble der ⑩ **Trollstigen-Aussicht** aus Parkplatz, Café und Plattformen von Architekt Reiulf Ramstad feiert die direkt darunter liegenden Sitzkehren der Route Trollstigen – und den Tourismus. Die luftigen Auslegerbalkone überm Straßenzickzack in moosiger Landschaft kontrastieren mit voroxidiertem Stahl und Glas. Im Trollstigen Kafé gibt's Troll-Burger, Rentier-Buletten und Souvenirs ohne Ende (trollstigen.no).

Jetzt fährst du die berühmten Kurven. Zunächst steil, später sanfter abfallend führt dich die schmale Rv63 auf den nächsten Fjord zu. Wenn du schließlich den Romdalsfjord aufblitzen siehst, hast du Åndalsnes erreicht.

Alle Wege führen in den Bergsteigerhimmel

⑪ **Åndalsnes** liegt am Isfjord zwar auf Meereshöhe, ist aber das norwegische Kletter-Mekka. Schon der halbe Weg nach oben macht höchst spektakulär am **Aussichtspunkt Rampestreken** (537 m) halt.

Ålesund kann man gut per Kajak erkunden

Minimalistische Eleganz erwartet dich im Juvet Landskapshotell

Eine atemberaubende Aussicht wartet – vielleicht sogar die beste Norwegens. Die Kombination aus steilem, aber gut zu gehendem Pfad (bis 430 m Höhe) und von nepalesischen Sherpas gebauter Steintreppe Rømsdaltrappa (537 m) ist auch für Kinder machbar. Weiter führt der Pfad dann zum **Rømsdalseggen,** einer berauschenden Gratwanderung. Die 1000-m-Vertikale Trollveggen kannst du von unten bewundern – und dich zum Klettern im Bergsteigermuseum (*Havnegata 2 | Åndalsnes | tindesenteret.no*) animieren lassen. Sogar kulinarisch gibt es im 2200-Seelen-Ort ein paar Höhepunkte.

Nach dem Gekurve auf der Landschaftsroute kommst du nun zügig nach Westen voran. Nimm die E 139/E 39 entlang des Romdalsfjords und halte dich immer Richtung Ålesund. Die lange, mautpflichtige Querung des Tresfjords bietet sanften Weitblick. Auch auf der restlichen Fahrt schaust du viel aufs Wasser und spürst den herannahenden Atlantik, an dem Norwegens malerischste Stadt wartet: Ålesund.

Stadt im Wikinger-Stil am Rand des Ozeans

Das kleine Venedig Norwegens, ⑫ **Ålesund,** wirkt fast majestätisch – auch weil der deutsche Kaiser der total abgebrannten Stadt am Meer für den Wiederaufbau im Wikinger-Jugendstil beisprang. Dafür kannst du schon mal die 418 Stufen zum **Hausberg Aksla** erklimmen – vor allem frühmorgens und spätabends des Landes schönste Aussicht auf urbanes Leben am Rand des Kontinents. Auf einer **geführten Seekajakfahrt** mit Uteguiden durch den Ålesundet erfährst du alles über den speziellen norwegischen Jugendstil mit Wikingermotivik (*für Anfänger gut geeignet | Notenesgata 3 | Ålesund | uteguiden.com*).

Bei den Grundfesten der untergegangenen Metropole Borgund steht heute das **Sunnmøre Freilichtmuseum** u. a. mit alten Booten (*Museumsvegen 12 | Ålesund | vitimusea.no/musea/sunnmoere-museum*).

⑫ Ålesund

Campingplätze am Wegesrand

Südnorwegen: Von Måløy nach Ålesund

Strandurlaub im Nirgendwo

Der reguläre, spartanische Campingplatz im Gras hinterm wunderschönen Strand ist fast so entlegen wie das Kråkenes Fyr. Die etwas vernachlässigten Toiletten und Duschen bestärken das Gefühl eines Nomadenplatzes. Ein Ort zum Bleiben und Strandleben mit Volleyballspiel Genießen. Bei gutem Wetter!

Refviksanden Camping
€€ | Nordvågsøyvegen | Refviksanden
Tel. +47 48 88 29 99 | GPS 62.00171, 5.086231
▶ *Größe:* ca. 15 Stellplätze
▶ *Ausstattung:* Strom, Wasser, Entsorgung, im Sommer Mini-Kiosk

Badeplatz an Traumsee

Sehr herzliche Gastfreundschaft und grandiose Lage am nördlichen Ende des wunderschönen Lovatnet. Nur 5,5 km (10 Min.) vom Loen Skylift und 11 km (20 Min.) von der Kjenndalstova. Ideal zum Baden im See oder Kajakfahren.

Sande Camping
€€ | Lodalsvegen 494 | Stryn
Tel. +47 41 66 91 92 | sande-camping.no
GPS 61.851381, 6.911872
▶ *Größe:* 30 Stellplätze, 14 Hütten
▶ *Ausstattung:* komplette Ausstattung, sehr saubere Sanitäranlagen, kleiner Shop mit Kaffeeausschank, Fastfood und selbst gemachten Kuchen, bei Voranmeldung auch Frühstück und weitere Mahlzeiten

Tolle Lage, aber auch teuer

Edle Traumlage an Fluss und Fjord 2,5 km außerhalb von Geiranger direkt am Fuß der Serpentinen von Ørnesvingen. Viel kleiner als der Platz im Ort, dazu gibt es im Talkessel länger Sonnenlicht. Lass nach einem Paddel- oder Wandertag mal die Womo-Küche kalt und speise im benachbarten Grand Hotel (vier Sterne) oder im Hyskje Restaurant (beide €€€). Oder du hast vom Kajak aus Fisch gefangen und benutzt den Grillplatz.

Geirangerfjorden Feriesenter
€€€ | Ørnevegen 180 | Geiranger

Das Panorama über den Geirangerfjord ist einmalig

Sande Camping liegt direkt am Lovatnet

Tel. +47 95 10 75 27 | geirangerfjorden.net
GPS 62.115138, 7.184793

▸ **Größe:** 40 Stellplätze
▸ **Ausstattung:** komplett ausgestattet, Kinderspielplatz

Im Zentrum des Traumorts

Die sehr große Wiese an der Fv63 liegt direkt am Fjord und auch unmittelbar neben den Hafenanlagen, Geschäften und Restaurants. Im Sommer trubelig. Ausleihe von Tret- und Ruderbooten. Es darf geangelt werden.

Geiranger Camping

€€€ | Geiranger
Tel. +47 70 26 31 20 | geirangercamping.no
GPS 62.099441, 7.203724

▸ **Größe:** 140 Stellplätze, 70 mit Strom
▸ **Ausstattung:** komplett ausgestattet, behindertengerechte Sanitäranlagen

Am Fluss, den Ort in Reichweite

Der große reguläre Campingplatz mit Baumbestand liegt sehr schön am Fluss Rauma, lediglich 2,5 km südlich des Stadtzentrums über die kleine Brücke Raumabrua – ideale Fahrradentfernung. Manche stören vielleicht die Geräusche von der E 139.

Åndalsnes Camping

€€ | Gryttenvegen 1 | Åndalsnes
Tel. +47 71 22 16 29 | andalsnes-camping.net
GPS 62.552189, 7.704126

▸ **Größe:** 40 Stellplätze, 30 Hütten
▸ **Ausstattung:** komplett ausgestattet, kleines Café mit Sitzgelegenheiten und großem Fernseher, Shop, Verleih von SUPs, E-Bikes, Kanus, Tischtennis

Einfach nur schlafen

Wohl weil hier auch Norweger stehen, ist das kostenfreie Parken zwischen Aquarium und Fußballstadion nicht verboten. Abenteuerpfad für Kinder im Wald nur 1 Min. entfernt. Vom Aquarium fährt der Bus die 3 km in die Stadt. Löchriger Asphalt, aber nicht so windanfällig.

Parkplatz am Atlanterhavsparken

Meskarvegen 454 | Ålesund
GPS 62.4678, 6.1025

▸ **Größe:** Ca. 20 Stellplätze

Kulinarisches am Wegesrand

Südnorwegen: Von Måløy nach Ålesund

Rau, aber herzlich

Im typisch für Måløy wenig ansprechenden Gebäude befindet sich das Fischgeschäft **Havfruen** direkt am Hafen. Du kannst also hier deinen Fisch frisch für die Womo-Küche kaufen oder im Restaurantbereich einen Muschelteller, Burger (auch fleischlos) oder gute Fish & Chips essen. Drinnen Top-Ambiente. Erstaunlicherweise braut man selber leckeres Bier und offeriert auch einige Weine. *Infos: Torget 16 | Måløy*

Eine Spur hipp

Die atmosphärisch gemütlichste und auch trendige **Kaffebar & Vertshus** in **Stryn** ist zu empfehlen, wenn du mal gute Pizza und Burger oder einen großen Pastasalat essen willst. Bei gutem Wetter speist du auf der Terrasse mit grandiosem Rundblick. *Infos: Tonningsgata 19 | Stryn | strynvertshus.no*

Und draußen mit freundlichen Ziegen

Im über 400 Jahre alten Farmgebäude im Berghüttenstil wird im **Westerås Gard Restaurant** Herzhaftes wie Suppe, Lachs und Entrecôte serviert, aber es gibt auch Waffeln mit Schokolade. Tolle Sicht auf den Geirangerfjord 4 km außerhalb des Zentrums. *Infos: Geirangervegen 320 | Geiranger | Facebook: WesteraasGard*

SÜSS!

Die **Geiranger Sjokolade** in einem Bootshaus. In der Schokoladenmanufaktur bietet man Geschmacksrichtungen von Aquavit bis Blau-

Farikal: traditionelles norwegisches Gericht aus der Pfanne mit Kohl und Lammfleisch

Für Waffeln mit Beerenmarmelade und einen guten Kaffee können sich die Norweger erwärmen

schimmelkäse an. *Infos: Maråksvegen 29 | Geiranger | geirangersjokolade.no*

Super Kaffeequalität

Obwohl Norweger viel Kaffee trinken, ist die Qualität oft nur Mittelmaß. In der **Fjellbrent Kaffebrenneri** stimmt die Eigenröstung, gut auch die Sandwiches und das *pain au chocolat* zum Kaffee. Bei gutem Wetter kann man beides auf der Terrasse genießen. *Infos: Dalsbygdvegen 489 | Åndalsnes | Facebook: Fjellbrent Kaffebrenneri*

Best of regional

Der alte Bauernhof **Woldstad Gard** in Isfjorden bei Åndalsnes verströmt urige, aber frische Gemütlichkeit und serviert mehrgängige Mahlzeiten, deren Zubereitung mit den prächtigen örtlichen Produkten aus Garten, Wald und Fluss qualitativ einhergeht. *Infos: Isfjorden | woldstadgard.no*

Aus dem Meer auf den Teller

Das wunderbar in ein renoviertes Lagerhaus eingepasste Meeresfrüchte-Restaurant **Sjøbua** liegt so nah am Wasser von Ålesund, dass die Fische aus dem Ozean auf den Teller springen könnten. Nicht preiswert, aber seinen Preis wert. *Infos: Brunholmgata 1 | Ålesund | sjoebua.no*

Klippfisch im Fokus

City-Atmo im Großrestaurant **XL-Diner** in Polepostion am Wasser in Ålesund. Entsprechend beliebt ist die Location – unbedingt reservieren! Das angeblich größte Bacalhao-Restaurant Europas bietet Klippfisch-Zubereitung auf spanische, italienische und portugiesische Art. *Infos: Skaregata 1B | Ålesund | xldiner.no*

Norwegen 45

Blanke Granitfelsen kennzeichnen die Insel Sladö, die zum Schärengarten vor Västervik gehört

Välkomna im Land der tausend Seen

Wirklich alles geht in Schweden entspannter zu – auch auf den Straßen. Hier ist immer und überall Wasser, sagt man. Dazu wunderbare, aber kurze Sommer. Wilde Beeren und wilde Lachse. Scheinbar grenzenlose Natur, die für jedermann und jedefrau da ist: Inselwelten und Urwälder, lange Sandstrände, versteckte Seen und moderne Großstädte wie Stockholm oder Malmö.

Zum heißgeliebten Kaffee werden in Schweden gern Zuckerschnecken mit Kaneel serviert

Große Plätze, bunte Pläne

In Südschweden ist das Aufnahmeritual an den Campingplätzen überall gleich: Wie viele Nächte möchten Sie bleiben? Brauchen Sie Strom? Brötchen bitte vorbestellen. Ganz wichtig: Den Hund immer an der Leine führen! Immer bekommt man zur Begrüßung eine Art Stadtplan in die Hand, darauf viele Wege und Nummern. Und vor allem sind diese Orientierungshilfen so bunt wie nirgendwo sonst in Europa. Auf manchem Camp wirken sie wie einem Kinderbuch entsprungen. So hat ein schwedischer Platzbetreiber aus Småland entweder große Fantasie oder schlechte Erfahrungen gemacht. Er überreicht allen zusätzlich eine Liste mit den 20 wichtigsten Regeln. Darunter: „Das Autofahren ist auf dem Platz nur mit Führerschein erlaubt!" Oder: „Die Eltern müssen darauf achten, dass Kinder den Fluss nicht mit Spültabs verschmutzen!" Pippi lässt grüßen ...

Natur für alle

Um mit einem Missverständnis aufzuräumen: Es ist in Schweden nicht erlaubt, einfach überall mit dem Womo zu übernachten. Und dennoch ist das *allemansrätt* (Jedermannsrecht) ein wichtiger Bestandteil der schwedischen Kultur. Kurz gesagt: Du darfst überall Pilze, Kräuter und Beeren sammeln und in der Natur zelten, wo es nicht explizit verboten ist. Die goldene Regel: nicht stören und nichts zerstören. Und

Schwedens Leuchttürme erheben sich nicht nur an den Meeresküsten – wie hier in Krogstadsudde –, sondern auch an den Ufern der riesigen Seen

wenn du wegfährst, muss es so aussehen, als wärest du nie dagewesen.

Hoch oben mit den Gänsen

In Schweden kennen alle die Geschichte des blonden Jungen, der durch einen Zauber zum Däumling wird und mit den Wildgänsen seine Heimat entdeckt. Die große Selma Lagerlöf hat die Reise von Nils Holgersson zu Beginn des 20. Jh. als Schulbuch geschrieben. Viele der Kapitel mit wunderbaren Landschaftsbeschreibungen spielen im Süden des Landes. Das Buch ist eine magische Erzählung über die Einheit von Mensch und Natur. „Das ist ein merkwürdiges Land, das wir haben", sagt Nils an einer Stelle. „Wohin ich auch komme, überall gibt es etwas, wovon die Menschen leben können." Nimm diesen Klassiker der Weltliteratur doch einfach mit auf deine Schwedenreise, am besten in der fabelhaften Neuübersetzung von Thomas Steinfeld (Die Andere Bibliothek 2015).

Mach mal Pause!

Was in Schweden allen heilig ist und auf gar keinen Fall – niemals! – fehlen darf, ist das tägliche *fika*, die Kaffeepause. Meist kommt eine *kanelbullar* dazu auf den Tisch, eine grandiosköstliche, goldgelb-buttrige Zimtschnecke. Hefe, Milch, Zucker, Salz, Butter, Zimt, Kardamom und etwas Hagelzucker obendrauf. Fertig ist der süße Süchtigmacher. Seit 1999 wird der nationale *kanelbullens dag* am 4. Oktober gefeiert. Ganz Schweden backt und isst.

Willkommen in Ikea-Land

Wer sich auf den Järvfjället setzen will, kann entweder den Drehstuhl kaufen oder den Berg besteigen. Der ursprünglich in Småland beheimatete Möbelhersteller benennt viele Produkte nach Orten, Flüssen oder Seen. So sind auch winzige Dörfer in Südschweden wie Skärhamn (Türklinke) oder der See Bolmen (Klobürste) weltweit bekannt.

AUF EINEN BLICK

10,7 Mio.
Einwohner*innen in Schweden
[Deutschland 84 Mio.]

447 435 km²
Fläche Schwedens
[Deutschland 357 588 km²]

20 %
aller Verkehrsunfälle passieren mit Elchen
[Deutschland 8 % Wildunfälle]

Wärmster Monat
Juli
durchschnittliche Höchsttemperatur 21 °C

29
NATIONALPARKS IN SCHWEDEN
[Deutschland 16]

GRÖSSTER SEE
Vänern
5519,1 km²
[ungefähr zehnmal so groß wie der Bodensee]

Höchste Erhebung in Südschweden
377 m
TOMTABACKEN

26 384 km
Länge der schwedischen Küste
[Deutschland 3624 km]

75 cm
**MINDESTABSTAND IN SCHLANGEN
(NICHT ERST SEIT CORONA)**

Das Rot der Holzhäuser sollte ursprünglich an die Backsteinbauten der Wohlhabenderen in Mitteleuropa erinnern

Schwedenrot

Wer von Schweden träumt, träumt von dunkelroten Holzhäusern mit weißen Fensterrahmen. In der Provinz Småland stehen vermutlich die meisten dieser typisch gepinselten Katen und Schuppen. Das – nach einer schwedischen Stadt benannte – Falunrot bekommt seinen Farbton durch Kupferanteile und Eisenoxid. Es zählt nicht nur zur Identität des Landes, sondern auch zum Weltkulturerbe der UNESCO.

Ein weites Land

Ganz Schweden zieht es nach draußen. Immer. Denn das hat man von Kindesbeinen an so gelernt. Es gibt ein Schulfach „Natur", ein anderes heißt „Glück". Es wird geklettert und gepaddelt, geangelt und gejagt, gewandert und gesammelt. Alles ganz normal. Und vor allem nach dem langen, dunklen Winter ist die Sehnsucht nach Licht riesengroß. Nebenbei hat man in Schweden das Wohnen in funktionellen Möbeln globalisiert. Man duzt seinen Ministerpräsidenten. Man überlegt, die Geschlechter zu neutralisieren. Jede zweite Familie hat ein Sommerhaus am See. Und man ist extremst entspannt und extremst erfolgreich bei fast allem, was man anpackt. Doch wie machen die das, die Menschen in Schweden? Am besten fragt ihr sie einfach. Denn überall werdet ihr auf hilfsbereite und freundliche Leute treffen. Das glaubt ihr nicht? Fahrt los und seht selbst!

Und es hat BLITZ gemacht

An Schwedens Straßen fallen die vielen Blitzer auf. Vorab steht immer ein Warnhinweis, den du unbedingt beachten solltest. Die Geldstrafen sind schwindelerregend hoch! Also: 90 km/h auf Landstraßen und 120 km/h auf Autobahnen. So hast du Zeit, die Landschaft zu genießen. Was Schweden in Blitzer investiert, spart es an Ampeln: Dank Kreisverkehr steht man so fast nie im Stau.

TAUSEND KLEINE EINSAMKEITEN

Vom Süden der Ostküste nach Stockholm

Strecke & Dauer

- Strecke: 669 km
- Reine Fahrzeit: 9 Std.
- Streckenprofil: Flach, gute Straßen, eine Fährfahrt
- Empfohlene Dauer: 14–16 Tage

Was dich erwartet

Es ist eine ganz eigene Welt da draußen in den östlichen Schären von Südschweden. Wer hier wohnt, lebt etwas außerhalb der Zeit. Alles hängt mit allem zusammen: der Himmel und der Wind, das Meer und die Inseln. Und irgendwie auch die Menschen. Auf deinem Weg die Küste hinauf lernst du faszinierende Städte wie Norrköping kennen, aber auch weit entlegene Schärendörfer und die Gelassenheit derjenigen, die dort leben. Und am Ende wartet mit Stockholm eine der spannendsten Hauptstädte Europas auf dich.

Los geht's – immer am Meer entlang

1 Torhamn/Sandhamn

85 km

Fahr von **1 Torhamn/Sandhamn** den Sandhamnsvägen an einigen Höfen vorbei immer geradeaus. Die Felder der Landwirte reichen hier bis ans Meer. Du folgst der schmalen Straße immer weiter nach Nordosten. Der Gratis-Stellplatz am Hafen Svanhalla Hamn ist übrigens wunderschön, allerdings ohne WC (GPS 56.118079, 15.887417). Am Ende der Straße biegst du an der T-Kreuzung rechts ab nach Kristianopel. Das einstige Fischerdorf bietet sich an für eine Kaffeepause am Hafen. Falls du bleiben möchtest: Der Campingplatz Kristianopel Resort auf einer schmalen Landzunge ist dreiseitig von

Wenn auf Öland die Sonne untergeht, werden überall Kameras gezückt

Wasser umgeben (GPS 56.255425, 16.043536 | kristianopelresort.se). Jetzt zurück zur E22, Kalmar steht auf allen Schildern.

Alle Wege enden am Wasser

Wäre ❷ **Kalmar** ein Geräusch, dann eine Mischung aus Meeresrauschen und einem zufriedenen Seufzen. Die behagliche und lebensfrohe Küstenstadt ist eine der ältesten Schwedens. Doch groß ist sie nicht. Kaum 40 000 Menschen leben hier. Auch laut und geschäftig geht es eher selten zu. Aber das Meer ist in jedem Winkel deutlich spürbar. Kalmar wurde auf mehreren Inseln gebaut und ist in einem Tag entspannt per pedes zu erlaufen.

Die 6 km lange, 1972 eröffnete Brücke nach Öland habt ihr längst gesehen. Drüben biegt ihr rechts ab und startet euren Inseltrip in Färjestaden.

Eine Insel für alle

Wenn auf ❸ **Öland** die Sonne untergeht, kann der Himmel zu einem kaum beschreibbaren Spektakel werden. Wild verschwimmen die Farben, als wäre ein Tuschkasten umgekippt. Betäubend ist das Licht. Es tanzen Riesen und Zwerge. Raumschiffe und Wolkenmonster. Kondensstreifen werden zu Laserstrahlen. Alles wie im Kino. Endlos weit ist diese Leinwand. So weit, wie der Himmel nur über dem Meer sein kann, wo immer ein Wind weht. Aber Achtung: Dieses Eiland, das lang und dünn wie ein Aal ist, kann schnell süchtig

❷ Kalmar

14 km

❸ Öland

41 km

Südschweden

Vom Süden der Ostküste nach Stockholm

machen. Allerdings nicht nur dich. Wer einsam übernachten will, darf nicht herkommen. Hier gibt es 25 Campingplätze. Und der Norden der Insel um Borgholm ist die beliebteste Urlaubsregion Schwedens.

Zurück auf dem Festland biegst du auf die E22 nach Norden ab. Weite Felder und hier und da etwas Wald. Die Abfahrt ist ausgeschildert.

Ziemlich abgelegen …

④ Pataholm

45 km

⑤ Oskarshamn

69 km

… und umgeben von Äckern, Wiesen und Wäldern liegt ④ **Pataholm**. Früher wurde hier Holz verschifft, die Werft hatte zu tun und die Kaufleute betrieben Handel im ganz großen Stil. Alles lange her. Heute wundern sich die Besucher über die Größe und die Schönheit der Häuser in diesem nostalgischen Nest am Kalmarsund. Mit dem Sommercafé Förlig Wind (Leichter Wind) hast du einen schönen Pausenort gefunden *(Pataholm 406 | Ålem | forligwind.se)*.

Um zurück auf die E22 zu gelangen, nimm die Straße Richtung Ålem, denn es geht nordwärts weiter: Du passierst einige Häuser hier, einige Dörfer da.

Gemütlichkeit trifft Hafenleben

Damals durch die vielen Werften schwedenweit bekannt, kann die kleine Hafenstadt ⑤ **Oskarshamn** (18 000 Einw.) heute mit einer großen Portion Gemütlichkeit und lebendigem Hafenleben punkten. Ach ja, fast vergessen: Und mit den rund 5000 Winzigkeiten da draußen in der Ostsee. Eine Mischung aus grünen, bewohnten Inseln, menschenleeren Inselchen und felsigen, kahlen Schären

Nur wenige Inseln in Oskarshamns Schärengarten sind bewohnt

Zu Recht trägt Västervik den Beinamen „Perle der Ostküste"

formt den Schärengarten. Auch so kann Småland aussehen. Ein möglicher Campingplatz ist Havslätt *(GPS 57.278804, 16.479641 | havslatt.com)*.

Entlang der E22 wirst du viele Optionen für eine Pause finden. Die Landschaft bleibt småländisch: dichte Wälder, klare Seen.

Wo die Tage Pause machen

Du hast noch nie von ❻ **Västervik** gehört? Dann wird dich diese lebendige Schärenstadt mit ihren 21 000 Menschen, den Boots- und Buntmalhäusern, den Restaurants und Cafés und der faszinierenden Street-Art-Szene überraschen. Und zudem liegt vor der Tür ja noch der beeindruckende Schärengarten mit seinen rund 5000 Inseln. Oder sind es mehr? Manche ragen so steil aus dem Meer, dass sie Kletterer anlocken. Die blanken Granitfelsen hier gelten als eines der besten Boulderreviere der Welt.

Du bleibst der E22 treu. Wald, Wald, Wald und Wiese. Bald bist du in der Region Östergötland. Bei Gamleby Norra verlässt du die Hauptstraße und folgst dem Odensvivägen bis Gamleby. Links ab führt dich die Loftagatan zum mystischen Park der Trolle und Fantasiewesen.

❻ Västervik

25 km

Südschweden

Vom Süden der Ostküste nach Stockholm

Trolliger Skulpturenwald

Troll dich! Überall im Wald hat der Künstler Ja Pol mehr als 80 Skulpturen aufgestellt. Trolle, Feen, Werwölfe, Nymphen, Elfen, Schlangen, Drachen – der ❼ **Gamleby Trollskogen** *(gamleby.se/skulpturparken)* ist der größte seiner Art in Schweden. Die Idee: Die Werke sollen eins werden mit der Natur. Vom Berg hast du einen großartigen Blick über Land und Wasser.

Via Lofta auf die 213, die dich zurück auf die E22 bringt. Nach 41 km bei Gusum rechts ab bis Börrum und den Schildern nach Sankt Anna folgen.

❼ Gamleby Trollskogen

77 km

❽ Sankt Anna

46 km

Schären so weit das Auge reicht

Manch einer behauptet, dass in ❽ **Sankt Anna** das wildeste Schärengebiet Schwedens liegt. Und ja, es gibt fast nur unbewohnte Inseln. Besonders sehenswert sind das lange Schärenband von Missjö und das Seezeichen Kupa-Klint *(GPS 58.317038, 16.999871)*. Der Hügel mit seinem schwarzen Steinmann diente Seefahrern über 300 Jahre als Navigationshilfe. Besucht die Insel Aspöja, wo Helen mit ihrer Familie ein kleines Café betreibt, Schafe züchtet, Lammfleisch und Lachs räuchert *(forsmans.se)*. Über Nacht: Källbuktens Camping Sanden *(GPS 58.343472, 16.811929 | sanktanna.se)*. Auch in Tyrislöt gibt's einen Campingplatz *(tyrislotcamping.se)* und einen sehr guten Kajakverleih *(stannakajak.se)*.

Der Blumenkranz dient an *midsommar* als altes Symbol für Wiedergeburt und Fruchtbarkeit

Die Kraft des Motala ström wird in Norrköping seit dem Mittelalter für den Antrieb von Mühlen und Maschinen genutzt

Wählt die schönere Strecke via Stegeborg, dort liegt ein hervorragender Stellplatz. Bei der Schlossruine nimmst du die kostenlose Autofähre nach Norrkrog und stößt bei Tingstad wieder auf die E22.

Das große Rauschen

Einst grau und durch seine Textilindustrie geprägt, hat sich ❾ **Norrköping** zu einem bunten und quirligen Spot entwickelt. Die stillgelegten Fabriken wurden clever umgebaut und wiederbelebt. Den Aufstieg und Reichtum verdankt man vor allem dem Wasser. Der Motala ström, kurz Strömmen, fließt mit teils kräftigem Getöse und einer Fallhöhe von über 20 m durch die Stadt. Und dann gibt es ja auch noch die über 7000 prähistorischen Felsritzungen – kein Ort der Welt hat mehr.

Tschüss E22, hallo E4! Die ist nicht sonderlich schön, bringt dich aber schnell in die Provinz Södermanland. Bei Nyköping geht's runter auf die Landstraße 53. Noch 12 km bis nach Oxelösund.

Stadt der Gegensätze

❿ **Oxelösund**: auf der einen Seite das moderne Stahlwerk von internationalem Rang und der Hafen, auf der anderen das alte Hafenstädtchen mit vielen renovierten Häusern, dem Wirtshaus aus dem 17. Jh. und dem **Schärengartenmuseum,** das einen spannenden Eindruck in den damaligen Alltag der Inselmenschen gibt *(skargardsmuseet.se).* Eine schöne und überraschende Abwechslung bietet dir **Stjärnholms Skulpturenpark** mit 30 teils meterhohen Exponaten gleich neben dem Schloss *(stjarnholm.se/skulpturparken).*

❾ **Norrköping**

73 km

❿ **Oxelösund**

42 km

Südschweden

Vom Süden der Ostküste nach Stockholm

Auf der 53 machst du dich via Nyköping auf den Weg nach Nordosten. Bei Sjösa rechts nimmst du die Landstraße 219, an den Schlössern Ånga und Hälgö vorbei. Das Naturreservat Stendörren ist gut ausgeschildert.

Flora und Fauna zu Fuß erleben

11 Naturreservat Stendörren

104 km

12 Gålö

21 km

In der Wasserlandschaft des **11 Naturreservats Stendörren** mit vielen kleinen Inseln, Vögeln und Sumpfgebieten herrscht Ruhe, wenn überhaupt rauscht bloß leise der Wind. Die Ausstellung im **Besucherzentrum Naturum** *(naturumstendorren.se)* hinterfragt die Rolle des Menschen in Zusammenhang mit dem Ökosystem der Ostsee. Die kleine Fußgängerhängebrücke *(GPS 58.743568, 17.387605)* ist längst ein gern geteiltes Fotomotiv.

Die 219 führt dich bis Övre Mölna, bei der Tankstelle rechts auf die 218. Nach 10 km erneut rechts dem Schild zur Fähre nach Oaxen folgen. Von Mörkö geht es schnell und kostenlos nach Skanssundet. Auf der Straße bleiben bis Norrga, dort rechts auf die 257, später auf die 227 (Achtung: einige Blitzer). Kurz vor Eksta beim Schild „Naturreservat" rechts ab auf die Halbinsel Gålö.

Baden in schönster Natur

Der Sandstrand und das geschützte Naturreservat locken am Wochenende viele Stockholmer zu einem Tagestrip *(lansstyrelsen.se/stockholm)*. Warum nicht kurz stoppen und schwimmen gehen? Dabei bietet **12 Gålö** noch viel spannendere Geschichten. Der mittelalterliche Hof Stegsholms Gård wird heute noch genutzt – samt Bäckerei, Café und Reitschule *(stegsholmsgard.se)*.

Das Dalapferd ist eine Designikone und in allen schwedischen Souvenirläden zu finden

Stockholm, Skandinaviens größte Stadt, kann man prima vom Wasser aus erkunden

Zurück zur Hauptstraße 227, dort links bis Haninge. Nun rechts auf die 73 bis Handen und für wenige Meter auf die 260.

Urwaldfeeling erleben

Manche sprechen von einem „Urwald". Und so fühlt es sich auch an in einem Wald, der vom Menschen unberührt war. Wobei, den ⑬ **Nationalpark Tyresta** *(Besucherzentrum Naturum | tyresta.se)* gibt es erst seit 1993. Einige der Tannen, Zitterpappeln, Birken und bizarr gewachsenen Kiefern sind allerdings schon mehr als 350 Jahre alt. Dazu Moose, Farne und unzählige Pflanzen, die auf der Roten Liste der aussterbenden Arten stehen. In den Tälern und Schluchten des Felsengebirges haben sich Seen und Moore gebildet. Diese Teile könnt ihr auf Holzbohlenwegen erkunden. Habt ihr eventuell ein Zelt dabei? Prima, damit ist das Campieren auf offiziellen Plätzen mitten im Naturschutzgebiet erlaubt. Mit Anmeldung!

Über die 73 kommt ihr am Ziel dieser Tour, in der schwedischen Hauptstadt an.

Stadt der vielen Ufer

Die schwedische Hauptstadt ⑭ **Stockholm** wurde auf 14 Inseln gebaut und wird sanft von der Ostsee umarmt. Man merkt nicht, dass hier eine Million Menschen leben. Was auch daran liegt, dass viele in ihren Ferienhäusern im Schärengarten relaxen. Gerade im Sommer drängt es sie hinaus zu den 24 000 Inseln. Und wer die Stadt per Rad erkundet, dem erscheint das Leben wie eine endlose Spazierfahrt. Überall entspannte Menschen im Straßenverkehr.

⑬ **Nationalpark Tyresta**

27 km

⑭ **Stockholm**

Campingplätze am Wegesrand

Vom Süden der Ostküste nach Stockholm

In bester Lage

Auf einer fußläufig zum Zentrum von Kalmar gelegenen, etwas überlaufenen Halbinsel bietet First Camp euch alles, was man von einem modernen Campingplatz erwartet. Erkundet die Umgebung auf Wanderwegen bis zum Vasastenen im Süden (etwa 30 Min.).

First Camp Stensö
€€–€€€ | Stensövägen 100 | Kalmar
Tel. +46 48 08 88 03 | firstcamp.se
GPS 56.650013, 16.328473
▸ **Größe:** 300 Stellplätze, 35 Mietunterkünfte
▸ **Ausstattung:** Minigolf, Fahrradverleih, Unterhaltungsprogramm, Klettergarten, Hüpfkissen, Kanuvermietung, Spielplatz, Strand, Sportprogramm

Grüner wird's nicht

20 Autominuten nördlich von Kalmar wird's idyllisch: Das überschaubare und auf einer wilden Landzunge gelegene Camp hat Ruhe und Meerblick. Kein Platz ist wie der andere. Und das Björnö Naturreservat findest du vor der Tür.

Rafshagsudden Camping
€€€ | Rafshagen 430 | Läckeby
Tel. +46 48 06 04 64 | kalmarcamping.se
GPS 56.756877, 16.380732
▸ **Größe:** 190 Stellplätze, 5 Mietunterkünfte
▸ **Ausstattung:** Shop, Café/Bistro und Bar, Brötchenservice, Eisdiele, Whirlpool

Ein komplettes Dorf

Warum sich nicht mal in das Gewimmel dieses größten Camps in Schweden stürzen? Wer weiß, worauf er oder sie sich einlässt, wird die Zeit in diesem autarken 5-Sterne-Urlaubsdorf am 20 km langen, kinderfreundlichen Sandstrand im Norden von Öland durchaus genießen können. Viel Service hat aber auch seinen Preis.

Im Rafshagsudden Camping bei Kalmar findet jeder ein ruhiges Plätzchen

Viele Campingplätze in Schweden sind so naturnah, dass dir die Eichhörnchen aufs Dach springen können

Kronocamping Böda Sand

€€€ | Böda sandsallén 11 | Löttorp
Tel. +46 48 52 22 00 | bodasand.se
GPS 57.274171, 17.051544

▶ **Größe:** 1350 Stellplätze, 125 Mietunterkünfte
▶ **Ausstattung:** Animation für Kinder, Fahrradverleih, Golfplatz, Minigolf, Sportprogramm, Tennisplatz, Kettcarverleih, Skaterbahn, Freibad, Wasserplatz, Spa, Restaurant, Shop plus, After Beach Band

Fünf Sterne deluxe

Das nennt man dann wohl Camping-Cluburlaub auf Schwedisch. Unglaublich, was hier abgeht. Und in der Hochsaison werden die Kleinsten sogar in einem Kinderclub bespaßt. Wenn man mal ausnahmsweise keine Ruhe und Idylle, sondern viel Kontakt zu anderen sucht, kann man dieses Riesenresort südlich der Stadt Västervik mal testen.

Västervik Resort

€€€ | Västervik
Tel. +46 490 25 80 00 | vastervikresort.se
GPS 57.740998, 16.664861

▶ **Größe:** über 900 Stellplätze, 175 Mietunterkünfte
▶ **Ausstattung:** Minigolf, Seilbahn, Klettern, Fahrrad-, Kanu- und Fahrradverleih, Restaurants, Shop, Golf, Erlebnisbad etc.

Im hippen Viertel

Mitten in Stockholms Stadtteil Södermalm bietet sich dieser kleinere Platz für einige Nächte in der Großstadt an. Wer sicher stehen möchte, zahlt hier jedoch für die perfekte Lage. Man kann Stellplätze für Wohnwagen, Wohnmobile und Zelte und Hütten buchen, die auch behindertengerecht ausgestattet sind. Reservieren! Hunde sind herzlich willkommen – das Naturschutzgebiet Flaten eignet sich hervorragend für schöne Spaziergänge mit Vierbeinern!

First Camp City – Stockholm

€€–€€€ | Flatens skogsväg 30 | Skarpnäck
Tel. +46 77 110 12 00 | firstcamp.se
GPS 59.250012, 18.161784

▶ **Größe:** 65 Stellplätze
▶ **Ausstattung:** Spielplatz, Minigolf, Kiosk, Frühstückstasche, Waschmaschine und Trockner, Backofen, Mikrowelle

Kulinarisches am Wegesrand

Vom Süden der Ostküste nach Stockholm

Wie in Omas Garten

Im gemütlichen Café des Heimatmuseums **Krusenstiernska Gården** sitzt du in Kalmar unter alten Apfelbäumen zwischen farbenfrohen Staudenbeeten. Eine Augenweide! Alles wird selbst gemacht. Probier den Saft aus Beeren und anderen Früchten! *Infos: Stora Dammgatan 9–11 | Kalmar | kalmar.se/krusenstiernska*

Frisch vom Kutter

Der Fisch kommt frisch gefangen aus dem kleinen Hafen Gräsgård auf Öland, an dem der Imbiss **Annys Fiske** Lachs, Flunder, Dorsch oder Aal zu fairen Preisen serviert. Alles ist einfach und gut. Mehr muss ja nicht. *Infos: Gräsgårds fiskehamn, Degerhamn | Facebook: torskflickan*

Wo Köche schmuggeln

Butterspieße und Pilze, dazu Apfelwolke mit Pilzschaum und Trüffel? Oder lieber eine Käsecrème mit gerösteten Karotten, einer Miesmuschel-Tomaten-Sauce und einer Dill-Vinaigrette? Ein Versprechen: Alles, was die Köche des **Smugglaren** in Västervik sich ausdenken, wird dir schmecken. *Infos: Smugglaregrand 1 | Västervik | restaurangsmugglaren.se*

Gebäck dich glücklich

Du suchst exzellentes Brot oder noch schnell etwas Proviant für deinen Ausflug in den Schärengarten? Die **Bageri 96** ist der Himmel für Brot- und Gebäckliebende. Im hinteren Teil hat man einen interessanten Einblick in die offene Backstube. *Infos: Stora Torget 2 | Västervik | Facebook: bageri96grader*

Stylishes Metallgeschirr wie aus der Campingküche ist auch in vielen Restaurants angesagt

Nirgendwo schmeckt Fish 'n' Chips so gut wie mit fangfrischer Beute am Hafen

Meet Mats auf Missjö

Mit der Schärenfähre setzt man über in eines der wildesten Schärengebiete von Schweden. In seiner urgemütlichen Kneipe auf **Missjö** bei Sankt Anna serviert der alte Seebär Mats Södling kühle Bierchen. Die Zutaten für seine Küche findet er vor der Tür: Fische, Pilze und Federwild. *Infos: Missjö Norreudden 1 | Sankt Anna | sodlings.se*

Strauß, Truthahn & Hirsch

In Vikbolandet, der fruchtbaren Gegend östlich von Norrköping, bieten viele Hofläden schmackhafte Lebensmittel an. Es gibt eine Straußenfarm *(vikbolandsstruts.se)*, eine Truthahnfarm *(visatter.nu)* und eine Hirschzucht *(ormsatter.se)*. Eine Empfehlung ist der **Sänkdalens Gård** mit Hofladen – und köstlichen selbst gemachten Eissorten und Eistorten! *Infos: Sänkdalens Gård | Vikbolandet | sankdalensgard.se*

Skrei aus der Luke

Wie Street Food geht, lernt man in den **Hötorgshallen** und Umgebung, dem kulinarischen Zentrum von Stockholm. Neben Brathering, Winterkabeljau *(skrei)* oder *köttbullar* kommen viele vegetarische Gerichte aus den mobilen Küchen. Hol dir ein Heringssandwich bei Kajsas Fisk. Schwedische Spezialitäten? Bondens Matbod. Fisch und Meeresfrüchte? Melanders. *Infos: Hötorget | Stockholm | hotorgshallen.se*

Es brennt!

Wer das Sterne-Restaurant **Ekstedt** in Östermalm/Stockholm betritt, riecht sofort Feuer. An sieben Stellen lodern die Flammen. Die Köche tragen Lederschürzen und Lederhandschuhe. Gekocht wird mit natürlicher Wärme, Asche, Rauch und Ruß. Das Holzfeuer berührt jede Speise. Das Ekstedt zählt zu den spannendsten Essorten der Welt. *Infos: Humlegårdsgatan 17 | Stockholm | ekstedt.nu*

Seen, so groß wie Meere

Von Norrköping zum Nationalpark Tresticklan

Strecke & Dauer

- Strecke: 699 km
- Reine Fahrzeit: 10–11 Std.
- Streckenprofil: meist flach, gelegentlich kleinere Hügel, nur ganz selten Schotterwege, eine Fährfahrt
- Empfohlene Dauer: 14–16 Tage

Was dich erwartet

Du wirst spannende Städte wie Norrköping oder Jönköping sehen und auf dieser Tour immer und überall am Wasser sein. Denn du umrundest die größten Seen Schwedens südlich und kannst nebenbei ganz große Kanalbaukunst am Götakanal und am Dalslandkanal bestaunen. Zu guter Letzt führt dich dieser abwechslungsreiche Trip in die Einsamkeit und Stille von Tresticklan, dem größten zusammenhängenden Waldgebiet im Süden. Dort machst du einfach mal Pause. Runter von der Straße und rein in den Urwald ...

① Norrköping

90 km

Los geht's – immer nach Westen

Mach dich von ① Norrköping (S. 57) auf der E4 auf den Weg nach Westen. Zunächst noch Wald, dann viele Felder bis zum Horizont entlang der Autobahn. Bei Linköping Norra wechselst du auf den Bergsvägen nach Norden und musst unbedingt einen Abstecher nach Berg machen, um dir dort die Kanalschleusen von Berg anzusehen. Es handelt sich um zwei Doppelschleusen und eine Schleusentreppe. Die spektakulären Höhenunterschiede, die die Schiffe überwinden müssen, bekommst du von der Brücke aus besonders gut aufs Bild (GPS 58.485666, 15.525365). Nun über Ljungsbro und weiter über die 34 bis Fornåsa. Motala ist ausgeschildert.

Pack die Badehose ein und rein ins große Blau des Vättern

Die Kanalwächterin

Man bezeichnet ❷ **Motala** als die Hauptstadt des 190,5 km langen Götakanals. Und hier hast du das Ufer des Vättern erreicht. Die nasse **Schleusentreppe bei Borenshult** (GPS 58.556319, 15.079888) ist mit ihren fünf Wehren die steilste und spektakulärste. Ebenso sehenswert: das nostalgische **Motala Motor Museum.** Neben Oldtimern sind uralte Schreibmaschinen, Funkgeräte, Motorräder, Fotokameras und eine komplette Autowerkstatt aus den 1920er-Jahren zu sehen (Platensgatan | Motala | motormuseum.wixsite.com/motormuseum).

Halte dich an die Straße in Ufernähe bis zum Örtchen Vadstena, wo du dich bei einem Stopp am Schloss (Hamngatan 4 | Vadstena | vadstenaslott.com | Parken bei GPS 58.446266, 14.885600) wie im Mittelalter fühlen wirst. Die gewundenen Kopfsteinpflasterstraßen mit den Rosenbüschen und den pastellfarbenen Häusern umrahmen das herrschaftliche Schloss mit seiner dramatischen Geschichte. Hinter Vadstena wieder auf der Route 50 via Kastad und Rogslösa und bei GPS 58.312010, 14.677210 nach rechts zum Omberg Ecopark am Vättern abbiegen.

Am großen Blau

„Die Sehenswürdigkeiten und die abwechslungsreich schöne Natur können gar nichts anderes, als in den Gästen ein reines Wohlgefühl zu erwecken", so stand es über den ❸ **Vättern** in einem Reiseführer von 1837. Und ja, so ist es auch heute noch: Die Umgebung des Sees – 135 km lang, 31 km breit, 128 m tief und fast viermal so groß wie der Bodensee – gilt als eines der attraktivsten Reiseziele Europas.

❷ Motala

1 km

❸ Vättern

43 km

Von Norrköping zum Nationalpark Tresticklan

Alle Wege führen zum Wasser. Und drumherum erwarten dich beeindruckende Menschen und spannende Geschichten. Um weit über die glasklare Wasserfläche des Vättern zu blicken, solltet ihr einen Tag und eine Nacht im **Omberg Ecopark** einplanen. Die Aussicht vom Hjässan, dem mit 170 m höchsten Punkt, ist phänomenal *(Parken: GPS 58.310520, 14.654244 | sveaskog.se)*.

Wieder zurück auf der Route 50 biegst du nach ca. 1,3 km links Richtung Heda ab und erreichst nach knapp 7 km Rök.

 Rök

23 km

Das Geheimnis der Runensteine

Mehr als 3000 Runensteine gibt es in Schweden. Der von **Rök** ist einer der geheimnisvollsten. Er stammt aus dem 9. Jh. und wurde im Zuge der Christianisierung in eine Kirche eingemauert. Als man diese im 19. Jh. abriss, kam der fast 4 m hohe Koloss wieder zum Vorschein. Heute steht der Rökstenen im Kirchhof. Seine mehr als 750 Zeichen wurden erst 1920 vollständig entschlüsselt, mehr als 1000 Jahre nach seiner Entstehung *(GPS 58.295023, 14.774904)*.

Zurück zur Küste und in Alvastra links. Am Dörfchen Hästholmen allerdings kurz abbiegen. Dort gibt es einen kleinen Hafen und das vielleicht beste Eis Schwedens: Karolina und Håkan Johansson bringen es im Sommer in ihrer Eisdiele 31:ans Glass och Kök (Hamngatan 31 | Hästholmen) unters Volk. Groß, cremig und nicht zu süß – so muss Eis schmecken! Ganz in der Nähe liegt der wunderbare Campingplatz Hästholmens Västergård Ställplats (Ödeshög | fridawilen.wixsite.com/vastergarden | GPS 58.274490, 14.632870). Und weiter auf dem Mjölbyvägen bis Ödeshög. Nun aber nicht auf die E4, sondern ... schmeißt besser das Navi an: GPS 58.195841, 14.685254.

Die Kirche von Rök beherbergt einen geheimnisvollen Runenstein im Innenhof

Die wunderschönen Rosenbüsche zieren die Sträßchen von Vadstena – Duftwolke inklusive

Abwechselung vom Vanlife

Das ⑤ **Feriendorf Urnatur** bringt seine Gäste in Holzhütten und Baumhäusern im Wald unter *(Sjögetorp 3 | Ödeshög | urnatur.se)*. Beim Angebot „Nature Nights" sind Übernachtung, Verpflegung, Sauna, Paddelboote und Fahrräder inklusive. Zum Frühstück am See gibt's hausgemachtes Sauerteigbrot, Eier von den eigenen Hühnern und Tee aus Gartenkräutern. Einen kleinen Hofladen gibt es auch.

Weiter nach Süden folgt ihr besser der Uferstraße und nicht der E4. Die Aussicht ist unschlagbar und ihr kommt direkt nach Gränna, wo in den Polkagriskokeris die beliebten Zuckerstangen gekocht werden (Brahegatan 39 | Gränna | polkagris.com). Nun aber weiter auf der E4 nach Jönköping.

Wo das Streichholz erfunden wurde

Strandleben und Natur, idyllische Alleen und etliche Kanäle – das alles bietet die am südlichsten Zipfel des Vättern gelegene Großstadt ⑥ **Jönköping** (95 000 Menschen). Hier wurde 1848 das Streichholz erfunden, mehr darüber erfährst du im **Tändsticksmuseet** *(Tändsticksgränd 27 | Jönköping | matchmuseum.jonkoping.se)*. Ein

⑤ Feriendorf Urnatur

70 km

⑥ Jönköping

16 km

Südschweden

Von Norrköping zum Nationalpark Tresticklan

Spaziergang über den Dunkehallaleden führt am Wasserfall entlang (Parken: GPS 57.787850, 14.130055): Hinter einer Brücke geht es eine Treppe hinunter (GPS 57.787305, 14.141427) und dann wie durch einen Urwald wenige Hundert Meter hinunter bis zum See.

Es ist nicht mehr weit bis zu einem der beeindruckendsten Bauwerke der Gegend. Den Kortebovägen an der Küste nach Norden, dann links ab in den Falköpingsvägen und ihr seid da.

Was für eine große Kunst

7 Kirche Habo

87 km

Südwestlich von Habo steht eine der bedeutendsten historischen Sehenswürdigkeiten Schwedens: die **7 Kirche Habo** *(Habo kyrkby | Habo | svenskakyrkan.se/habo/habokyrka)* aus dem 12. Jh. Ihr heutiges Aussehen erhielt sie 1723. Sie erinnert an eine Basilika und ist vollkommen aus Holz gebaut. Die Malereien stammen aus der Zeit zwischen 1741 und 1743.

Immer weiter die Küstenstraße hinauf! Auf halber Strecke am Westufer liegt **Hjo** *mit seinen pastellfarbenen Holzhäusern, die mit Schnitzkunst, Zinnen und Türmchen verziert sind. Unten am Strand stehen die alten Badehütten wie bunte Bonbons in Reihe. Mit seinem Leuchtturm und Bootshafen ist Hjo unbedingt einen Stopp wert. Auf der Farm Mobolets gård von Simon und Jennie kannst du übernachten. Die beiden bieten 20 Stellplätze mit Strom an. Dazu ein uriges Restaurant, Hofladen und Bisonsafaris (GPS 58.177610, 14.162246 | Hjo | gatebison.se).*

Die bunte Badekabinen sind Markenzeichen des Badeorts Hjo

Mitten durchs Land segeln: Der Götakanal ist auch für Freizeitskipper ein äußerst beliebtes Ziel

Ehemalige Garnisonsstadt

Der Götakanal mündet bei ❽ **Karlsborg** in den Vättern. Einer der grandiosen Aussichtspunkte über die Landschaft ist die mächtige Karlsborger Festung, von 1819 bis 1909 auf einer Halbinsel erbaut (*Fortifikationsgatan 9B | Karlsborg | fastningsmuseet.se*). In der Stadt findest du auch Panoramaplätze für dein Womo (*Breviks Camping & Ställplats | Vättersvallen | Karlsborg | brevikscamping.se | GPS 58.429915, 14.400891*).

Auf der 49 zieht es dich weiter nach Norden. Nach knapp 20 km ist der Nationalpark Tiveden ausgeschildert.

Schwedens längste Abkürzung

Zu Recht gilt der 1832 fertiggestellte ❾ **Götakanal** als das schwedische Bauwerk des Jahrtausends und als eine der schönsten Wasserstraßen Europas. Schwedens „blaues Band" bedeutet aber vor allem die Erfüllung eines alten Traums: die Verbindung von Nord- und Ostsee. Auf seinen 190,5 km werden ein Fluss, drei Kanäle, acht Seen und 58 Schleusen durchquert sowie 52 Brücken gekreuzt. Und dann wartet in der Nähe von Karlsborg mit dem **Nationalpark Tiveden** ja auch noch einer der größten Naturschätze des Landes auf dich. Schwedens südlichste Wildmark an der nördlichsten Spitze des Vättern ist seit 1983 geschützt: eine hügelige Waldlandschaft mit teils dramatischen Risstälern, Waldseen, Grotten, Tümpeln und haushohen Felsblöcken. Auf alle Fälle ansehen: die Schlucht Stigmanspasset, die Grotte Stenkälla und den imposanten Findling Junker Jägarens (*tiveden.se | Parken: GPS 58.715594, 14.592359 | dort auch Info-Point*).

❽ Karlsborg

25 km

❾ Götakanal & Nationalpark Tiveden

115 km

Südschweden

Von Norrköping zum Nationalpark Tresticklan

Von Tiveden nach Mariestad ist es eine gute Stunde. Wählt die landschaftlich beeindruckende 202 nördlich des Vikensees. Vor Mariestad dann aber rechts auf die E20 und nach 2 km gleich wieder links auf den Torsövägen, über die Brücke auf die Insel Torsö und bis nach Brommösund, wo die kostenlose Autofähre nach Brommö wartet (Fahrplan: vastsverige.com) – hier eine Insel, bei Ikea ein Gartenstuhl. Nun sind es nur noch 5 km bis zum traumhaft einsamen **Sandstrand Brommö Store Vite Sand** *(GPS 58.847317, 13.670177). Zurück nach Mariestad am Vänern geht es auf der bekannten Strecke.*

Ein See, halb so groß wie Jamaika

Ist das ein Meer? Nein, das ist er tatsächlich: der ⑩ **Vänern.** Der größte See Schwedens hat 22 000 Inseln und ist zwölfmal so groß wie Berlin. Die Weite des Wassers lässt staunen. Und drumherum breitet sich eine Landschaft aus Hügeln, Wald, noch mehr Seen und im Süden endlosen Feldern aus, die Kornkammer des Landes. In **Mariestad,** der „Perle am Vänern", erwartet dich einer der besterhaltenen Stadtkerne Schwedens mit gepflasterten kleinen Straßen und Holzhäusern aus dem 18. und 19. Jh.

229 km

Über die E20 und die 44 kommst du nach Lidköping und hinter dem Ort biegst du links ab nach Örslösa. Weiter geht es auf der Küstenstraße bis nach Viggen und dort wieder auf die 44 nach Trollhättan. Die E45 bringt dich in weniger als einer Stunde nach Mellerud, das nicht wirklich sehenswert ist, aber zu einem Abstecher an zwei schöne Strände am Vänern einlädt: **Näs sannar** *(GPS 58.659178, 12.560180) und* **Vita sandar,** *einer der längsten Sandstrände am Vänern (GPS 58.688580, 12.518942). Parken kannst für deinen Strandnachmittag am gut ausgestatten Vita Sannars Camping*

Mit fast 30 km² ist der Nationalpark Tresticklan das größte straßenlose und nicht bebaute Waldgebiet Südschwedens

Wenn alle Buchten, Sunde und Eilande mitgezählt werden, kommt der Vänern auf rund 2000 km Uferlinie

(Vita Sannar campingen 1 | Mellerud | vitasandarscamping.se | GPS 57.662744, 15.898012). Zurück nach Mellerud und auf der 166 durch das idyllische Dalsland nach Nordwesten. Wälder, viele Seen und der Dalslandkanal prägen diese Region. In Ed folgst du dem Nössemarksvägen bis Råbocken, dem Parkplatz des Nationalparks Tresticklan *(GPS 59.044112, 11.795060).*

Viel Wald, wenig Mensch

Es gibt nicht mehr viele Orte in Europa, wo Menschen bedingungslos den Launen der Natur ausgesetzt sind und die eigene Winzigkeit einen ohnmächtig machen kann. Genau dort liegt der ⑪ **Nationalpark Tresticklan.** Ein Urwald, wo knorrige Bäume – manche über 300 Jahre alt – noch ungestört wachsen und wieder verrotten können. Bei Morgendämmerung, wenn der Wald erwacht und das Orchester zu spielen beginnt, wirst du viele Vögel hören und sehen: Reihermeise, Waldkauz, Gartenrotschwanz, Großspecht, Trauerkrähe, Grasmücken und Heidelerchen sind weit verbreitet. Elche und Hirsche streifen umher, Fischotter und Biber hausen in Wasseradern. Im Dickicht fliegen, krabbeln und schwimmen Tausende Insektenarten.

Selma Lagerlöf schrieb über diese Gegend: „Es liegt etwas in der Luft oder im Wasser, das das Sonnenlicht festhält – selbst wenn es hinter den Hügeln untergeht." Im Mai blüht alles. Im September solltest du ein Bestimmungsbuch für Pilze einpacken. Du willst lieber mit einem Guide in die Wildnis? Die **Dalslands Moose Ranch** bietet geführte Touren an. Dabei erfährst du viel über Tiere und Pflanzen, aber auch kulinarische Waldtipps werden verraten *(Termine online | Högankas 2 | Dals-Ed | dalslandsmooseranch.se).*

⑪ Nationalpark Tresticklan

CAMPINGPLÄTZE AM WEGESRAND

Von Norrköping zum Nationalpark Tresticklan

Inmitten von Feldern

Wunderbare Aussicht auf den Vättern und den Omberg. Extrem ruhig. Der Hafen von Hästholmen ist nur 200 m entfernt, dort gibt es auch ein Schwimmbad mit Kiosk, ein Restaurant und die beste Eisdiele der Welt!

Hästholmens Västergård Ställplats

€€ | Hästholmens Västergård | Ödeshög
Tel. +46 760 91 42 10
fridawilen.wixsite.com/vastergarden
GPS 58.274490, 14.632870

▶ **Größe:** 20 Stellplätze
▶ **Ausstattung:** Strom, Toilette, Frischwasser

In den Nationalpark aufbrechen

Liebevoll gestalteter und gepflegter Platz. Manche sagen, es sei das schönste Camp in ganz Schweden. Einige der Stellplätze sind auf einer Wiese, andere direkt im Wald unter Bäumen am See. Der perfekte Startpunkt für deine Wandertouren in den Nationalpark Tiveden.

Camping Tiveden

€ | Baggekärr 2 | Tived
Tel. +46 584 47 40 83 | campingtiveden.se
GPS 58.798839, 14.538111

▶ **Größe:** 75 Stellplätze, 14 Mietunterkünfte
▶ **Ausstattung:** Restaurant, Shop, Sauna, Badeplatz, Feuerstelle samt Holz, SUP-, Segel-, Surf-, Kanu-, Kajak- und Ruderbootverleih

Jetzt wird's bunt

Direkt am Dalslandkanal, 30 km nördlich von Ed, hat Maria das kleine Camp in einen farbenfrohen Platz verwandelt: „Ich setze mich für Vielfalt und Gleichwertigkeit aller Menschen ein und möchte, dass dies den ganzen Ort durchdringt."

Nössemarks Café und Camping

€ | Nössemarks-Strand 640 | Dals-Ed

Den Kopf aus dem Womo stecken und von Nachbar Elch begrüßt werden

Im Campingurlaub kannst du die herrlich langen Sommerabende in Südschweden voll auskosten

Tel. +46 706 96 08 92 | nossemarkscamping.com
GPS 57.662744, 15.898012

▶ **Größe:** 30 Stellplätze, 3 Mietunterkünfte
▶ **Ausstattung:** Restaurant, Café, Waschmaschine, behindertengerechte Toiletten, Spielplatz, Beachvolleyball, Musik- und Quizabende, Gesellschaftsspiele, Yoga, Kanuverleih

Wie an der Ostsee

Fast schon ein Dorf. Fast schon ein bisschen wie Meer. Ob einem das gefällt, muss man für sich entscheiden. Der weite Sandstrand bei Mellerud liegt gleich am Vier-Sterne-Camp, das alles parat hält, was du dir vorstellen kannst.

Vita Sannars Camping

€€ | Vita Sannar campingen 1 | Mellerud
Tel. +46 53 01 22 60 | vitasandarscamping.se
GPS 57.662744, 15.898012

▶ **Größe:** 260 Stellplätze, 30 Mietunterkünfte
▶ **Ausstattung:** Restaurant, Shop, Café, Sauna, Tennis, Kanuverleih, Pub-Abende, Karaoke

Your Van is your castle

Ein Schloss, ein Wald und ein geschützter Platz für dein mobiles Zuhause am See. Und ganz viel Ruhe. Es gibt sie noch, die kleinen, feinen Campingplätze, die trotz ihrer Superlage nicht expandieren. Der Platz versteckt sich in einem Kiefernwald auf einer verwunschenen Halbinsel am Vänern. Ganz ohne Schnickschnack, aber mit großzügigen Stellflächen. Und den Blick auf das Barockschloss Läckö, das sich mit seinen strahlend weißen Türmchen und roten Dächern märchenhaft vor dem Blau des Sees abzeichnet, gibt es gratis dazu (ca. 5 Min. Fußweg).

Läckö Slott Camping

€ | Läckö Slott Kållandsö | Lidköping
Tel. +46 510 48 46 68 | lackoslott.se
GPS 58.673981, 13.212829

▶ **Größe:** 41 Stellplätze
▶ **Ausstattung:** Dusche, WC, kleiner Shop

Kulinarisches am Wegesrand

Von Norrköping zum Nationalpark Tresticklan

Alles regional

Ein kleines Juwel. Im Restaurant des **Bauergården** werden Lebensmittel aus der Vättern-Region verarbeitet, also auf kurzen Wegen auf die Teller „transportiert". Ein Genusserlebnis! Und das Personal weiß alles, was man in der Gegend unternehmen kann. Es gibt auch einen Stellplatz mit Sauna am See. *Infos: Bunn | Gränna | bauergarden.se | €€*

Voll die Schweinerei

Jedes schwedische Kind kennt **Gränna.** Es ist das Mekka der rot-weißen Zuckerstange, des *polkagrisar* (Polkaschweinchens), das traditionell nach Pfefferminz schmeckt. Seit 1858 darf man sich hier in einer ganzen Reihe von Läden durchs farbenfrohe Süßigkeitensortiment probieren. In den Workshops der **Polkagriskokeri** lernst du, selber Zuckerstangen zu kochen. *Infos: Brahegatan 39 | Gränna | polkagris.com*

Schön an der Schleuse

Jenny und ihr Personal arbeiten an einem der vielleicht romantischsten Plätze der Gegend. Das **Forsviks Café & Mat** und sein Garten liegen direkt an der ältesten Schleuse des Götakanals. Dort auch der kleine und feine Forsviks Ställplats (GPS 58.575161, 14.436666). *Infos: Baltzar von Platens väg 13 | Forsvik | forsvikscafe.com | €€*

Fisch verliebt

Im Hafen des kleinen Fischerdorfs Karlsborg verkauft **Klangahamns Fiskeläge** den Fang des Tages. Meist Saiblinge, Flundern und Krebse. Du kannst draußen sitzen und deinen Kauf

In den Hofbuden am Straßenrand ist immer im Angebot, was gerade erntereif ist

Preiselbeeren und Rosmarin passen in der schwedischen Küche nicht nur zu Elch- und Rentierfleisch

gleich am See essen. Infos: Granvik | Karlsborg | klangahamn.n.nu

In uralten Welten

Nanu, eigentlich wolltest du doch nur einen Kaffee und Kuchen dazu bestellen. Und nun gibt's auch noch eine Zeitreise gratis: mit Fredde und Micke in ihrem **Hellekis kök och trädgårdscafé.** Das Interieur ist original. Du fühlst dich wie in einem Film. Es gibt aber auch hervorragende warme Mahlzeiten! Infos: GPS 58.618150, 13.387610 | Hällekis | hellekismat.com | €€

Ein besserer Laden

Wie gut, dass es das **Godhem** am Vänern gibt! Hier findest du ein breites und sorgfältig ausgewähltes Sortiment an Lebensmitteln, Haushaltswaren, Einrichtungsgegenständen, Geschenken und vor allem frischen Produkten. Infos: Ladugårdsvägen 101 | Trollhättan | godhem.se

Butter & Zucker

Extrem gemütliches Café mit wildfloralen Tapeten: hausgemachte Kuchen, Tee und Kaffee sowie ein einfaches Mittagsangebot. Und nehmt euch Zeit, die kleinen Details in der Einrichtung des **Smör & Socker** am Rand des Nationalparks Testiclan zu entdecken. Infos: Torget 2 | Ed | soderhult.se | €

Wie im Roadmovie

Dieses Restaurant mit seiner Garage ist anders. Gleichzeitig gemütlich und etwas verrückt entrückt. In jedem Fall wirst du den Besuch im **Local Idiot** in Ed nicht so schnell vergessen. Das Essen ist eher US-amerikanisch angehaucht. Infos: Magasinsgatan 1 | Ed | localidiot.se | €€

Weit, weiter, Dänemark: am Strand von Henne in Jütland

Velkommen im Land von Hygge & Natürlichkeit

Dänen lassen gern Drachen steigen, lieben salziges Lakritz und fahren viel Fahrrad. Familiäre Bande und sangesfreudige Feste im Freundeskreis sind lebenswichtig und dabei wird der ältesten Nationalflagge der Welt sowie dem Gefühl der *hygge* gehuldigt. Strände sind zum Baden, Angeln und für die Kindern zum Spielen. Man ist leger, aber nicht laut, mag Trödelmärkte und schlichtes Design. Man ist einfach cool.

Das Fahrrad ist das bevorzugte Fortbewegungsmittel in Dänemark

Hygge im Womo

Als Deutsche, Schweizer oder Österreicher tun wir uns vermeintlich leicht, das Gefühl von *hygge* zu übersetzen, haben wir doch unsere „Gemütlichkeit". Abgesehen davon, dass Hygge seinen Ursprung in Norwegen hat, schreiben es sich die Dänen selbst zu, wenn sie ein behagliches Gefühl des Miteinanders meinen. Die Briten forschen und lehren sogar, warum Dänen in Statistiken notorisch den Gipfel des Glücklichseins erklimmen. Andererseits beschreibt der britische Anthropologe Richard Jenkins Hygge als „normativ bis hin zum Zwang". Sein dänischer Kollege Jeppe Linnet nennt diesen Teil dänischer Eigenart gar Sozialkontrolle. Womit wir beim Stammesband moderner Wikinger wären, das uns Besucher von diesem Gefühl ausschlösse. Über den Clou des Reisens im Womo sind wir aber im Spiel. Denn traut im mobilen Heim am Dünenstrand Sonnenunter- und aufgang zu erleben, ist unser ultimatives, ganz persönliches Hygge.

Gewöhne dich ans Duzen

Hinter der Grenze sind alle beim Du – das Sie ist allein für die Königin reserviert. Wenn du dich mit Dänen auf Deutsch unterhältst, sollte dich das Du also nicht überraschen. Es ist nicht respektlos gemeint, sondern reflektiert, dass man hier statt Hierarchie Augenhöhe schätzt. Für diese Gleichheit haben die Dänen sogar ein ungeschriebenes Gesetz, das Janteloven.

Maritimer geht's nicht: Bei Skagen stoßen Nord- und Ostsee malerisch aufeinander

Koexistenz von Naturschutz und Landwirtschaft

Dänemark wird dir viel weniger wild erscheinen als etwa Schweden, doch es gibt Bemühungen, die Natur zu schützen. Täglich führt dich deine Reise durch große landwirtschaftlich genutzte Flächen wie Rapsfelder; gut 60 Prozent des Landes sind Anbauflächen mit allerdings weltweiten Vorzeigestandards für Lebensmittelproduktion und Tierhaltung. Im Land ist etwa doppelt so viel naturschützende Fläche ausgewiesen wie in Deutschland. Relativ spät – ab 2008 – hat man Nationalparks geschaffen. Der Wattenmeerpark ist bei weitem der größte, die vier anderen Parks sind Thy und Mols Bjerge in Jütland sowie Kongernes Nordsjælland und Skjoldungernes Land auf Sjælland. Insgesamt hat Dänemark im EU-Vergleich wenig wilde Natur.

Ein Land für Radler

Besonders in Kopenhagen sind Radler auch zahlenmäßig dem Motorverkehr gleichgestellt. Landstraßen sind oft von Radwegen begleitet oder die schmale Asphaltpiste ist, beidseitig gestrichelt, um Radlerterrain verengt. Weil es allein an der Küste 1400 km (oft flache) Radwege gibt, solltest du dein Zweirad mitnehmen. In fast jedem Ferienort kannst du auch Räder mieten. Eine Helmpflicht gibt es nicht.

Wie die Dänen essen

Traditionelle Restaurants servieren dänische Klassiker, sonst ist die Auswahl oft austauschbar und pommeslastig. In den etwa 30 Sternerestaurants wird häufig der Philosophie der Neuen Nordischen Küche gehuldigt. Das andere Ende der Vielfalt bieten die roten Grillwürste, in Städten am mobilen Pølsevogn serviert. Der oft saftige Restaurantpreis für ein Hauptgericht mit Getränk lässt in vielen Womos kreative Kochkunst aufleben. Frisches regionales Gemüse, Obst und Sauerteigbrot aus Hofläden oder unbemannten Verschlägen am Wegesrand sorgen dafür, dass du nicht auf Sparflamme essen musst.

AUF EINEN BLICK

5,9 Mio.
Einwohner*innen in Dänemark
[Deutschland 84 Mio.]

43 094 km²
Fläche Dänemarks
[Deutschland 357 588 km²]

1870
Sonnenstunden im Jahr
[Deutschland ø 1650 Stunden]

Höchster Berg
172,54 m
Ein Hügel aus der Bronzezeit verschafft dem Yding Skovhøy die nötigen Zentimeter

5
NATIONALPARKS IN DÄNEMARK
[Deutschland 16]

HÄUPTLING ODER KÖNIG?
Um das Jahr 950
starb Gorm den Gamle, den man heute den ersten König Dänemarks nennt

394 Inseln
DAVON SIND NUR 72 BEWOHNT

20 °C
Höchste Badetemperatur auf Rømø und in Kopenhagen

60 %
STROMERZEUGUNG AUS WINDKRAFT

Verpflegung am Wegesrand gibt es jederzeit in Dänemark

Vitamine am Wegesrand

Deine Womotour kann kulinarisch bio und lecker werden, wenn du Hofläden – *Gårdbutikker* – in deine Planung einbeziehst; frage in den Touristeninfos danach. Ungeplant stößt du oft auf Straßenstände mit Obst und Gemüse. Wirf den geforderten Betrag in eine Dose oder installiere eine Bezahlapp auf dem Smartphone (*visitdenmark.de/daenemark/erlebnisse/ gastronomie/strassenstaende-und-hoflaedendaenemark*).

Im Bann der Nationalflagge

Die Präsenz des Dannebrog, der dänischen Flagge, ist frappierend. Du findest sie am Mast vor Eigenheimen, bei Feiern an jedem Platz und im Supermarkt plakativ auf Waren. Du bekommst sie in die Hand gedrückt, wenn du beim Mittsommerfest Sankt Hans Aften zu einem der vielen großen Feuer eingeladen wirst, um das herum Dänen das Lied „Midsommervisen" singen. Nationalistisch? Eher dänisch hyggelig.

Ein Butterbrot wie Sternschnuppen

Smørrebrød, das dänische Butterbrot, wurde durch den schwedischen Koch der „Muppet Show" berühmt. Da die Dänen unter den Nordländern die wahren Gourmets sind, ist deren Butterbrot auch das reichhaltigste. Auf einem dunklen Roggenbrot türmt sich immer ein Küchenspektakel aus Fisch, Fleisch, Röstzwiebeln, Gemüse, Dill, Pastete, Remoulade, Zitronenscheiben etc. auf. Die edelste Belegung gipfelt im *stjerneskud,* der Sternschnuppe. Mit Roggen panierter und gekochter Fisch werden mit Shrimps und Eiern bedeckt. Im Sommer lugt Spargel hervor mitr Kaisergranat Jomfruhummer und Kaviar als Krönung. Garniert wird das Kunstwerk mit der Sauce Marie Rose. Kunst kommt hier von Handwerk, denn es gibt eine dreijährige Ausbildung zum Smørrebrødschef.

JÜTLANDS MAGISCHE OSTSEEKÜSTE

Von Skagen zur Insel Mors

Strecke & Dauer
- Strecke: 497 km
- Reine Fahrzeit: 10 Std.
- Streckenprofil: Flache, gute Straßen, nur wenige einspurige, schmale Stücke
- Empfohlene Dauer: 5–7 Tage

Was dich erwartet
Letzte Nordseewellen branden im Künstlerort Skagen an, schon mit Ostsee vermischt. Aus rauer Dünenheide gelangst du an die schmalen Strände des Kattegat. Deren Magie bleibst du treu, nutzt abgelegene Fährensprünge. Streifzüge über die Halbinseln Himmerland und Djursland verschlagen dich ins malerische Ebeltoft. Kleinteilig wird's beim Durchkurven des Nationalparks Mols Bjerge ins modern-kunstsinnige Aarhus. Landeinwärts schlägst du den Bogen zu Austern und Fossilien der Insel Mors am Limfjord.

Wo sich die Meere treffen

1 Skagen

17 km

Das Städtchen **1 Skagen** am Nordkap scheint zwischen Flugsand, Dünenheide und Ozeanen eingeklemmt. Die versandete Kirche und der Treffpunkt der Meere sind Zeichen für die prekäre Lage. Aber nicht erst, wenn du die euphorischen Bilder der Skagenmaler siehst, wirst du dem Charme des Orts erliegen, in dessen Restaurants die Meeresfrüchte quasi direkt auf deinen Teller gespült werden. Große Pötte und enorme Fender erzählen vom rauen Leben auf See. In der Glasbläserei *(Fiskergangen 12c | Skagen | Facebook: Skagenglaspusteri)* lernst du eine zarte Seite von Skagen kennen.

Die enorme Wanderdüne Råbjerg Mile toppt die Heidelandschaft im Norden Jütlands

In Skagen findest du problemlos die Straße 40 – einzige Verkehrsader durch Jütlands Nordzipfel. Sie verläuft oft schnurgerade und führt zunächst zentral über die hier nur etwa 3 km breite nördliche Landzunge zwischen Nord- und Ostsee. Der Untergrund ist recht sandig und hat einen Höhepunkt: Folge nach knapp 20 Minuten Fahrt in einem Kreisverkehr dem Schild Råbjerg Mile nach rechts.

Vorsicht: solitärer Sandhügel

Du wähnst dich am Meeresufer, aber die größte Düne Dänemarks, die ❷ **Råbjerg Mile,** bricht mitten aus der Dünenheide heraus. Das wüstenhafte Nichts steigt bis zu 40 m an und erlaubt dir, hüben wie drüben die Küste zu erahnen. Die Sandwellen verraten, dass es eine Wanderdüne ist, und es stellt sich ein Hauch Namibia-Feeling ein.

Fahre zurück zur 40 und wende dich nach Süden. Über Aalbæk und Elling erreichst du die Hafenstadt Frederikshavn. Recht zentral biegst du am Rema-Supermarkt und an einem runden Türmchen nach links Richtung Nordhavn ab.

Hafenfeeling und Seetangdächer

Schnell bist du mitten im Fährhafen von ❸ **Frederikshavn,** von dem die großen Pötte nach Schweden und Norwegen ablegen – hier kannst du parken. Eine kleinere Fähre setzt zur **Insel Læsø** über (laesoe-line.dk). Grund genug, sich das Treiben anzusehen und zu fotografieren. Oder du setzt nur mit dem Fahrrad nach Læsø über.

❷ Råbjerg Mile

33 km

❸ Frederikshavn

92 km

Von Skagen zur Insel Mors

Die Insel, 21 mal 12 km klein, war vor 3000 Jahren noch Festland und ist bekannt für ihr abgebautes heilsames Siedesalz und noch etwa 20 Häuser, die mit Seetang gedeckt sind. Nur 3 km weiter südwestlich – nimm die E 45 und die 585 Richtung Bangsbo – liegt am Stadtrand mit dem **Bangsbo Botaniske Have** ein schöner Landschaftsgarten im englischen Stil mit 200 Rosenarten, vielen Kräutern und Rhododendren *(Dr. Margarethes Vej 3 | Frederikshavn | bangsbobotaniskehave.dk).*

4 Udbyhøj Kabelfærge

55 km

Zurück zur autobahnartig ausgebauten E 45 (130 km/h), die du aber bald an der Ausfahrt Sæby gegen die 180 eintauschst. Du reist auf der dem Ostseeufer folgenden Straße bis nach Sæby, wo du auf die 541 Richtung Hals wechselst. Geruhsam gleitest du durch kleine Siedlungen, Verkehr ist rar. Einfahrten sind mit Findlingen markiert. Im Mai/Juni bilden blühender Raps, blauer Himmel und die Ostsee ein gelb-blaues Farbtableau. Vorsicht vor steilen Bodenschwellen in Örtchen wie Gera und Hou! Schneller als 50, 60 km/h wirst du auch nicht fahren mögen, so entspannt gestaltet sich die Etappe.

Wenn du kurz vor Hals siehst, dass der Abzweig nach Aalborg 31 km nach Westen bedeutet, wählst du lieber die kleine Flussfähre Hals-Egense, um an der Küste zu verweilen (aalborg.dk/trafik-og-transport/trafik/hals-egense-faergen). Ab Egense wird's noch beschaulicher, die Route 541 lehnt sich dicht an die teilweise naturgeschütze Ostseeküste an. Von Als nimmst du zunächst die 541, ab Hadsund am Mariager Fjord die 507 Richtung Udbyhøj und wechselst dann auf die 531. In Udbyhøj Nord erreichst du den Randers Fjord.

Wie am Schnürchen

Der kurze Fährtrip mit der **4 Udbyhøj Kabelfærge** dauert eine Minute *(randersfjord-faerger.dk).* Das Schiff wird ohne eigenen Vortrieb an Kabeln hin- und hergezogen. Am anderen Ende heißt der

Die mit Seetang gedeckten Dächer findest du auf Læsø

Wie die Schreibstube des Abenteurers Troels Kløvedal mutet ein Eckchen im Kattegatcentret von Grenaa an

Anleger Udbyhøj Sud. Auf dem großen Schotterplatz ohne Ausstattung darfst du übernachten.

Nimm die 531 wieder auf, biege aber direkt vor dem Ortsausgang von Udby nach links in den Estruplundvej. So steuerst du weiter küstennah südwärts. Über Ingerslev, Estruplund und Hevring gelangst du nach Vivild, wo du nach links auf die 547 Richtung Fjellerup abbiegst. In Fjellerup ist Grenaa ausgeschildert. Kurz vor Greena stößt du auf die Straße 16, die dich zum Kattegatcentret bringt.

Was unter der Oberfläche passiert

Hier legen große Fähren nach Halmstad/Schweden ab, außerdem eine kleine Fußgängerfähre zur Insel Anholt. Das ❺ **Kattegatcentret Grenaa** ist ein stattliches Aquarium *(Færgevej 4 | Grenaa | kattegatcentret.dk)*. In teils enormen Becken mit vielen Einsichtwinkeln beobachtest du die Unterwasserfauna des Kattegat, aber auch tropische Haie und Stachelrochen scheinen zum Greifen nahe. Es gibt sogar Kuschelecken mit Kissen und sanfter Musik, um in den Flow der Unterwasserwelt einzutauchen. Spannend ist die Beschreibung des Lebens von Segler, Abenteurer, Autor und ozeanischem Träumer Troels Kløvedal (1943–2019). Wissenschaftlich hat sich das Zentrum der Algenforschung und der Zucht von Kelp verschrieben. Jeden Tag läuft ein Programm mit Fütterungen und Aktivitäten – dazu gehört auch das Tauchen im Tank! Ein Schmankerl für Kochbuch-Fans im Shop: Das Buch „Nordisk Tang" widmet sich der pflanzlichen Meeresküche.

❺ **Kattegatcentret Grenaa**

36 km

Von Skagen zur Insel Mors

Fahre die 16 ein Stück zurück und biege bei Autohäusern links ab auf die 15 in Richtung Aarhus. Nach knapp 1 km parkst du beim **Hofladen Højbjerg,** wo du deine Womoküche aufrüsten und kostenlos auf einem der drei Stellplätze übernachten kannst, denn Højbjerg gehört zum Pintrip-Netzwerk (*Højbjergvej 7 | Grenaa*). Fahre zurück zur Straße 15, die später in die Route 21 übergeht und dich entlang der Bucht Ebeltoft Vig zum Hafenort Ebeltoft bringt.

Die Perle von Djursland

❻ **Ebeltoft**

33 km

Fachwerkbauten, verwinkelte Gassen und Stockrosen prägen das Bild von ❻ **Ebeltoft,** Djurslands ältestem Handelsstädtchen. 1301 gegründet, war es eine florierende Hafenstadt, woran heute das Holzsegelschiff „Fregatten Jylland" im Museumshafen erinnert (*S. A. Jensensvej 4 | Ebeltoft | fregatten-jylland.dk*). Der historische Stadtkern ist einer der schönsten Dänemarks. Die Hafenfront dagegen bietet nordisch-modernes Ambiente mit Verweil- und Bademöglichkeit sowie ein Schiff mit Kunst (*GPS 56.197547, 10.672482 | Facebook: svartloga*).

Fahre die Straße 21 zurück, bis du links Richtung Femmøller auf den Kystvejen abbiegst. Du gleitest langsam durch kleine Ortschaften am Ufer der Bucht entlang, bis es rechts Richtung Knebel geht. In Knebel biegst du auf einer kleinen Anhöhe an einer Denkmalsäule nach rechts Richtung Agri ab. Du erreichst die Steinsetzung Poskær und parkst dort, um die 23 prominenten, mystischen und fotogenen tonnenschweren Steine des grob 5000 Jahre alten Steinkreises

Ebeltofts historisches Rathaus – früher auch ungemütlicher Kerker für Verbrecher – ist heute hyggelig genug fürs Eheversprechen

Perfekte Aussicht auf wunderschöne Natur von der Schlossruine Kalø

Poskær Stenhus auf einem Hügel zu bewundern. Die Grabkammer liegt am Rand und hat einen 15 Tonnen schweren Deckstein.

Folge der kleinen Straße Porskærvej bis zum idyllisch gelegenen Dorf Agri – es wirkt fast wie ein Bergörtchen, denn du bist im hügeligen **Nationalpark Mols Bjerge** *unterwegs. Umkurve den Weiler in Richtung Mols Bjerge bis zum kleinen Wanderparkplatz. Die Anhöhe erreichst du nach wenigen Minuten leichten Anstiegs. Oben markiert ein Türmchen die mit 137 m höchste Stelle des Nationalparks. Tolle Aussicht! Zurück in Agri folgst du der Beschilderung nach Egens. Von dort ist es nur noch ein Katzensprung zur Schlossruine Kalø.*

Ruhe, Vogelstimmen und springende Fische

Verlockend ist die Aussicht vom Parkplatz über einen seit dem Mittelalter existierenden gepflasterten Damm zur Ruine ❼ **Kalø Slotsruin.** Idyllische Szenerie begleitet deinen 1,5-km-Spaziergang dorthin, die so einladend ist, dass du hier bis zum Morgen parken möchtest. Es gibt diesbezüglich bislang kein Verbotsschild *(10 Stellplätze | Toilette und Restaurant Kalø Slotscafé).*

Von der Burgruine fährst du zurück zur Hauptroute, biegst links ab und stößt bald auf die Straße 15 – den Djurslandmotorvejen -, die dich flott nach Aarhus bringt.

Kunst, Kultur und Kulinarik auf Schritt und Tritt

Dänemarks zweitgrößte Stadt ❽ **Aarhus** war 2017 Europäische Kulturhauptstadt. Zwischen zeitgenössischer Topkunst im Museum

❼ Kalø Slotsruin

36 km

❽ Aarhus

67 km

Von Skagen zur Insel Mors

ARoS *(Aros Allé 2 | Aarhus | aros.dk)* und virtuell erfahrbarer Historie im Moesgaard Museum *(Moesgård Allé 15 | Højbjerg, Aarhus | moesgaardmuseum.dk)* vervollständigt der gemütliche Bummel durch das Freilichtmuseum Den Game By die Zeitreise *(Viborg 2 | Aarhus | dengamleby.dk)*. In einer der Wohnungen von 1974 kleidest du dich virtuell vor einem interaktiven Spiegel in Mode aus den 1970ern. Bei genügend Muße schnupperst du während eines schönen Tagesausflugs nach Mitteljütland hinein – mit Blick vom Himmelberg und dem Besuch des Asger Jorn Museums im Städtchen Silkeborg *(Gudenåvej 7–9 | Silkeborg | museumjorn.dk)*.

Suche dir eine Ausschilderung von der westlichen Ringstraße für die Route 26 Richtung Viborg. Trotz schmalspurigen Ausbaus sind oft 90 km/h erlaubt. Du rollst zügig durch leicht wellige grüne Landschaft bis Viborg im Zentrum von Jyllands größter Ausdehnung.

9 Viborg

26 km

10 Mønsted Kalkgruber

38 km

11 Holstebro

64 km

Lasterhafte Sprechblasen

Das 41 000-Einwohner-Städtchen **9** **Viborg** schmiegt sich an eine Seefläche. Der 1876 erneuerte Dom liegt in Seenähe, das Ambiente präsentiert sich proper und mit schönen Villen am Ufer. Die lutherische Prägung Viborgs unterstreicht die Skulptur zur Erinnerung an den Reformator Hans Tausen. Dem half eine aus Stuttgart importierte Druckpresse bei der Verbreitung protestantischer Schriften. Bjørn Nørgaard hat 2004 den predigenden Tausen wie einen Leviten-Drescher gestaltet. Ein Bootsausflug ab der Straßenquerung des Sees in Viborg ist die ideale Unterbrechung deiner Reise *(margrethe1.dk)*.

Folge der mit einem großen O markierten Ausfallstraße nach Westen und wähle die Richtung Holstebro über die Route 16. Im Kreisverkehr von Mønsted sind die Kalkgruben nach rechts ausgeschildert.

Die größten Kalkgruben der Welt

Bis 1980 wurde in den mit 60 km Wegenetz riesengroßen Gruben, der **10** **Mønsted Kalkgruber,** Kalk gebrannt. Du kannst mit einer Grubenbahn zu einem unterirdischen See fahren. Dort wird per Video die Geschichte der Grube auf die Wand projiziert. Der Molkereimulti Arla lagert hier unten viele Käselaibe – du darfst probieren. Noch mehr erfährst du oberirdisch, auch zu den 15 000 überwinternden Fledermäusen *(monsted-kalkgruber.dk)*.

Über die Route 16, Achse zwischen Nord- und Ostsee, erreichst du flott mit Holstebro die nächste stolze Stadt im Midtjylland.

Eher kreativer als provinzieller Kunstsinn

Der 35 000-Seelen-Ort **11** **Holstebro** zeigt sich kunstsinnig und hat etliche Skulpturen in der Fußgängerzone platziert. Auf der abfallen-

Über die in Ton konservierten Fossilien an den Steilküsten der Limfjord-Inseln ist wirklich nur etwas Gras gewachsen

den Meile grüßt oben ein aufgekratztes Dutzend – die „Bürger von Holstebro" spielen auf Rodins „Bürger von Calais" an. Die Idee, zwölf Stadtbekannte bloß- und aufzustellen, stammt wie in Viborg von Bjørn Nørgaard. Den Gegenpol am anderen Ende der Meile bildet die Giacometti-Skulptur „Maren". Die Frauenfigur schien den Bürgern zu dürr; mit Butterbroten als Votivgaben wollten sie Maren aufpäppeln – soviel Humor erfährt ein Giacometti wohl nur in der Provinz. Um Vandalismus vorzubeugen, fährt „Maren" nachts per Aufzug unters Pflaster und erscheint morgens wieder.

Über schmale, gut befahrbare Landstraßen brichst du nach Norden auf, zunächst über die 189 Richtung Skive, die in die 591 Richtung Hvalpsund übergeht. Letztlich biegst du auf die Autobahn 26 Richtung Nykøbing auf Mors ein. Du erreichst die Insel über die Brücke Sallingsundbroen.

12 **Insel Mors**

Fossilien- und Austernschätze des Limfjords

Auf der 12 **Insel Mors** am großen Fjord – Dänemarks Nordwestpassage – schöpfen die Anrainer aus dem Vollen. Im Meer tummeln sich Europäische Auster, Miesmuschel, Knurrhahn, Aal & Co. und landen auch auf dem Teller. An den Ufern des zerklüfteten Wasserwegs zwischen Ost- und Nordsee schäumt zudem Craftbier *(Knudevej 3 | Fur | furbryg hus.dk)*. Fossilienversteher auf Mors und Fur lassen 55 Mio. Jahre versteinerte Erdgeschichte aufleben. Unter Aufsicht darfst du sogar nach Souvenirs buddeln *(Skarrehagevej 8 | Mors | museummors.dk)*.

Campingplätze am Wegesrand

Von Skagen zur Insel Mors

Ein Hauch von Freiheit

Sekt oder Sundowner sollten gekühlt sein! Die kleine Dünensackgasse Damstedvej knapp außerhalb von Skagen erlaubt freies Übernachten und die von sandigen Höhen gerahmte Stelle lädt ein zur Geselligkeit mit Mitcampern. Den Drink nehmt ihr auf dem Dünenkamm und den nächsten Tag beginnst du mit einem Strandlauf, dort, wo sich Nord- und Ostsee treffen

Dünensackgasse Damstedvej

frei | Damstedvej 64 | Skagen
GPS 55.295905, 8.655648
▸ **Größe:** *10 Stellplätze*
▸ **Ausstattung:** *Toilette, Wasser, Tische, kein Strom*

Mitten im Hafentreiben

Achtung: Du musst auf dem Pier von Fiskehusvej und Paketvej eine Gebühr verrichten und für große Wohnmobile ist der Stellplatz nicht ideal. Achte darauf, die Parkplatzlinien nicht zu überschreiten, sonst kann dies zu Strafzetteln führen. Trotzdem: Du stehst in direkter Nähe zu zwei guten Fischrestaurants. Eine öffentliche Toilette befindet sich am stumpfen Ende des Kais. Zwar nicht ideal, um Stühle rauszustellen, aber etwa um abends auszugehen oder frühmorgens mal in der nur 350 m entfernten Auktionshalle auf dem Auktionsvej beim hektischen Krabbenverkauf zuzuschauen.

Camping Havnens

€ | Paketvej 23 | Skagen
GPS 57.719353, 10.589421
▸ **Größe:** *5–12 Stellplätze*
▸ **Ausstattung:** *keine*

Bug an Bug mit Segeljachten

Der hübsche Jachthafen von Ebeltoft ist nicht so groß, weshalb auch das Übernachten

Flagge zeigen dürfen nur dänische Camper – auch im Jachthafen von Ebeltoft

Bei Skagen campen, umweht vom Duft des Meeres: Die kleine Dünensackgasse Damstedvej erlaubt freies Übernachten

dort recht familiär ist. Alles im Ort ist zu Fuß gut erreichbar. Du parkst deinen Camper auf Schotter.

Ebeltoft Skudehavn

€€ | *Skudehavn 62* | *Ebeltoft*
skudehavn.dk
GPS 56.189937, 10.669571

▶ **Größe:** *9 Stellplätze*
▶ **Ausstattung:** *komplett*

Hafenambiente am Lystbådehavn

Halte dich in Richtung Lystbådehavn. Am Sportboothafen ganz im Süden des Hafengeländes musst du durch eine Schranke, nimmst die Quittung und zahlst dann am Hafenautomaten mit Karte. Es sind nur Wohnmobile, nicht aber Wohnwagen erlaubt. Die Stadt ist gut erreichbar, mit dem Fahrrad bist du in 15 Min. am ARoS.

Lystbådehavn Parkplatz

€€ | *Marselisborg Havnevej 58* | *Aarhus*
marselisborghavn.dk/autocamper/
GPS 56.139080, 10.216581

▶ **Größe:** *20 Stellplätze*
▶ **Ausstattung:** *komplett*

Küstenruhe am Gasthof

Gullerup Strand Kro liegt nur wenige Meter vom Limfjord entfernt auf der Inselnordseite von Mors. Die Idee des Pintrip-Gastgebers ist, dass du die Restaurantküche genießt und den Verdauungsspaziergang zur Klippe Hanklit machst. Vorher anrufen!

Gullerup Strandkro

frei | *Grydhøjvej 25* | *Erslev*
Tel. +45 97 74 00 50 | *gullerupstrandkro.dk*
GPS 56.889399, 8.732976

▶ **Größe:** *2 Stellplätze*
▶ **Ausstattung:** *Strom, Frischwasser, keine Entsorgung*

Kulinarisches am Wegesrand

Von Skagen zur Insel Mors

Jütlands wohl bestes Fischbuffet ...

... das gibt es im **Wittco Fisk & Skaldyr** in Skagen, auch weil Fisch und gepulte Krabben frisch von einem Dutzend Krabbenfischerbooten auf den Tisch kommen. Toller Hafenblick. Kleinkinder essen gratis. Lecker: cremige Pasta-Muschelsuppe mit Mus. Infos: Fiskehuskajen 29–31 | Skagen | wittcofiskogskaldyr.dk | €–€€

Smørrebrød, Smørrebrød ...

Dit smørrebrød Skagen sieht ein wenig nach französischem Bistro aus und liegt am Start der Fußgängerzone. Die aufwendigsten und vielfältigsten Smørrebrød-Kreationen weit und breit. Dazu einen Akvavit. Infos: Østre Strandvej 1 | Skagen | ditsmorrebrodskagen.dk

Kleine Hygge-Pause

In einem alten Hafengebäude von Ebeltoft hat sich ein Paar im **Apelgrens** dem exzellenten Kaffee verschrieben und serviert das hervorragend aufgebrühte Elixier in loungigem Setting. Hunde sind herzlich willkommen. Infos: Stockflethsvej 14 | Ebeltoft | Facebook: Apelgren JordtCoffee | €

Erst mal die Grundversorgung sichern

In der **Djursland Spisekammeret** von Ebeltoft kannst du dich mit Produkten von lokalen Produzenten und Kleinunternehmern aus Djursland für die Womoküche eindecken: Gemüse der Saison, Früchte, Säfte, Konfitüren – was Herz und Magen begehren. Infos: Jernbanegade 7 | Ebeltoft

Den variantenreich belegten dänischen Smørrebrød-Kreationen kann kaum jemand widerstehen

Im Limfjord auf der Insel Mors lebt die ganze Bandbreite von Schalentieren, auch *blåmuslinger*

Gemütliches Brettspielcafé

Sehr hygge ist das kleine Souterrain-Café, **Café FolkeVen,** zwischen ARoS und Den Gamle By in Aarhus. *Den varme Gryde* ist eine leckere Kasserole mit Basmatireis in einer Bowl. Witzig: Man ist hier Fan vom VW-Bulli (im Namen) und zeigt's auch. *Infos: Thorvaldsensgade 17 | Aarhus | cafefolkeven.dk | €*

Butterbrote – aber was für welche!

Fast schon wie gesunde Burger, also Gemüse, Käse, Früchte, Schinken, Lachs und pochiertes Ei liebevoll eingepackt in luftige, getoastete Sauerteigscheiben – so muten diese Butterbrote an. Die neue Sauerteigzeit mit alten Getreidesorten findet im **Toastit** von Aarhus statt. *Infos: Klostergade 68 | Aarhus | toast-it.dk | €–€€*

Königliche Austernbar

Fischer und Taucher Sven Bonde schöpft flache Europäische Austern und Muscheln aus Limfjord und Umgebung und verkauft und serviert sie in seiner hippen **Østersbar & Glyngøre Shellfish** – mit edlen Tropfen. Seit 2021 ist Bonde sogar königlicher Hoflieferant. Topschlemmerspot für Krustentierfans, 13 km von Nykøbing, bevor man auf die Insel Mors fährt! *Infos: Kassehusvej 5 | Glyngøre | danishshellfish.com | €€*

Aal bis zum Abwinken

Im Inselnorden von Mors liegt einsam wie idyllisch die alte Gastwirtschaft **Feggesund Kro** am Fährhafen. Man kommt her für den Klassiker Aal mit Kartoffeln und Petersiliensoße. Es gibt auch Stjerneskud und alles in kleinen Portionen zum Ganztagesfrühstück (bis 17 Uhr). *Infos: Feggesundvej 81 | Mors | feggesundkro.dk | €–€€*

Dänemark

SLOW TRAVEL IN SJÆLLAND

Von Kopenhagen zur Großer-Belt-Brücke

Strecke & Dauer

- Strecke: 348,5 km
- Reine Fahrzeit: 9 Std.
- Streckenprofil: Immer auf gutem Belag, manches flottere Autobahnstück, aber im Norden auch oft eingeschränktes Tempo
- Empfohlene Dauer: 6–8 Tage

Was dich erwartet

Auf Sjælland (Seeland) wohnen 40 Prozent der Dänen. Von Kopenhagen reist du gegen den Uhrzeigersinn über Roskilde. Die Ex-Hauptstadt verdeutlicht ihre einstige Bedeutung mit Wikingerlangschiffen und Dom. Klick macht deine Kamera im Angesicht der Backsteinpracht des Wasserschlosses Frederiksborg. Sjællands Riviera blickt nach Norden und ist mit Stränden und Fischläden gesegnet. Im Odsherred Geopark liegt die Landzunge Sjællands Odde und verordnet Müßiggang, während die Halbinsel Røsnæs zum Wandern einlädt.

Die radelnde Metropole

1 Kopenhagen

22 km

In Dänemarks Hauptstadt **1 Kopenhagen** mit 640 000 Einwohnern kannst du dein Womo getrost stehen lassen und auf Leihrad, S-Bahn, Metro und Hafenbus umsteigen. Die sehr gemütlichen Ecken der Innenstadt eroberst du zu Fuß, die neuen Stadtvisionen Ørestad und Nordhavn erreichst du mit Metro oder S-Bahn. Tivoli und Fristaden Christiania bieten echte Kontraste. Ebenso großartig wie der Blick von der Erlöserkirche ist eine ganztägige Radtour rund um den Hafenkanal. Die beschilderte 13-km-Tour führt über

Radlern schlägt man im Zuge des Zweirad-Hypes in Kopenhagen immer wieder neue Brücken

fünf Radbrücken, darunter die von Ólafur Elíasson entworfene poetische Cirkelbroen gegenüber der Bibliothek Den Sorte Diamant und die spektakuläre Cykelslangen *(visitcopenhagen.com/biking)*.

Starte in Richtung Südwesten auf der Ringstraße O2, die sich am „Schwarzen Diamanten" vorbei am Hafenufer orientiert. Beim Sydhavn folgst du der Beschilderung zur Autobahn E20, auf die du nach der Brücke Sjællandsbroen biegst. Nur kurz berührst du die Insel Amager, die die E20 wieder nach Westen hinter sich lässt. An Ausfahrt 25 wechselst du auf die O3 Richtung Brøndbyvester. Die Straße wird zur 151, die du an einem roten S-Bahn-Schild nach links Richtung Arken verlässt. Über den Skovvej erreichst du das Museum Arken.

Eine Arche für moderne Kunst

Das von einem Studenten konzipierte ② **Arken Museum for Moderne Kunst** im Stil des Dekonstruktivismus liegt traumhaft in Ishøj an der Køge Bucht. Der Strand ist nur einen Steinwurf entfernt. Arken soll an ein gestrandetes Schiff erinnern und heißt übersetzt „Arche". Du findest Damien Hirst, Ólafur Elíasson, Ai Weiwei sowie bildhauerische und Mixed-Media-Kunst *(Skovvej 100 | Ishøj | arken.dk)*.

Fahre zurück zur Kreuzung an der S-Bahn-Station, biege rechts in die 151, die du bald nach links Richtung Albertslund verlässt. In kurzer Folge kreuzt du zwei Autobahnen und biegst dann sofort links ab in den Valensbækvej, von dem du in Kürze auf den Parkplatz für Lille Tilde lenkst (GPS 55.642445, 12.354143).

② Arken Museum for Moderne Kunst

7,5 km

Von Kopenhagen zur Großer-Belt-Brücke

Auf Trollsuche

Die Trollfigur ❸ **Lille Tilde** des Kopenhagener Künstlers Thomas Dambo ist Teil des Projekts „Die sechs vergessenen Riesen", das aus sechs gut 3 m großen Trollfiguren besteht. Die Trolle begeistern nicht nur Kinder und stehen irgendwo in der Natur. Sie sind aus Alt- und Restholz gepuzzelt, oft in lokaler Zusammenarbeit. Im Valensbæk Moor findet man sie in der Nähe eines Sees *(thomasdambo.com)*.

Zurück über den Valensbækvej, den du an der dir schon bekannten Kreuzung nach rechts verlässt, um sofort rechts auf die Autobahn Richtung Roskilde (Holbækmotorvejen/21) abzubiegen. In Roskilde folgst du der Beschilderung nach rechts über die O1 zu Museen und Domkirche und erreichst das Vikingeskibsmuseet.

❸ Lille Tilde

22,5 km

❹ Roskilde

14 km

Stadt der Wikinger, Könige und Rockmusik

❹ **Roskilde** war und ist am Puls der Zeit – vor 1000 Jahren als geschützter Handelsplatz der Wikinger am Fjord, heute als Forschungsstation rund ums Museum mit legendären Langschiffen *(Vindeboder 12 | Roskilde | vikingeskibsmuseet.dk)*. Du kannst sogar eine Fjordfahrt im Wikingerstil buchen! Im Freilichtlabor und -park Sagnlandet Lejre gehst du zeitlich gar noch weiter zurück *(Slangealléen | Lejre | sagnlandet.dk)*. Aus der jüngeren Geschichte erzählt die Grablege dänischer Royals im Dom. Aktuell und hip wird's im Musikmuseum Ragnarock mit Anschluss ans Roskilde-Festival *(Rabalderstræde 16 | Roskilde | museumragnarock.dk)*. Noch ein bisschen mehr Kultur? Kunst und Glas findest du im alten Gaswerk *(Vindeboder 1 | Roskilde | glasgalleriet.dk | ros-gallery.dk)*.

Das goldene Musikmuseum Ragnarock in Roskilde dominiert einen ganzen Stadtteil, in dem früher Zement hergestellt wurde

Der Roskilde Fjord wirkt vom Hafen Jyllinges wie ein duftiges landschaftliches Kleinod

Der Frederiksborgvej beginnt nahe dem Vikingeskibsmuseet als Kreisverkehr-Abfahrt der Ringstraße O1 Richtung Hillerød und führt dich nordwärts aus Roskilde heraus. Der Roskilde Fjord erstreckt sich links wie ein großer See. Die perfekte Straße mündet an einer Ampel in die noch komfortabler zu fahrende Route 6, auf die du dich nach links einsortierst. Bald grüßt erneut der Fjord und bevor du ihn ganz verlierst, biegst du an einer Ampel in Richtung Jyllinge ab, danach im Kreisverkehr zum Lystbådehavn.

Wasser-Wolken-Panorama vor der Linse

Ein idealer Ort, um den Fjord ruhig in Augenschein zu nehmen: Der sich verjüngende Meeresarm ❺ **Jyllinge Marina** wird zusätzlich durch das flache Inselchen Eskilsø zu einem durch Schilf und Rosenbüsche fast verlandeten Dickicht. Schön, hier ein paar Schritte zu gehen. Mit der Vegetation im Vordergrund fotografierst du die Szenerie.

Fahre zurück zur Route 6 und folge ihr weiter gen Hillerød. Nachdem du das Verkehrskreuz in Hillerød passiert hast, biegst du links Richtung Hillerød C–S in den Roskildevej. Von diesem steuerst du an einer Ampel rechts in die Hauptstraße Herredsvejen und dann links in Richtung der Parkplätze am Frederiksborg Slot.

Einmal Märchenland, bitte

Vor dir liegt mit ❻ **Frederiksborg Slot** das prächtigste Wasserschloss Dänemarks, beauftragt durch König Christian IV. Vorburg, Brunnenhof und das eigentliche Schloss sind durch drei verbundene

❺ **Jyllinge Marina**

30 km

❻ **Frederiksborg Slot**

26 km

Dänemark

Von Kopenhagen zur Großer-Belt-Brücke

Inseln an seinem Westufer gegliedert (*Schloss Frederiksborg | Hillerød | dnm.dk*). Um zum Barockgarten zu gelangen, müsstest du das Gelände verlassen. Das schon einmal zerstörte und wiederaufgebaute Schloss wurde im Stil nordischer Renaissance von flämischen Baumeistern aus Backstein errichtet. Nordisch daran ist das Fehlen antiker zugunsten gotischer Stilelemente. Mit viel Zeit kannst du im Schloss das Nationalhistorische Museum besuchen. Die prunkvolle Schlosskapelle ist ein Teil davon. Hier wurden von 1660 bis 1840 Dänemarks absolutistische Könige gesalbt. Es gibt drei Orgeln.

Über den Selskovvej fährst du nordwärts bis zum Abzweig zur vierspurigen O 2 und biegst ab, wenn Gilleleje/227 ausgeschildert ist. In Gilleleje hältst du dich geradeaus, bis du am Kreisverkehr rechts in den Stationsvej zum Hafen abbiegst.

7 Gilleleje

20 km

Mini-Küstenmetropole mit Strandphilosophie

Als Nordlichter verorten Dänen ihre Riviera natürlich an der Nordküste. Das Städtchen **7 Gilleleje** bietet dir tatsächlich Strände und Klippenpfade für Spaziergänge links wie rechts: hüben zum Gedenkstein des Philosophen Kierkegaard, drüben zum Leuchtturmmuseum. Im Hafen kampierst du ganz nah dran am Fischereialltag, an gefüllten Fischtheken und Restaurants, aus denen Aromen von Räucherfisch und Dill herüberwehen. Bei Regen bietet ein Kunsttempel, das Rudolph Tegners Museum, Zuflucht *(Museumsvej 19 | Dronningmølle | rudolphtegner.dk)*.

Was für ein Urlaubsparadies am Strand von Tisvildeleje

Schloss Frederiksborg pflegt ein wahres Märchenschlossimage

Fahre wieder zurück zum Kreisverkehr und halte dich westlich Richtung Rågeleje auf der 237. Deine Reise führt durch Küstenorte mit Sommerhäusern – Sjællands Urlaubsküste bedeutet meist Tempo 50. In Rågeleje kuschelt die 237 wieder mit der Ostsee. Der schmale Strand ist mit Buhnen geschützt und mit bunten Badehäuschen gespickt. Dann rückt die Straße wieder von der Küste ab. Vejby liegt schon im Hinterland, aber in Tisvilde biegst du nach Tisvildeleje ab und erreichst dort nach der Ortsdurchfahrt den breiten Strand nebst Dünen und Wald.

Raus aus den Schuhen, rein in den Sand

Am großen Parkplatz des ⑧ **Tisvildeleje Strands** *(GPS 56.055831, 12.05764)* will man nur noch alles von sich werfen und dem Meer entgegen stürmen, oder Drachen steigen lassen. Oder am Erklärpavillon Naturrum Tisvildeleje einen Neoprenanzug zum Baden, SUP-, Surf- oder Bodyboard ausleihen. Für den Wald im Hinterland gibt's Mountainbikes *(cphsuptours.dk | wowsurf.dk)*.

Steuere zurück bergauf durch die Ortsstraße von Tisvilde und halte dich geradeaus Richtung Tibirke. Du umfährst das Waldgebiet fernab vom Strand und fährst Richtung Frederiksværk, dann durch Asserbo und Melby, von wo aus du über den schmalen, einspurigen Nødebovejen wieder kurz die Küste erreichst. Auf der Weiterfahrt liegt 2 km vor Hundested linker Hand ein Besøgsgaard (Besucherbauernhof), dessen SB-Hofladen an der Straße tagsüber geöffnet ist *(tgl. | tothaven.dk)*.

⑧ Tisvildeleje Strands

26 km

Von Kopenhagen zur Großer-Belt-Brücke

„Klap den Fisk"

Bevor du die Fähre nach Rørvig nimmst, solltest du ins rege Treiben am Hafen von ⑨ **Hundested** eintauchen. Zwischen Ostern und Oktober kannst du durch zwei Öffnungen einer schwimmenden Plattform Plattfische und Krabben berühren, von Kattegatfischern täglich eingefüllt. Während der Sommerferien beantworten Biologiestudenten Fragen. Höhepunkt des Jahres ist das Sandskulpturfestival für das Künstler komplexe Sandgestalten formen.

Mit der Fähre überquerst du den Isefjord (hundested-roervig.dk). Der Hafen Rørvig empfängt dich deutlich aufgeräumter als Hundested. Hier wartet mit Rørvig Fisk & Røgeri eine der nettesten Fischräuchereien Sjællands mit Tischen am Wasser (roervig-fisk.dk). Nun fährst du durch den Geopark Sjællands Odde. Du nimmst die 225, bis du bei Nykøbing dem Hinweis Richtung Sjællands Odde folgst. Die Straße Oddenvej bringt dich nach Westen über die nur knapp 2 km breite Landzunge und wird in Lumsås von der Route 21 aufgenommen, die nach Odden Havnebyen führt.

⑨ **Hundested**

28,5 km

⑩ **Geopark Odsherred**

23 km

Im Zeichen des Sonnenwagens

Der sehr malerische Norden im ⑩ **Geopark Odsherred,** dem ersten UNESCO-Geopark Dänemarks zwischen dem Städtchen Nykøbing Sjælland und der Landzunge Sjællands Odde, lädt zum Verweilen ein. Posteiszeitliche Bewegungen formten die Landschaft. Im Trundholm Moor besuchst du die Fundstelle des Sonnenwagens, einer Skulptur aus der Nordischen Bronzezeit *(Trundholm Mosevej | GPS 55.885914, 11.569990)*. Eine Nachbildung findest du im Odsherreds Museum *(Annebjerg Stræde 1 | Nykøbing | vestmuseum.dk)*. Strände

Die intensive Farbe der Odden Kirke machte sie wohl zum Seezeichen – natürlich hängt drinnen ein Schiffsmodell

Vorbei an der Knud Rasmussens Mindevarde und schönen reetgedeckten Häusern geht es zum Leuchtturm von Hundestesd

locken dich an die Nordküste, der Hafen Odden Havn von Havnebyen verführt zum Übernachten und zum Genuss von besonders edel geräuchertem Fisch.

Du wählst die Route 21 Richtung Kopenhagen, die ab dem Zusammentreffen mit dem Oddenvej Schnellstraßencharakter (90 km/h) hat. Sie trennt Heide und Feldanbau. An der Kreuzung, die links nach Højby und rechts in die Heide (Lyng) führt, biegst du rechts ab in den Lyngvej, der dich ausbremst, weil sich ein Meer niedriger Holzhäuser in der Heide ausbreitet. Nach einem großen Burger-Restaurant biegst du rechts ab in Richtung Stranden und erreichst einen Parkplatz am Ende des Korevlevej.

Ein Spaziergang in der Heide

Der Parkplatz *(GPS 55.867406, 11.523176)* am Rand der Heide bietet dir Gelegenheit, dir von einem Turm Überblick über den feuchten Randgürtel **11 Hønsinge Lyng** zwischen Ostsee und Heide zu verschaffen. Ein Bohlenweg führt zum einsamen Strand. Wenn du dort rechts abbiegst und am nächsten Steg durch das Feuchtgebiet wieder rechts und am Heiderand erneut rechts, spazierst du auf einem 1,5 km langen Rundweg durch das landschaftlich traumhaft schöne Lynggebiet.

Wende dich zurück zum Lyngvej und fahre dort nach rechts in südliche Richtung durch bewohnte Heide und fädle dich in Hove Strand auf die 225 in Richtung Jyderup ein. Du gewinnst sogar etwas an Höhe und gönnst dir den Überblick von knapp 90 m, Sjællands höchster Landerhebung. Dazu parkst du am Café Udsigten, das bei Erreichen von Høve nach rechts ausgeschildert ist.

11 Hønsinge Lyng

5 km

Von Kopenhagen zur Großer-Belt-Brücke

⑫ Gedenkstein Esterhøj

52 km

⑬ Røsnæs

36 km

⑭ Tissø Vikingecenter

36 km

Geschichte bewusst machen

Das einzige Café weit und breit ist nicht das einladendste und allein kein Grund zum Stopp, sondern der ausgewiesene kurze *spadseresti* (Spazierweg) zum eingekerbten ⑫ **Gedenkstein Esterhøj,** der 1920 anlässlich der Wiedervereinigung Südjütlands mit Dänemark aufgestellt wurde. Der Küstenblick nach Norden ist prächtig. Am Parkplatz *(GPS 55.837634, 11.484975)* findest du Infos über Wanderpfade durch das umgebende Grabhügelterrain.

Reise weiter südwärts auf der ruhigen 225 bis du kurz nach einem Silo rechter Hand einen Abzweig Richtung Follenslev nimmst. In Follenslev biegst du rechts in den Eskebjergvej und folgst diesem durch Eskebjerg und Kaldred, bis du dich, an einer Kreuzung, nach rechts auf die Route 23 Richtung Kalundborg einfädelst. In der Kleinstadt Kalundborg fährst du weiter geradeaus und über den Røsnæsvej die gesamte Länge der Røsnæs-Landzunge bis zum Parkplatz des Leuchtturms. Das letzte Stück ist nicht mehr asphaltiert.

Sonnenverwöhnte Halbinsel

Die 17 km nach Westen ragende Landzunge ⑬ **Røsnæs** wird flankiert vom Leuchtturm Røsnæs Fyr einerseits und der fünftürmigen Frauenkirche in Kalundborg *(Adelgade 19 | Kalundborg | vorfruesogn.dk)* andererseits. Dazwischen frönst du dem Savoir-vivre bei einem Glas Wein von der sonnenverwöhnten Halbinsel oder folgst dem Wanderpfad Røsnæs Rundt *(Naturraum-Parkplatz GPS 55.723118, 11.004010; Aktivitetshaus am Hafen GPS 55.749439, 10.944815 | røsnæsrundt.dk)*. Für kulinarische Fluchten von der Womoküche kannst du zwischen dem Edderfuglen-Café und dem Restaurant Gisseløre wählen (S. 107).

Fahre die 17 km bis nach Kalundborg zurück und nimm die Route 22 nach Süden. Biege nach links ab, wenn du den Hinweis nach St. Fuglede siehst. Im Örtchen selbst biegst du am Hinweis nach Gørlev rechts in den Bakkendrupvej. Kurz darauf erreichst du das Wikinger- und Naturparkzentrum Fugledegård am Tissø-See.

Die letzte Wildnis auf Sjælland

Das Bauernhaus von Fugledegård am Westufer des Tissø-Sees ist das ⑭ **Tissø Vikingecenter** des seit 2014 existierenden Naturparks Åmosen – Dänemarks erstem Gebiet, in dem private Landbesitzer und öffentlicher Naturschutz kooperieren *(Bakkendrupvej 28 | St. Fuglede | Facebook: formidlingscenterfugledegaard | naturparkaamosen.dk)*. Hinzu kommen die spannendsten archäologischen Funde Nordeuropas der wohl dichtbesiedeltsten Wikingerenklave. In Tissø wohnte in vergangenen Zeiten die Oberschicht, was die Ausgrabung eines goldenen 1,8-kg-Halsschmucks belegt. Ein Replikat funkelt heute in der

Über die Großer-Belt-Brücke sind es nur 18 km von Seeland nach Fünen

Ausstellung von Fugledegård. Halte draußen Ausschau nach über dem See Tissø schwebenden Seeadlern.

Folge dem schmal ausgebauten Bakkendrupvej nach Süden bis du in Gørlev auf die 22 Richtung Slagelse abbiegst, nur um sie sofort wieder Richtung Rye zu verlassen. Vom Ryevej biegst du in Kirke Helsinge auf die Route 277 in Richtung Korsør und fährst durch Stillinge Strand bis zum Vestmotorvejen E 20. Starte Richtung Odense (Fünen), nimm kurz vor der großen Beltbrücke die Ausfahrt 43/Halsskov und suche im nächsten Kreisverkehr die Fahrtrichtung Isbådsmuseet. Dort parkst du am Museumsgebäude auf einer kleinen Halbinsel.

15 Halsskov-Halbinsel

Die Beltbrücke im Visier

Am Parkplatz *(GPS 55.348541, 11.095006)* des kleinen Eisbootmuseums endet deine Sjælland-Tour auf der **15** **Halsskov-Halbinsel.** Das dem berühmten Brückenschlag nach Fünen nächstgelegene Gebäude ist ein unbemanntes Museum mit Infotafeln zum Verkehr des Postbootservice durch den im Winter nicht eisfreien Sund. Beiderseits der Brücke kannst du auf hübschen Wegen spazieren gehen und deine Perspektive verändern. Mit langer Brennweite nimmst du das Museum im Vordergrund und die Hängebrücke ins Visier. Die Beltbrücke kann dich in gut 20 Minuten nach Fünen bringen. Kopenhagen liegt etwa 1,5 Std. Autobahnfahrt über die E20 und E47 entfernt.

Dänemark

CAMPINGPLÄTZE AM WEGESRAND

Von Kopenhagen zur Großer-Belt-Brücke

Exklusives Badevergnügen

Hochkultur gibt's ja viel in Kopenhagen, veritable Strandkultur musste man erst konstruieren. Der Kastrup Camperplaats am Amager Strandpark ist pragmatisch, dafür ist er eben dazu mit Sand und jeder Menge Auslauf gesegnet. Außerdem punktet er mit einem Designerpavillon fürs Schwimmen im Meer. Leider liegt auch der Flughafen Kastrup in unmittelbarer Nähe. In der Altstadt oder der neuen Ørestad bist du in einer halben Stunde mit dem Fahrrad, was in der Radlercity Nummer eins weltweit zur unbedingten Erfahrung gehört. Oder du nimmst die flotte, führerlose Flüstermetro, die du, in der ÖNVP-City Nummer eins in Europa, auf jeden Fall testen solltest.

Kastrup Camperplaats

€€ | Kastrup Strandpark | Kopenhagen Amager
GPS 55.642074, 12.649339

▶ **Größe:** 30 Stellplätze
▶ **Ausstattung:** komplett ausgestattet, auch Entsorgung

Auf der grünen Wiese am malerischen Fjord

Nur etwa 4 km nördlich von Roskilde liegt dieser geräumige Campingplatz am Ostufer des Roskilde Fjords. Sehr großes Wiesengelände bis zum Wasser hinunter. Was gibt es Erfrischenderes, als an einem schönen Sommermorgen aus dem Wohnwagen zu steigen und die Fjordweite zu genießen? Nebenan erstreckt sich ein steiniger, schmaler Strand, von dem Badebrücken mit Außenduschen in den Fjord führen. Das Café Mirakulix *(cafe-mirakulix.com)* am Platz bietet eher gute Hausmannskost denn Fastfood. Am Wochenende wird sogar Frühstück ab 7 Uhr serviert

Roskilde Camping

€€€ | Baunehøjvej 7 | Roskilde
Tel. +45 46 75 79 96 | roskildecamping.dk
GPS 55.674914, 12.080314

▶ **Größe:** 260 Stellplätze, 18 Hütten
▶ **Ausstattung:** komplett ausgestattet

Lauschige Alleen führen in Dänemark zu den schönsten Stränden und Campingplätzen

Der diskrete Charme der Ostsee reicht bis in den Womoschlaf

Meeresnähe genießen

Der Parkplatz für Besucher des Smidstrup Strand liegt 5,5 km westlich von Gilleleje Havn. Nachts ist das Stehen nicht verboten und somit ideal für den morgendlichen Strandspaziergang oder ein erfrischendes Bad. Auch Hunde sind am Strand gestattet, aber bitte mit Leine. Dafür gibt es hier keine Restaurants wie am Hafen.

Strandparkplatz Smidstrup

frei | Smidstrup Søvej | Smidstrup Strand
GPS 56.120073, 12.237028

- ▶ **Größe:** *20 Stellplätze*
- ▶ **Ausstattung:** *Toiletten*

Klein & fast familiär

Der kleine Parkplatz passt gut in die fast familiäre Atmosphäre auf der schmalen Landzunge des Geoparks Odsherred. Direkt daneben gibt's drei überdachte Shelterboxen für Wanderer und Radler. Café Noova, Fischladen, Räucherei, Burgerkiosk, Fischerboote – nichts ist mehr als drei Minuten zu Fuß entfernt. Gegenüber gibt es sogar ein Saunahäuschen, das man mit dem Handy buchen kann.

Autocamper Parkplatz Odden Havn

€€ | Østre Havnevej 34 | Odden Havn
GPS 55.970737, 11.371300

- ▶ **Größe:** *8 Stellplätze*
- ▶ **Ausstattung:** *komplett ausgestattet, Toilettenentsorgung*

Entspannt & urig

Der gemütlicher Campingplatz ohne Schnickschnack liegt zwischen dem Weingut Dyrehøj und der Südküste von Røsnæs. Die Rezeption ist im Weingut 200 m entfernt. Du stehst auf – nicht überall – ebener Wiese und kannst am steinigen Strand baden gehen.

Røsnæs Naturcamping V/Hugo Dahl

€€ | Elvervej 2 | Kalundborg/Ulstrup
Tel. +45 28 56 64 55 | elverdamscamping.dk
GPS 49.28553, -0.18218

- ▶ **Größe:** *8 Stellplätze*
- ▶ **Ausstattung:** *Toilette, Dusche, Strom, Wander-Shelter, Küche mit Kühlschrank*

Kulinarisches am Wegesrand

Von Kopenhagen zur Großer-Belt-Brücke

In Qualität schwelgen

Die Gourmetmarkthallen **Torvehallerne** am Kopenhagener Bahnhof Nørreport verkaufen und servieren nur edle und ausgesucht vielfältige Produkte. Hier trifft man sich zum Lunch oder zum Feierabendsnack. *Infos: Frederiksborggade 21 | Kopenhagen | torvehallernekbh.dk*

Kaffee zum Saunagang

Das kleine Café **La Banchina** nennt ein Badebassin und sogar eine Sauna im noch nicht gentrifizierten Brachgelände Refshaleøen nördlich von Christianshavn sein eigen. Biodynamisch angebautes Gemüse und Seafood. Saunabuchung über die Website. *Infos: Refshalevej 141 | Kopenhagen | labanchina.dk*

Dänische Thaiküche

Der nordisch coole Thai **Leos Wok Café** in der Container-Kreativecke am Ragnarock von Roskilde serviert gute, typische Landesküche – plus Kartoffeln. Alles auch als Take-away. *Infos: Penselstrøget 42 | Roskilde | Tel. +45 21 15 60 10*

Nicht nur schauen, auch essen

Seit 1965 ist **Adamsens Fisk & Deli** in Gilleleje der Platzhirsch: Die Auslagen im Fischladen sind ein Hingucker, die Delikatessenabteilung serviert dir Sushi, Smørrebrød, Fischsuppe und mehr, im Adamsens Fisk Fast Food speist du Frittiertes. Frischer und bunter geht's nicht. Giftgrüner Tangsalat, lecker angemacht, ist Adamsens vegetarische Option. *Infos: Havnen 2 und 3 | Gilleleje | adamsensfisk.dk*

Adamsens Fisk & Deli hat auf ganz Seeland einen Ruf wie ein Nebelhorn – hier wird sogar Tangsalat serviert

An den Häfen und Stränden Sjællands serviert man den Fang al fresco

Genusstation

Dieses **Café Noova** in Sjællands Odde – hier kann man wahrhaft genießen! Natürlich frischer Fisch, ansonsten italienische Fleisch- und Pastagerichte, auch Pizzen. Das Essen ist sehr lecker, der Service freundlich, die Hafenterrasse toll. *Infos: Vestre Havnevej 43 | Odde Havn | Facebook: CafeNoova*

Aus Tradition: bio

Gemüse und Obst aus biodynamisch-ökologischem Anbau gibt's im **Hofladen Birkemosegaard** im Geopark Odsherret bei Odden Kirke – seit 1986! Fleisch von glücklichen Rindern und viele Delikatessen. Hier kannst du deine Womovorräte für die Weiterreise bestens auffüllen. *Infos: Oddenvej 165 | bei Odden Kirke | GPS 55.961303, 11.386694 | birkemosegaard.dk*

Herrlich auf einer Anhöhe

Direkt an der Naturskole von Røsnæs liegt das **Café Edderfuglen,** nur Minuten vom Leuchtturm entfernt. Aus den guten, einfachen Gerichten sticht das jeweilige Tagesgericht hervor, zu dem es immer eine vegetarische und glutenfreie Alternative gibt. Gegenüber vom Café führt ein Pfad an braven Ziegen und Eseln vorbei zu einer Aussichtsbank in 55 m Höhe. *Infos: Røsnæsvej 460, Kalundborg*

Familiäres Stadtrandlokal

Das **Gisseløre** befindet sich vor Kalundborg am Strand mit Badesteg! Die Küche ist fein, wobei der lokale Schinken, der vor Ort kaltgeräucherte Lachs, zartes Kalbfleisch und gebratener Seeteufel besonders köstlich sind. Teste das Fünf-Gänge-Degustationsmenü, wenn du Zeit hast, es lohnt sich. *Infos: Radiovej 2 | Kalundborg | restaurant-gisseloere.dk*

Natur pur erleben beim Camping an der Küste der Baltischen See im Golf von Riga

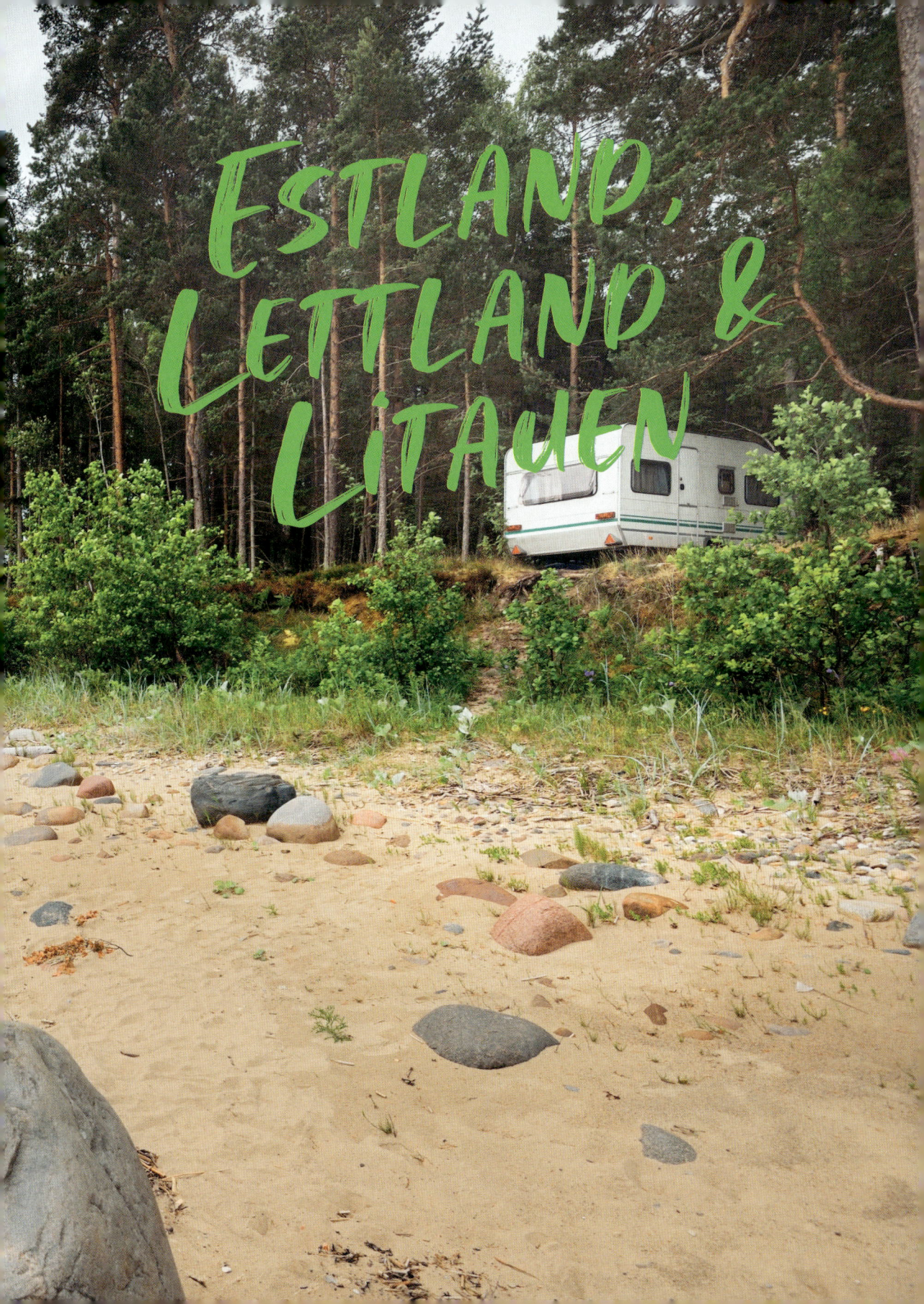

Welcome in den Ländern der weiten Horizonte

„Mensch, warum war ich eigentlich noch nie hier?", das Gefühl bekommst du, wenn du am Kap Kolka in Lettland, auf der Kurischen Nehrung in Litauen oder an einem der anderen gefühlt 1000 baltischen Traumstrände stehst. Doch es kommt noch besser: Historische Großstädte, in denen das Leben brummt, geheimnisvolle Burgen und ursprüngliche Naturparks werden dich nicht weniger umhauen!

Bunte Häuser, blaues Meer – so erlebst du Litauen

Babylon 2.0

Lettisch, Litauisch und Estnisch spricht ja fast niemand – im ganzen Baltikum leben kaum mehr Menschen als in Berlin und Hamburg zusammen. Jetzt will man aber nicht so sein und lernt ein paar Wörter, marschiert im lettischen Daugavpils oder in bestimmten Stadtteilen Tallinns ins Geschäft, grüßt mit „labdien" oder „tere päevast" und erntet ein paar schräge Blicke sowie eine Antwort auf Russisch. Fakt ist, in Lettland und Estland gehört jeder Vierte zur russischen Minderheit. Oh nein, vier Sprachen und eine unverständlicher als die andere! Cool bleiben – die meisten unter 40 sprechen mehr oder weniger Englisch. Und bei den Älteren kann man es besonders in Lettland und Litauen mit Russisch probieren. Immerhin gehörte das Baltikum bis 1991 zur Sowjetunion. Und zum Trost für alle Sprachgeschädigten: Litauer, Esten und Letten verstehen sich gegenseitig auch nicht. Die kennen das also selbst: Englisch, Russisch, Hände und Füße!

Je Norden, desto heller

Es weißt so weiß – und das eigentlich den ganzen Sommer lang. Ihr müsst nicht unbedingt nach Spitzbergen oder Island jetten, um die legendären Nächte zu erleben, in denen es niemals dunkel wird. Auch Litauen, besser Lettland und noch besser Estland bieten nächtliche Erleuchtung – besonders natürlich in den

Die traumhafte Dünenlandschaft der Kurischen Nehrung präsentiert sich bei Nida fast menschenleer

Wochen vor und nach dem 21. Juni. Apropos längste Tage: Nicht gleich den Handfeger rausholen, wenn ihr am 23. Juni in Lettland Zweige auf eurem Auto seht. Am Johannistag werden alle fahrbaren Untersätze mit Eichenlaub geschmückt. Abends werden dann die Regler so richtig hochgedreht: Livekonzerte, riesige Lagerfeuer, Grillgelage – ganz Lettland wird zu einer großen Party. Unter freiem Himmel und meist gratis.

Porentief rein

Wer sehen will, dass wir Menschen doch alle irgendwie gleich sind, tut dies nirgendwo so entspannt wie in einer Sauna. Die Balten nehmen ihren Saunaspaß ernst: *Pirts* heißt es in Lettland, *pirtis* in Litauen, *saun* in Estland und *banja* bei den Russen. Fast jeder Bauernhof hat eine eigene Sauna, und auch Campingplätze sind damit ausgestattet: Häuschen, Fässer, Schwitzkästen als Autoanhänger – der Fantasie sind keine Grenzen gesetzt.

Doppelte Unabhängigkeit

Einige Dinge klappen ja erst im zweiten Anlauf. Kaum entstanden die baltischen Länder nach dem Ersten Weltkrieg 1918 als souveräne Staaten, wurden sie im Zweiten Weltkrieg von der Sowjetunion geschluckt. Seit Anfang der Neunziger sind sie wieder stolz und frei. Alle drei feiern bis heute zwei Unabhängigkeitstage – an insgesamt sechs verschiedenen Daten!

Ganz schön bunt hier

Kulinarisch geht es im Baltikum äußerst vielfältig her. Denn hier findet ihr nicht nur drei Länder mit drei verschiedenen Küchen, sondern auch noch alle möglichen Einflüsse: deutsche, russische und besonders in Estland auch skandinavische. Alle vereint aber die Lust an deftiger Hausmannskost – oft fleischlastig, aber auch mit vielen Fischgerichten. Und gemeinsam sind ihnen auch die einfachen Gaststätten- „Cafés", die euch unterwegs herrlich mit simp-

AUF EINEN BLICK

6,04 Mio.
Einwohner*innen im Baltikum
[Litauen 2,8, Lettland 1,92, Estland 1,32 Mio.]

175 100 km²
Fläche des Baltikums
[Litauen 65 300, Lettland 64 600, Estland 45 200 km²]

18:39
Stunden Sonne in Tallinn
[am 21. Juni]

Höchster Berg
318 m
Suur Munamägi in Estland

6. Platz
SO HOCH STEHEN DIE LETTISCHEN BASKETBALLER IN DER WELTRANGLISTE

UNGLAUBLICH
99 %
aller Verwaltungsleistungen
werden in Estland über das Internet angeboten

In Lettland & Litauen ca.
23 000
STORCHENPAARE

4382 km
Küstenlänge
[Litauen 90, Lettland 498, Estland 3794 km]

12 000 Elche
leben in Estland

Nicht nur Indoor gibt es wohlsortierte Märkte, auch auf den Trödelmärkten der Städte, wie hier in Tallinn, kann man einige Schnäppchen machen

len, aber leckeren Speisen versorgen. Natürlich kommen auch die Vegetarier, Veganer und Feinschmecker unter euch auf ihre Kosten, viele Lokale mischen Tradition mit Moderne.

Fantastisch, diese Märkte!

Gemeinsam haben Estland, Lettland und Litauen auch noch eines: Selbst in eher kleineren Städten findet ihr fast immer wirklich gut sortierte, täglich bis spätabends geöffnete, großzügige und moderne Supermärkte, nicht selten mit einer Theke frischer Salate und warmer Imbisse.

Streetfood auf Baltisch

Für einen Happen zwischendurch sind tatsächlich Burger und Hot Dogs am beliebtesten. Davon zeugt auch die in allen drei Ländern weit verbreitete skandinavische Fast-Food-Kette Hesburger. Gern genommen werden auch Kebap und besonders in den russisch geprägten Gebieten die Teigtaschen namens *pielmeni*. Vor allem in Litauen und Lettland stehen manchmal Straßenhändler mit einem großen Fass herum und verkaufen *kwas*. Der dunkle, fermentierte und süße Brottrunk ist an sich schon fast ein Sattmacher.

Die besten Lokale

Sie haben verschiedene Namen in den drei baltischen Ländern, aber eines gemeinsam: Hier wollt ihr eine Essenspause einlegen. In Litauen heißen sie *kavinė* (ausgesprochen „Kawinje"), in Lettland *kafejnīca* („Kafäiniza") und in Estland *kohvik* („Kochwik"). Übersetzt werden alle drei meistens mit „Café", aber das ist irreführend. Fast immer gibt es zwar auch Kaffee, Tee und Nachspeisen, aber vor allem eine Palette an frisch zubereiteten warmen Speisen. Meist geht es hier am schnellsten, günstigsten, und obendrein ist es ein authentisches Erlebnis. Oft bis in den späten Abend geöffnet, haben diese „Cafés" auch ein bisschen was von Kneipe. Restaurants, die dann meist etwas schicker und teurer sind, heißen *restoranas* (Litauen), *restorāns* (Lettland) und *restoran* (Estland).

Das Beste in Sachen STRAND & MEER

Litauen & Lettland: Von der Kurischen Nehrung zum Kap Kolka

Strecke & Dauer

- Strecke: 650 km
- Reine Fahrzeit: 6 Std. 30 Min.
- Streckenprofil: Fast nur geteerte Straßen, einige Zufahrten zu Stränden und Stellplätzen Schotter oder Sand, fünfminütige Fährfahrt von Klaipėda auf die Kurische Nehrung
- Empfohlene Dauer: 6–8 Tage

Was dich erwartet

In Sachen Sand, Strand und Meer fährt das Baltikum hier das Beste auf, was es zu bieten hat: Besonders in Lettland ist es selbst in der Hochsaison nirgendwo überlaufen. Die gesamte Westküste entlang zieht sich ein einziger, riesiger, herrlicher Sandstrand mit unzähligen Zugängen und Zufahrten. Dazu gibt's gewaltige Dünen, ein paar tolle Städte, ein Event-Gefängnis und eine Brauerei.

Los geht's in Klaipėda

❶ Klaipėda

51 km

Die alte Hansestadt ❶ **Klaipėda** gehörte unter dem Namen Memel zu Preußen und war jahrhundertelang deutschsprachig. Im Zentrum hat sich Klaipėda die Atmosphäre einer norddeutschen Hansestadt bewahrt, mit Kopfsteinpflaster und einigen Fachwerkhäusern. Vieles wurde mit Aufwand und Mühe schön restauriert. Die Stadt eignet sich perfekt für einen netten Spaziergang mit Einkehr in einem Café oder Restaurant. Wem es logistisch gut in den Kram passt, der kann hier auch schön übernachten. Parken kannst du meist mit-

Dem Hafen und der Altstadt von Klaipėda seid ihr eine ausführliche Pause schuldig

ten im Zentrum entlang der Zveju gatvė, die von der Hauptstraße Pilies gatvė abgeht.

Biege zu Fuß in die Teatro gatvė ein, und nach wenigen Schritten stehst du bereits im Herzen der Altstadt, dem **Theaterplatz** (Teil der Teatro gatvė). Mitten auf dem Platz siehst du den Brunnen mit der Skulptur des Ännchens von Tharau. Der Preuße Simon Dach schrieb das berühmte Ännchen-Gedicht hier in Memel. Schlendere durchs Zentrum auf der Turgaus gatvė mit ihren Nebenstraßen und zurück am Ufer der Danes. Ein kleiner Fußgängertunnel führt unter der Pilies gatvė in den Hafen mit historischen Schiffen, zwei Hotels und der aufwändig renovierten **Memelburg** *(Žvejų gatvė 10–12 | Klaipėda)*, dem gewaltigen Backsteinbauwerk aus dem 13. Jh., das auf den Deutschritterorden zurückgeht. In den alten Gemäuern werden Schiffsmodelle, archäologische Funde, alte Dokumente und lebensgroße Figuren in historischer Aufmachung gezeigt.

Im perfekt sortierten **Supermarkt Rimi** kannst du deine Vorräte aufstocken *(Taikos prospekts 64 | Klaipėda)*, einen Steinwurf von der Fähre auf die Nehrung entfernt, neben der Švyturio Arena für Sportevents und Konzerte (bis zu 7450 Besucher).

Der Neue Hafen (New Port) von Klaipėda ist gut ausgeschildert. Die regelmäßig bis Mitternacht verkehrende Fähre bringt dich hinüber nach Smiltynė auf der Kurischen Nehrung (litauisch: Neringa).

Litauen & Lettland: Von der Kurischen Nehrung zum Kap Kolka

Halbe Insel, volle Freude

Die Einfahrt auf die ② **Kurische Nehrung** kostet Geld? Gut so! Denn die Natur hier ist so einzigartig und ursprünglich, dass die Zahl der Durchreisenden einfach begrenzt werden muss. Das Haff, das offene Meer, unter Schutz stehende Dünen, fantastische Strände und ein paar kleine Orte mit Fischerhäusern und Holzvillen – all das quetscht sich hier auf einem wenige Kilometer breiten sowie bis zur russischen Grenze gut 50 km langen Streifen und wartet nur auf Entdecker wie euch!

② **Kurische Nehrung**

169 km

Das geht besonders gut mit dem Rad. Ein wunderbarer **Radweg** erschließt den gesamten litauischen Teil der Halbinsel. In weiten Teilen ist er richtig gut asphaltiert, fast überall verläuft er abseits der großen Straße im Wald oder mit Wasserblick und ist bestens ausgeschildert. Beginnen kann man überall, ein guter Startpunkt ist Nida *(Räder u. a. bei Bicycle Rentals | Purvynės g. 2 | Nida)*.

Wieder zurück in Klaipėda fahrt ihr nach Norden nun immer schön nah am Wasser entlang: Minijos gatvė, Pilies gatvė, Naujoji gatvė, Janonio gatvė, links auf die 168 und wieder links auf die Lideikio gatvė. Diese wird zur gut asphaltierten Straße 2217 und führt parallel zur Ostseeküste hinauf – gut zu erkennen an den zahlreichen Parkplätzen mit Parkuhren, Eis- und Kaffeebüdchen sowie Strandzugängen. Weiter geht es auf der Straße 2217.

Im Dorf Karklė findest du im Camping Dutch Cap (olandokepure.lt) alles, was du brauchst: gute Stellplätze im Grünen, saubere Badezimmer, nette Leute und ein 1A-Restaurant mit toller Terrasse. Auch

Die Seebrücke von Palanga, dem einzigen Ostseekurort auf dem litauischen Festland

Die schönen Örtchen auf der Kurischen Nehrung mit ihren Fischerhäusern und Holzvillen kannst du auf einem Radausflug entdecken

acht hochwertige Doppelzimmer, acht einfache Holzhütten und eine Sauna. Vom Parkplatz (GPS 55.794950, 21.072986) kommt ihr in wenigen Gehminuten zum sehr hübschen Aussichtspunkt Olando kepures skardis von der Steilküste auf Strand und Ostsee. Von schräg oben auf Strand und Meer geschaut, mit den Baumkronen im Vordergrund, schießt ihr die besten Fotos, besonders zum Sonnenuntergang.

Die Straße 2217 führt jetzt in einem Bogen auf die große A13 nach Norden. Dort einfach links abbiegen in Richtung Lettland.

Einziger Stadtstrandspot in Litauen

Litauen hat im Gegensatz zu Lettland und Estland nicht wirklich viele Städte am Meer zu bieten. Dementsprechend ist ❸ **Palanga** im Sommer prall gefüllt mit Erholungs- und Feierwütigen. Hier gibt's einen Stadtstrand, eine schöne Seebrücke, eine Menge Cafés, Kneipen, Restaurants und Clubs. Wem es auf der Kurischen Nehrung zu ruhig war, der kann hier einmal so richtig abtanzen.

Du steuerst dein Gefährt jetzt wieder auf der A13 nach Norden, und schon ist auch die Grenze zu Lettland erreicht. Jetzt heißt die Straße A11 und wird schön ruhig.

❸ **Palanga**

38 km

Litauen & Lettland: Von der Kurischen Nehrung zum Kap Kolka

Wildpferde und Auerochsen in freier Natur

Kurz hinter der Grenze, auf der Höhe des Dorfs Rucava, geht links eine kleine Straße ab in den ❹ **Pape-Naturpark,** der mit zahlreichen seltenen Vogelarten und sonstigen unter Schutz stehenden Tieren wie etwa Wildpferden aufwarten kann *(pdf-pape.lv/en)*. Der nicht asphaltierte Weg ist ein wenig staubig und rumpelig, aber auch gut mit dem Womo zu befahren.

Nach 8,5 km ist das Minidorf Pape erreicht. Einige Campingplätze schließen sich an. Legt auf halber Strecke am Aussichtsturm einen Zwischenstopp ein und genießt den Blick auf die komplett menschenleere Landschaft. Immer geradeaus geht es weiter nach Liepāja.

❹ Pape-Naturpark

51 km

❺ Liepāja

110 km

Hafen, Strand und Eventgefängnis

❺ **Liepāja** ist eine Stadt, die seinen Besuchern einiges zu bieten hat: eine kleine Altstadt, ein schöner Markt, Traumstrände in der direkten Umgebung. Ganz in der Nähe des kleinen Zentrums erstreckt sich zudem ein riesiger Strandpark und hinter ihm ein wirklich schöner, breiter Sandstrand. Das Ganze ist einen ausgedehnten Spaziergang wert, zumal am Rand des Strandparks ein paar richtig hübsche historische Holzvillen stehen.

Als ob das noch nicht genug wäre, gibt es noch einen ungewöhnlichen, russisch dominierten Stadtteil mit orthodoxer Kathedrale und einem alten Sowjetknast, in dem man heute tatsächlich auch übernachten kann *(Invalīdu iela 4 | Liepāja | karostascietums.lv)*.

Der Traumstrand ist nur eines von vielen Vorzügen der lettischen Stadt Liepāja

In den Weiten des Pape-Naturparks ziehen Wildpferde ihre Bahnen

Eine der neuesten Errungenschaften von Liepāja ist die sogenannte Bernsteinhalle, ein riesiger Konzertsaal des österreichischen Architekten Volker Giencke, der nicht nur akustisch ein Genuss ist, sondern auch von außen toll aussieht. Er wirkt wie ein mächtiger, leuchtender Bernstein *(Radio iela 8 | Liepāja | lielaisdzintars.lv)*. Also dann nichts wie hin!

Nimm aus Liepāja die A9, dann noch vor der Stadtgrenze links die P110, eine Zubringerstraße zur Küstenstrecke P111, auf die du links abbiegst.

Ein Strand, wie er im Buche steht

Der kleine alte Fischerort ❻ **Pavilosta** an der Mündung des Flüsschens Saka in die Ostsee lohnt sich besonders wegen seines schönen, sehr gut zugänglichen Strandes. Überquere im Zentrum die kleine Flussbrücke, dann rechts und ein paar Hundert Meter mit Links- und Rechtskurve der recht gut asphaltierten Straße folgen. Ein guter Pit Stop ist das Lokal Kafejnīca Laiva *(Dzintaru iela 31)* – einfaches, günstiges, leckeres und schnell serviertes Essen.

Die Straße P111 verläuft nun wieder sehr nah an der Küste entlang. Im Dorf Jūrkalne berührt sie fast schon die Ostsee. Direkt hinter Jūrkalne geht von der Straße P111 die P119 nach rechts ab. Sie führt durch das Dorf Alsunga mit seiner kleinen Trutzburg und durch Edole mit seinem Schlösschen direkt bis nach Kuldīga. Im Schloss von Edole lässt es sich nicht nur stilvoll übernachten, sondern auch richtig lecker und modern-kreativ essen (Pils iela 1 | Edole | edoles pils.lv/pilskrogs). Einen Blick ins Innere der romantischen Gemäuer gibt's gratis dazu!

❻ **Pavilosta**

61 km

Litauen & Lettland: Von der Kurischen Nehrung zum Kap Kolka

Wasserfälle und mittelalterlicher Charme

Kein Zweifel, dass ❼ **Kuldīga** eine der reizvollsten Städte in Lettland ist. Und das ganz ohne große, geschichtsträchtige Bauwerke, berühmte Museen und Topevents. Der leicht verfallene, vielerorts wiederhergestellte Charme des mittelalterlichen Zentrums spricht für sich. Wie gemacht für gemütliche Cafés und Restaurants. Und einen Wasserfall, wie du ihn von der historischen Backsteinbrücke sehen kannst, gibt es nur hier und nirgendwo anders. Das perfekte Spa-Erlebnis: Der Fluss Venta bildet hier mit 250 m den breitesten Wasserfall Europas – auch wenn er nur gut 2 m hoch ist. Lass dir von den „Fluten" herrlich Schultern und Rücken massieren. Sogar Umkleidekabinen sind im Angebot.

Die **Sandhöhlen von Riežupe** bilden ein einzigartiges, unterirdisches Labyrinth – die kuriosen Sandhöhlen sind nur 5 km von der Stadt entfernt *(Riežupes smilšu alas | Riežupe | smilsualas.lv)*. Die gut gelaunten, englischsprechenden Tourguides machen die Führung zu einem fröhlichen Abenteuer. Auf keinen Fall verpassen!

Von Kuldīga aus lohnt sich auch ein Ausflug zum **Weinberg Sabile.** Ja, ihr habt richtig gelesen: Weinberg. Dazu einfach 45 km westlich auf der Straße 120 fahren, ein Großteil der Strecke führt durch das saftiggrüne Tal des Abava-Flusses. Der Sabile-Weinberg wird im Guinness-Buch der Rekorde als der nördlichste Weinberg Europas aufgeführt und kann gratis erklommen werden– toller Blick aufs Tal inklusive.

Aus Kuldīga nehmt ihr die asphaltierte, aber teils noch recht holprige P108 in Richtung Ventspils.

❼ Kuldīga

61 km

Gern beschatten lässt man sich auf dem modern-sympathischen Stadtcampingplatz von Ventspils

Der breiteste Wasserfall Europas befindet sich in Kuldīga

Auf ein Bierchen

Nehmt kurz vor Ventspils, im Dorf Leci, noch schnell den Abstecher nach links auf die Straße 111 mit. Die Gebäude der ❽ **Užava-Brauerei** mit dem großen Modellsegelschiff, kurz hinter dem Dorf Užava, sind schon von Weitem zu sehen („Alutiņi" | Užava | uzavasalus.eu/en/). Stocke im Fabrikladen deinen Biervorrat auf – Užava ist eine der leckersten lettischen Marken, egal ob hell (gaišais) oder dunkel (tumšais). Und nimm gleich noch den perfekten, landestypischen Snack zum Bier mit: harte, knusprige Schwarzbrothäppchen mit Knoblauch. Besser als Chips!

Wieder zurück auf der P108 seid ihr in ca. 15 Minuten in Ventspils.

Familienfreundliches Urlaubsziel

Ein gemütlicher Hafenspaziergang entlang der Ostas iela sollte auf jeden Fall zu einem Besuch von ❾ **Ventspils** dazugehören – vom Fährterminal zur kleinen Fußgängerzone rund um die Tirgus iela, dann weiter zur alten livländischen Burg (Livonijas Ordeņa pils, muzejs.ventspils.lv) und noch ein paar Schritte zum alten Hafenviertel Ostgals mit viel Kopfsteinpflaster und schönen historischen Holzhäusern. 2 km hinter dem Hafenviertel solltet ihr auch das Freilichtmuseum nicht verpassen – für Lauffaule sogar mit kleiner Schmalspurbahn auf dem Gelände (Piejuras brivdabas muzejs | Riņka iela 2 | Ventspils | muzejs.ventspils.lv/en)!

❽ Užava-Brauerei

26 km

❾ Ventspils

83 km

Am Kap Kolka hinterlassen die wilden Winde bisweilen merkwürdige Astgebilde am Strand

Litauen & Lettland: Von der Kurischen Nehrung zum Kap Kolka

Direkt neben dem Freilichtmuseum von Ventspils, nur drei Autominuten vom Stadtzentrum, erstreckt sich der große, ordentliche und gut organisierte Platz **Piejūras kempings** mit sehr sauberen sanitären Anlagen und direktem Zugang zum Ostseestrand *(Vasarnīcu iela 56 | Ventspils | camping.ventspils.lv)*. Besser geht's nicht. 32 Hütten für bis zu vier Personen.

Lecker isst es sich im **Restaurant Kupfernams,** das in einem modernisierten Holzhaus aus dem Jahr 1820 im historischen Hafenviertel Ostgals logiert, nur 10–15 Minuten Fußweg vom Stadtkern entfernt. Die hübsche Terrasse wird an warmen Sommerabenden zum Biergarten *(Kārļa iela 5 | Ventspils | hotelkupfernams.lv)*.

Aus Ventspils hinaus bringt euch die A10, dann links abbiegen in die Straße 124. Schnell wird es sehr ruhig und einsam. Du kommst auf dem guten Asphalt schnell und bequem voran.

Mitten im Niemandsland zwischen Ventspils und Kap Kolka fließt die kleine Irbe bis zur Ostsee. Die Sanddüne bei ihrer Mündung ist ein Traum. Der englischsprachige Veranstalter Daba Laba organisiert ein- bis zweitägige Kanutouren. Der Chef veranstaltet bei sich zu Hause auch Bogenschießen (dabalaba.lv/eng).

Im Dorf Mazirbe geht es schließlich auf der Straße 125 rechts zum Slītere-Nationalpark mit Leuchtturm, während die P124 geradeaus nach wenigen Kilometern das Kap Kolka erreicht.

⑩ Kap Kolka & Nationalpark Slītere

Wo sich die Meere treffen

Die Straße von Ventspils nach ⑩ **Kap Kolka** und zum **Slītere-Nationalpark** ist seit einigen Jahren asphaltiert. Und doch kommt immer noch ein wenig Wildwestfeeling auf, wenn du den einsamen Weg entlangbretterst. Die kleinen, seitlich versteckten Dörfer wirken wie Präriestopps, es gibt keine Tankstellen, keine Shops, keine Cafés, sondern nur einige Campingplätze mit Zugang zu den besten Stränden des Baltikums – Perfektion! Wie ein Abenteuersegler erreichst du schließlich das Kap.

Ein Highlight! In **Kolkasrags** stehst du am Strand auf dem letzten Landzipfel und siehst buchstäblich, wie sich das Wasser der offenen Ostsee mit dem der Rigaer Bucht trifft. Nimm den kostenlosen Parkplatz beim Aussichtsturm und gehe am Strand entlang bis zur Spitze. Parken kannst du am großen Parkplatz *(ausgeschildert: Kolkasrags, Infobüro mit Souvenirverkauf | kolkasrags.lv)*.

Auf dem Weg nach Kolka biegt ihr in die Straße 125 und erreicht den markanten hellroten **Leuchtturm** *(Šlīteres bāka)* des Slītere-Nationalparks. Von oben seht ihr bei gutem Wetter sogar bis zur estnischen Insel Saaremaa! Direkt hinter dem Leuchtturm führt eine Treppe zu einem hübschen, 1200 m langen **Naturrundweg** *(Dundaga | slitere.lv)*.

CAMPINGPLÄTZE AM WEGESRAND

Litauen & Lettland: Von der Kurischen Nehrung zum Kap Kolka

Camping all inklusive

Der einzige Campingplatz auf dem gesamten litauischen Teil der Kurischen Nehrung liegt in Nida nahe der Dünen, eine gute Viertelstunde Fußmarsch vom Strand entfernt. Recht teuer, dafür gibt es aber genug Platz für alle, moderne sanitäre Anlagen und ein gutes Restaurant.

Nidos kempingas
€€€ | Taikos gatvė 45A | Nida
Tel. +370 68 24 11 50 | kempingas.lt
GPS 55.3003548, 20.9846605
▶ Größe: 100 Stellplätze, 14 DZ und Apartments
▶ Ausstattung: Sauna, Hallenbad, Tennis- und Basketballplatz, Fahrradverleih

Rundherum sorglos

Hier gibt es alles, was das Herz eines Campers begehrt: genügend Stellplätze mit und ohne Bäumen, einen schön gestalteten Spielplatz für Kinder, einen eigenen Zugang zum wunderbaren Sandstrand und ein Restaurant mit leckeren Gerichten und Bieren bis spätabend auf der nagelneu eingerichteten, riesigen Terrasse. Wenige Autominuten vor Liepāja, wenn man aus Richtung Litauen kommt.

Camping Vērbeļnieki
€€ | Nīca | verbelnieki.lv/
GPS 56.3457867, 21.0657091
▶ Größe: ca. 100 Stellplätze; 5 komplett ausgestattete Gästehäuser
▶ Ausstattung: Sauna, Jacuzzi, Hot Tub

Für Genießer und Romantiker

Natur pur – nirgendwo ist diese Redewendung so wahr wie bei diesem kleinen Platz beim Dorf Ziemupe bei Liepāja. Um herzukommen, müsst ihr und eurer Gefährt nur stark sein und gut 15 km auf einer ordentlichen Schotterpiste aushalten. Kein Strom oder Abwasser, aber Dusche und WC, Feuerstellen und ein Spielplatz. Dazu vollkommene Ruhe und ein platz-

Auf dem Camping Mikelbāka gibt's Wiesen satt mit Stellplätzen direkt beim Strand

Der einzige offizielle Campingplatz auf der Kurischen Nehrung befindet sich in Nida

eigener, direkter Zugang zu einem absoluten Traumstrand. Die sympathische Besitzerin spricht Deutsch.

Kempingas Kaleji

€€ | Ziemupe | Tel. +371 29 14 13 89
piejuras.lv/lv/naktsmitnes/kempings-kaleji-2887
GPS 56.7490375, 21.0776016

▶ Größe: ca. 15 Stellplätze

Im Auge des Wasserfalls

Dieses kleine, hübsche Fleckchen Erde liegt direkt am breitesten Wasserfall Europas. Sehr sympathische Besitzer, alles liebevoll und urig gestaltet, die sanitären Anlagen sind gut und das Bad im Wasserfall ja sowieso nur eine Gehminute entfernt. Bloß die Zufahrt ist ein bisschen tricky: unter der Brücke hindurch über einen Feldweg – am besten erst einmal auf dem großen Parkplatz oben halten und mit dem Chef über Anfahrt und Stellplatz reden. Eine Reservierung ist wärmstens zu empfehlen, denn der Platz ist idyllisch, aber klein. Abends werden große Lagerfeuer angezündet.

Ventas Rumba

€ | Viesu nams Ventas Rumba | Kuldīga
Tel. +371 26 37 76 83 | ventasrumba.lv
GPS 56.9694558, 21.9802229

▶ Größe: ca. 5 Stellplätze, Gästezimmer

Camping am Traumstrand

Seit 15 Jahren betreibt der sympathische Martins Botters seinen großen Platz in der herrlichen Einsamkeit unter dem Leuchtturm Miķeļbāka am Kap Kolka. Weil es weit und breit keinen Laden und kein Restaurant gibt, bietet er seinen Gästen auch den ganzen Tag einfache Speisen und kühles Bier zum Kauf. Große, saftige Wiesen ziehen sich bis zum eigenen Zugang zum herrlichen Sandstrand.

Camping Miķeļbāka

€ | Miķeltornis
Tel. +371 27 88 44 38 | mikelbaka.lv
GPS 57.597457, 21.964633

▶ Größe: ca. 30 Stellplätze, 8 Holzhütten, 6 Häuschen
▶ Ausstattung: Vermietung von Grillausrüstung, Brennholzverkauf, Dusche und WC, Strom, Abwasserentsorgung

Kulinarisches am Wegesrand

Litauen & Lettland: Von der Kurischen Nehrung zum Kap Kolka

Herrliche Sommeratmo

Das **Zuikio daržas** ist der perfekte Ort für einen gemütlichen Sommerabend an der Ostsee in Nida. Gute Biere, dazu Salate und ein paar kreative Pizzavariationen, entspannte Hippieatmosphäre mit guten Vibes und lockerer Musik. *Infos: Nidos-smiltynes 7A | Nida | Facebook: Zuikio darzas*

Perfekt für Mondaufgang und Haffblick

Das einfache, nur im Sommer geöffnete Lokal **Lyra** ist schon für die traumhafte Aussicht aufs Kurische Haff einen Besuch wert und toll für eine gemütliche, ausgedehnte Pause. Besonders lecker sind die Fischgerichte. Alle Speisen werden frisch zubereitet. *Infos: Preilos gatvė 23 | Preila | Tel. +370 46955105 | €*

Gemütliche Hinterhofromantik

Das **Roma Restorāns** ist ein erstklassiges Lokal in einem stilvollen, gemütlichen backsteinernen Hinterhof der winzigen Altstadt von Liepāja. Freundliche und gut gelaunte Bedienung, dazu raffiniert zusammengestellte und tiptop schmeckende Speisen. Auch die Weine, der Kaffee und die Desserts (Käsekuchen!) sind ohne Tadel. *Infos: Zivju iela 3 | Liepāja | Facebook: Roma Restorans*

Marktbesuch

Der **Pētertirgus (Petermarkt)** ist eine echte Institution. Auf dem ganzen Platz bieten die Bauern und Blumenhändler aus Liepāja und Umgebung ihre Waren an – besonders Fisch. Am schönsten ist die alte Markthalle. Übrigens: Die Händler sind fast alle russischsprachig. *Infos: Pētertirgus | Rakstvežu iela 7 | Liepāja*

Hausgemachte *semla* oder *vastlakukkel* werden in vielen baltischen Cafés angeboten

Die gefüllten „Zeppeline" (cepelinai) sind das Leibgericht der meisten Litauer

Im Schlaraffenland

Das urgemütliche, kleine Café **The Marmelade – Cake & Coffee** in einem alten Holzhaus im Herzen der Stadt ist auf Kuldīgas kulinarischer Landkarte nicht wegzudenken! Superfreundliche Besitzer, die ihren Job lieben und eine einmalige Kaffee- und Kuchenauswahl bieten. Verpasst beim Rausgehen auf keinen Fall die kleine Konditoreiecke, wo ihr euch mit ein paar süßen Stärkungen für unterwegs eindecken könnt. *Infos: Pasta iela 5 | Kuldīga*

Mehr als Feierabendbierchen

Im historischen Ortskern von Kuldīga hat das **Pagrabiņš** eine besonders schöne Terrasse direkt über dem gemütlich dahinziehenden Flüsschen Alekšupīte. Bis spät abends der perfekte Ort für ein Bierchen oder auch traditionelles Essen mit modernem Touch (z. B. Sojahühnchen). Auch gutes vegetarisches Angebot. *Infos: Baznīcas iela 5 | Kuldīga | pagrabins.lv*

Super: ein Markt!

Selten ist ein kleiner **Supermarkt** so notwendig wie dieser hier im Dorf Kolka. Wenn nach Tagen an der einsamen Westküste die Vorräte schwinden, kann man sie hier endlich wieder aufstocken mit Lebensmitteln und allerlei Haushaltswaren. *Infos: Rūtas | Kolka*

Ein süßes Päuschen

Zwischen den Dörfern Aizklāņi und Melnsilns, wenige Kilometer südlich von Kolka an der Rigaer Bucht, ist das **Smilšu krupīts** der perfekte Ort für eine Kaffeepause mit Kuchen, Eis oder auch süßen Waffeln. *Infos: Kolka*

Dschungel, Strand & Baltische Kapitale

Lettland: Einmal komplett um die Rigaer Bucht

Strecke & Dauer

- Strecke: 371,5 km
- Reine Fahrzeit: 5 Std. 30 Min.
- Streckenprofil: So gut wie alle Straßen sind asphaltiert, nur einige kurze Zufahrten, etwa zu Campingplätzen und entlang der Strände, aus Sand oder Schotter. Besonders im Gauja-Nationalpark gleicht der Asphalt aber vielerorts noch immer einem Flickenteppich.
- Empfohlene Dauer: 7–8 Tage

Was dich erwartet

Diese Mischung macht's: Die Strände der Rigaer Bucht und des Hauptstadt-Badeortes Jūrmala sind wie gemacht für Schwimmer, Sandburgen-Bauer, Beachvolleyballspieler, Sonnenanbeter und Drachenflieger. Der grüne Dschungel des Gauja-Nationalparks ist dagegen geradezu geschaffen für Paddler, Wanderer und Radler – ergänzt durch einige tolle Burgen und Städtchen.
Und mittendrin ist da auch noch die quirlige, aufregende, fröhliche und unangefochtene Kapitale des Baltikums – Riga.

1 Kap Kolka

22 km

Wer Natur und insbesondere das Meer liebt, findet das definitiv am oft menschenleeren **1 Kap Kolka** *(s. S. 123), wo sich die Wasser der offenen Ostsee mit denen der Rigaer Bucht vermischen. An diesem traumhaften Fleckchen Erde kannst du auf dem breiten Sandstrand wunderbar entspannen und dem Wellenschlag lauschen. Hier ist der turning point. Jetzt geht es auf der Straße 131 entlang der Rigaer Bucht wieder Richtung Süden. In dieser Gegend sind die Strände zwar sehr hübsch, aber eher steinig, was ein ungetrübtes Strandfeeling etwas stört. Kurz vor dem Dorf Gipka türmt sich direkt neben der Durchfahrtstraße die große Weiße Düne (Baltā kāpa) auf.*

Offene Ostsee meets Bucht von Riga am Strand von Kolkarags

Mitten im Kiefernwald

Lasst euer Fahrzeug auf dem zugehörigen Parkplatz stehen und lauft den ausgeschilderten Rundweg rauf und runter über die ❷ **Weiße Düne (Baltā kāpa).** Das Witzige an ihr ist die Lage mitten im Wald und nicht in direkter Strandnähe. Länger als eine halbe Stunde dauert es nicht.

Fahrt weiter die 131, biegt an der Stichstraße nach Mērsrags bei der Beschilderung „Mērsraga bāka" (Leuchtturm) links ab und fahrt am Campingplatz vorbei bis ganz ans Ende.

Wo der Nebel über den Steinen aufsteigt

Einer der schönsten Flecken auf dieser Seite der Rigaer Bucht ist die kleine ❸ **Landspitze von Mērsrags.** Neben dem weißen Leuchtturm wurde ein kleiner Strand mit schönem Zugang für Besucher eingerichtet. Abends steigt hier oft sehr stimmungsvoll ein wenig Nebel über den Steinen auf. Direkt an der Stichstraße nach Mersrags gelegen ist der Campingplatz Saules Kempings die beste und ruhigste Wahl in der gesamten Umgebung (*Bakas iela 28 | Mersrags | sauleskempings.lv*). Es gibt genug Platz und auch acht Holzhütten ohne Bad und Küche werden vermietet. Hunde sind erlaubt. Der Leuchtturm mit Strand liegt eine Viertelstunde Spaziergang bzw. zwei Autominuten entfernt.

❷ **Weiße Düne**

42 km

❸ **Landspitze von Mērsrags**

41 km

Estland, Lettland & Litauen

Lettland: Einmal komplett um die Rigaer Bucht

Hinter dem Dörfchen Abragciems (GPS 57.177346, 23.217418) biegt ihr von der 131 rechts nach Rideļi ab und fahrt 8 km geradeaus.

Lettisches Pfannkuchenglück

Das großartige Lokal  **Kafejnīca Cope** gehört zur Wassermühle von Rideļi *(Rideļu Dzirnavas | Engure, Dorf Rideļi | rideludzirnavas.lv)*. Hier sind Pfannkuchen aller Art die Spezialität des Hauses. Wähle am besten erst einen herzhaften Pfannkuchen und dann einen süßen als Nachspeise. Dazu einen leckeren Kaffee – Perfektion! Und dann noch diese herrliche Terrasse an einem kleinen See. Für eine längere Pause kann man sich auch ein Kajak mieten und etwas umherpaddeln.

Kurz hinter dem Dorf Kesterciems geht es von der Straße 131 links auf die Straße 128 in Richtung Jūrmala. Der Weg führt jetzt die ganze Zeit sehr nah an der Küste entlang durch den kleinen Ķemeri-Nationalpark bis nach Jūrmala. Jūrmala ist eine Zusammenwürfelung mehrerer Dörfer, jedes besitzt eine eigene Bahnstation. Schilder weisen darauf hin, dass die Einfahrt nach Jūrmala von April bis September nicht umsonst ist. Man fährt rechts ran und zieht aus einer Art Parkautomat ein Tagesticket. Das Autokennzeichen wurde registriert, und man kann also jederzeit auch elektronisch überprüft werden. Dafür sind alle städtischen Parkplätze in ganz Jūrmala kostenlos.

Der einzige offizielle Kurort des Landes

Der schönste Ortsteil von ⑤ **Jūrmala** ist **Majori** mit seiner Fußgängerzone Jomas iela und den nach links abbiegenden Sträßchen in Richtung Strand, viele von ihnen mit sehr hübschen und edlen alten Villen bestückt. In der Sommersaison sind die Straßen hier voll von

④ Kafejnīca Cope

43 km

⑤ Jūrmala

38 km

Mit dem Blick auf einen kleinen See kannst du im Windmühlencafé von Rideļi entspannen

Der Badeort Jūrmala grenzt direkt an die Hauptstadt – im Sommer wird's auch am Strand voll

flanierenden Urlaubern, sehr viele davon aus Russland. Schon zu Sowjetzeiten galt Jūrmala als etwas ganz Feines für einen Kururlaub, auch wenn es den jetzt allgegenwärtigen Begriff „Spa" damals noch nicht gab. Die Tirgonu iela führt geradewegs auf die Ostsee zu, wo euch die Bronzestatue einer großen Schildkröte begrüßt. Schnell ein Foto schießen, und der Strandtag kann beginnen!

Das traditionell-rustikale Lokal **Alus Krodziņš** liegt in einem der für Majori so typischen schicken Holzhäuser *(Jomas iela 64A | Jūrmala | Facebook: Aluskrodzins)*. Dem Namen nach eine Bierkneipe, aber es gibt auch eine Menge deftiger Gerichte. Besonders auf der Terrasse direkt an der Fußgängerzone Jomas iela sitzt es sich gemütlich.

Aus ganz Riga kommen viele Familien, um sich einen Fun-Nachmittag im großen, modernen Wasserpark **Livu Akvaparks** zu machen *(Viestura iela 24 | Jūrmala | akvaparks.lv)*. Dort, wo die Durchfahrtstraße schon fast Jūrmala verlässt, direkt vor der Brücke über den Fluss Lielupe, hat sich dieses Spaßbad eingenistet. Traut euch: Zwei große Rutschen sowie ein Sprung über eine gesamte Etage in ein sehr tiefes Becken sorgen für das Adrenalin – allerdings ist der Spaß nicht billig.

Über die Brücke geht es aus Jūrmala hinaus und ohne abzubiegen auf die A10 nach Riga. Von hier sind es noch etwa 19 km bis ins Zentrum der lettischen Hauptstadt, immer der Nase nach auf der A10. Man gelangt automatisch auf die Brücke Vansu tilts und damit direkt ins Herz von Riga.

LETTLAND: EINMAL KOMPLETT UM DIE RIGAER BUCHT

Die Action-Metropole

Riga

13,5 km

Der erste Eindruck von ⑥ **Riga** für fast jeden Besucher: Hier ist ja richtig Leben in der Bude! Gerade im Sommer vibrieren die Straßen des Zentrums vom Gewusel der Einheimischen und der Touristen. Ruhe gibt's genug woanders. Wenn du also Lust hast auf ein bisschen Action, dann wirst du von dieser Stadt gleich aufgenommen wie ein alter Freund. Und natürlich kommt der große Betrieb nicht von ungefähr: Riga ist einfach eine wunderschöne Stadt. Parken kannst du am Riga Bus Terminal Car Park und neben den Zeppelin-Markthallen *(kostenpflichtiger Parkplatz/Parkautomat | GPS 56.944278, 24.111823 | Pragas iela 1 | Riga | autoosta.lv).*

Ein Highlight jagt im Alten Riga (Vecrīga) das nächste – UNESCO-Weltkulturerbe eben! Starte am **Rathausplatz** (Rātslaukums) mit dem Postkartenmotiv Schwarzhäupterhaus (Melngalvju nams). Das Herz der Altstadt schlägt in der Kaļķu iela, die vom Rathausplatz zum hübschen Livenplatz (Līvu laukums) führt. Zu den schönsten Gebäuden gehören das Katzenhaus (Kaķu nams, Meistaru iela), die aneinandergedrängten Fassaden der „Drei Brüder" (Trīs Brāļi, Mazā Pils iela) sowie die Kleine Gilde (Mazā Ģilde) und Große Gilde (Lielā ģilde), beide in der Amatu iela.

Der kürzeste Weg aus Riga hinaus ist die berühmteste aller Hauptstadtstraßen: Brivibas iela, die Freiheitsstraße, die direkt beim großen Freiheitsdenkmal am Rande der Altstadt beginnt, später Brivibas gatve, dann A2 heißt und euch an den Stadtrand führt.

Gut beschirmt auf dem Livenplatz mitten in der aufregenden Rigaer Altstadt relaxen

Auf dem internationalen Marathon kann man Riga auf eine ganz besondere Weise entdecken

Wie anno dazumal: Mühlen, Kornspeicher und Werkstätten

Bevor ihr Riga nun völlig den Rücken kehrt, heißt es aber noch einmal: die Laufschuhe schnüren. Am riesigen See Juglas ezers, direkt an der Stadtgrenze dieser baltischen Metropole, ist das ❼ **Ethnographische Freilichtmuseum Lettland (Latvijas Etnogrāfiskais brīvdabas muzejs)** ein absolutes Must-see *(brivdabasmuzejs.lv)*! Auf dem riesigen Gelände am weiten **Juglas-See** sind kilometerlange Spazierwege ausgewiesen. Unterwegs bekommst du die bestmögliche Geschichtsstunde: konkret, charmant und lebendig. Zwei bis drei Stunden vergehen wie im Flug. Ein großer Parkplatz liegt direkt vor dem Eingang.

Die A2 bringt euch nun direkt zum Gauja-Nationalpark. Fast 20 Jahre hat es gedauert, bevor der Flickenteppich auf dieser doch recht wichtigen Strecke endlich glattem Asphalt gewichen ist. Jetzt sind die Bauarbeiten beendet und die Fahrbahndecke ist erneuert. Mit Sigulda ist dann auch schon das erste wichtige Ziel im Nationalpark erreicht.

Alte Burgen und flotte Kanus

Du paddelst im Kanu so vor dich hin, genießt den gewundenen, von saftigem Grün umgebenen Wasserweg der Gauja im ❽ **Gauja-Nationalpark** – der Klassiker ist eine Kanutour von Cēsis nach Sigulda. Ein guter Startpunkt ist der Campingplatz Žagarkalns

❼ Ethnographisches Freilichtmuseum Lettland

88 km

❽ Gauja-Nationalpark

14 km

Estland, Lettland & Litauen

Lettland: Einmal komplett um die Rigaer Bucht

(S. 136), der eine Menge Paddelboote hat und euch in Sigulda (38 Flusskilometer, kürzere Strecke auch möglich) wieder abholt *(zagarkalns.lv)*.

Und plötzlich siehst du oben auf einem noch fernen Hügel die roten Türme der romantischen **Burg Turaida.** Die berühmteste Burg Lettlands hat mit ihren roten Türmchen und der Lage hoch oben auf einem Hügel etwas Märchenhaftes. Vom Turm schaust du auf die liebliche Landschaft *(Turaidas pils, Gūtmaņa ala | Turaidas iela 10 | Sigulda | turaida-muzejs.lv | GPS 57.176957, 24.842255)*. Diese Bilder bleiben dir garantiert in Erinnerung. Und die gibt es nur im Gauja-Nationalpark, dem wichtigsten und schönsten des ganzen Landes.

Aus Cēsis rumpelt ihr jetzt über kleinere asphaltierte Straßen in Richtung Küste, erst auf der P14 bis Stalbe, dann vorbei am Ungurs-See.

● **Herrenhaus Ungurmuiža**

70 km

Ein architektonisches Schmuckstück

Auf der Höhe des Ungurs-Sees kommt ihr an einer ganz besonderen Perle rechts der Straße vorbei: dem alten ● **Herrenhaus Ungurmuiža** mit deutscher Geschichte *(Unguri | ungurmuiza.lv)*. Das schön renovierte Gebäude mit der markanten großen Uhr auf der Fassade stampfte die baltendeutsche Adelsfamilie des Baron von Campenhausen im 18. Jh. aus dem Boden und nannte es Gutshof Orellen. Besonders die Wandmalereien im Inneren sind sehenswert. Gleich neben dem Herrenhaus bietet ein gemütliches, stimmungsvolles Restaurant klassische Speisen nach alten Rezepten, aus regionalen und saisonalen Zutaten *(etwa 1 km vom Herrenhaus, von Straße 14 ausgeschildert)*.

Die rötlichen Felsen von Klintis an der Rigaer Bucht bilden die Kulisse für herrliches Strandvergnügen

Majestätisch erhebt sich die romantische Burg Turaida über dem Gauja-Fluss

Weiter geht es auf der Straße 14 bis zu ihrem Ende in Stalbe und dort links auf die A3 bis kurz vor Straupe, kurz danach rechts querfeldein durch die lettische Wildnis über die winzigen Dörfer Zvaigznes, Ledurga und Vidrizi. Ledurga ist in Straupe ausgeschildert. Teile dieser kleinen Straße sind noch immer Schotterpisten, aber in ziemlich gutem Zustand. Das Erlebnis Schotterpiste gehört in Lettland hin und wieder einfach dazu. Über unseren Schleichweg ist die A1 dagegen deutlich schneller erreicht. Es handelt sich um die Via Baltica, die das gesamte Baltikum durchschneidet. Biege hier rechts ab, und du gelangst als nächstes in das Münchhausendorf Dunte.

Das Schöne kann so nah sein

❿ **Rigaer Bucht**

Von der Via Baltica sind es – je nach Standort – nur null bis 5 km zu den wirklich herrlichen Sandstränden der ❿ **Rigaer Bucht** – und dem größten Picknickplatz Lettlands. Das ist die Wahrheit und nichts als die Wahrheit, auch wenn der Lügenbaron Münchhausen aus dieser Gegend stammt und dementsprechend gebührend geehrt wird. Sein historisches Vorbild kommt aus dem Dörfchen **Dunte.** Grund genug für ein witziges Museum *(minhauzens.lv)* zu Ehren des Mannes, der einst angeblich auf einer Kanonenkugel durch die Lüfte ritt.

Die Rigaer Bucht kann man wunderbar erwandern: Am einfachsten beginnt eine Wanderung dort, wo die internationale Straße Via Baltica direkt an den Strand heranführt. Lauft vom Parkplatz erst ein Stückchen am Strand entlang nach Süden und nehmt die Dorfstraße Meleku ceļš, die sich immer an der Küste entlang weiter von der Via Baltica entfernt und schließlich das Camping Klintis (S. 137) mit den roten Sandsteinfelsen erreicht *(Anfahrt: an der A1, knapp 16 km südlich von Salacgrīva; Parkplatz: Vitrupes stāvlaukums).*

Estland, Lettland & Litauen

Campingplätze am Wegesrand

Lettland: Einmal komplett um die Rigaer Bucht

Hübsch und vor der Stadt

Ein paar Kilometer außerhalb von Riga, aber überraschend grün und entspannt – ein schöner Gegensatz zum wilden Treiben der Hauptstadt. Es wird nur Barzahlung akzeptiert, und die Englischkenntnisse der Besitzer könnten besser sein, dafür gibt's aber viel Platz.

Camping Musu draugiem
€€ | Ziedkalnu iela 12 | Jaunmārupe
Tel. +371 29 39 74 28 | camping-riga.com
GPS 56.873087, 23.917690
▶ **Größe:** viele Stellplätze
▶ **Ausstattung:** Spielplatz, Dusche, WC, Küche, Strom

Die pure Idylle

Einer der besten Plätze weit und breit. Inmitten der wunderbaren Hügellandschaft rund um Cēsis könnte dieser Camping am See mit eigenem Ministrand nicht idyllischer gelegen sein.

Stelle Bus oder Womo auf dem Rasen oder auf speziell gebauten Plattformen ab und spring direkt ins kühle Nass. Superfreundliche Besitzer, WLAN auf dem gesamten, sehr gepflegten Gelände. Boots- und Fahrradverleih. Küche und Sanitäranlagen tiptop.

Kempings Apaļkalns
€€ | Apaļkalns
Tel. +371 29 44 81 88 | apalkalns.lv
GPS 57.318283, 25.147957
▶ **Größe:** ca. 80 Stellplätze, einige Ferienhäuser- und Campinghäuser, Wigwams
▶ **Ausstattung:** Strom, Wassernachfüllstation, Tische mit Bänken, Grill- und Feuerstelle

Ideal für Wassersportler

Am Ortsrand von Cēsis am Ufer der Gauja gelegen spezialisiert sich dieser Campingplatz auf Kanu- und Floßtouren, verleiht aber auch SUPs. Aber er bietet sich auch an für die ganz ruhige Kugel, etwa abends beim Lagerfeuer

Stellplätze mit Westblick direkt am Strand hat der Camping Jūrasdzeņi

Auf dem Camping Žagarkalns springst du morgens aus dem Bus fast direkt ins Wasser

oder tagsüber beim Beachvolleyball. Tolle Basis auch für Wanderungen, an der Einfahrt zum Camping wurde ein kleiner Spazierweg auf Holzstegen durch den Sumpf angelegt. Oder du leihst dir ein Fahrrad und erkundest die Umgebung.

Žagarkalns

€€ | Mūrlejas iela 12 | Cēsis
Tel. +371 26 26 62 66 | zagarkalns.lv
GPS 57.306579855537, 25.221240520477

▸ **Größe:** ca. 50 Stellplätze, Ferienhaus mit Sauna
▸ **Ausstattung:** keine Chemie-WC-Entsorgung Wasserauffüllstation, Dusche und WC

Sommer, Sonne, Ruhe, Platz

Der romantischste Campingplatz an der Rigaer Bucht. 5 km abseits der Via Baltica direkt an der sanften Steilküste, mit Nadelwald, Wiesen, solide eingerichteten Picknick- und Grillplätzen, Restaurant, Café und Logenplatz für jeden Sonnenuntergang. Auch die sanitären Einrichtungen sind top.

Klintis kemping

€€ | Klintis Kemping | Klintis
Tel. +371 27 85 24 76 | klintis.lv
GPS 57.579321499999, 24.3661294

▸ **Größe:** ca. 100 Stellplätze, Ferienhäuser

Sunset-Camping

Dieser Platz liegt so schön, wenige Meter erhöht über dem Strand, dass du buchstäblich mit einem Drink in der Hand von deinem Stellplatz aus einen Panorama-Sonnenuntergang bewunderst. Auch sonst gibt es hier alles. Tipp: Frage nach den Womo-Stellplätzen auf der betonierten Plattform bei der campingeigenen Restaurant-Bar direkt am Strand. Du kannst auch ein Kajak leihen.

Jūrasdzeņi

€€ | Jūras iela 10 | Tūja
Tel. +371 26 55 05 74 | jurasdzeni.lv
GPS 57.4901, 24.3840

▸ **Größe:** ca. 50 Stellplätze, Ferienhäuser

Estland, Lettland & Litauen

Kulinarisches am Wegesrand

Lettland: Einmal komplett um die Rigaer Bucht

Aus Tradition gut

Das wiedereröffnete legendäre **Restaurans Jūra**, das in Jurmala in den 1930er-Jahren beliebt war, macht seiner maritim-orientalischen Tradition alle Ehre: ein paar Schritte vom Strand entfernt mit gemütlichem und farbenfrohem Innenbereich. Auf der umfangreichen Speisekarte nehmen natürlich Fisch und Meeresprodukte einen besonderen Platz ein, aber auch die große Auswahl an Fleisch- und Gemüsegerichten ist nicht zu verachten. Zubereitet werden die Gerichte nach alten und neuen Rezepten sowohl am offenen Feuer als auch im Wok. *Infos: Dzintaru prospect 2 | Jurmala | restoran-orient.lv | €€*

Kaffee trinken hilft

Nirgendwo schmeckt der Kaffee besser als beim kleinen Büdchen von **KURTS Coffee** in Riga. Dazu ist die gute Laune der Baristas einfach ansteckend. Außerdem gibt es noch leckere Früchte-Bowls und Smoothie-Kreationen. *Infos: Krišjāņa Barona iela 78A | Riga | Facebook: Kurts coffee | €*

Selbstbedienung gefragt

LIDO-Läden gibt's mehrfach in Riga, und sie machen immer Spaß. Die meisten Speisen – von lettischen Klassikern bis zu einer großen Auswahl an Salaten – platziert man sich an einer langen Theken einfach selbst auf dem Teller. Aber auch als Bierkneipe funktioniert das **Alus sēta** hervorragend. *Infos: Tirgoņu iela 6 | Riga | lido.lv*

Kein Katzenjammer

Im „Katzenhaus-Café" **Kafejnīca Kaķu maja** mitten im Stadtzentrum von Sigulda kommen

Die traditionelle kalte Rote-Beete-Suppe *chłodnik* (*šaltibarščiai*) mit Kefir, Gurke, Eiern und Dill wird gerne im Sommer serviert

Im legendären Restaurans Jūra in Jurmala werden die Gerichte frisch in der offenen Küche zubereitet

auf einer gemütlichen Terrasse oder im schön hergerichteten Inneren hausgemachte, gutbürgerlich-lettische Gerichte auf den Tisch. Und die hauseigene Bäckerei-Konditorei verkauft hier auch ihre kleinen Köstlichkeiten, denen man kaum widerstehen kann. *Infos: Pils iela 8A | Sigulda | cathouse.lv*

Eine schöne Zeit verbringen

Auf dem Gelände des sehr sympathischen Familienkletterparks Tīklu parks in Līgatne im Gauja-Nationalpark gibt es auch ein kleines Hotel sowie das Restaurant-Café **Zeit.** Modern und doch rustikal mit viel Holz gestaltet – ausgesprochen kinderfreundlich – ideal für eine ausgedehnte Essens- oder Kaffeepause zum Beispiel nach einer anstrengenden Kletterpartie oder nach dem Kanuausflug. Immer wieder auch mit Livemusik (meist Gitarre) auf der Terrasse. *Infos: Gaujas iela 4 | Līgatne | en.tikluparks.lv/*

Findling in Sicht

Dieser Ort ist Übernachtung, Sehenswürdigkeit und Restaurant in einem: **Laučuakmens** in der Rigaer Bucht. Der Campingplatz ist hübsch, vor allem, weil unten am Strand ein riesiger Findling zu bestaunen ist. Außergewöhnlich schick und lecker kann man hier auch essen – natürlich mit Blick auf Sand, Meer und Stein. *Infos: Laučuakmens | Lauči | laucuakmens.lv | €€*

Schickster Supermarkt der ganzen Rigaer Bucht

Mit seiner raffinierten Holzfassade macht der **Top Supermarkt** nicht nur von außen etwas her, sondern ist zudem auch bestens sortiert. Perfekt zum Auffüllen eurer Vorratskammern, bevor ihr Lettland verlasst. Viele Esten kommen extra über die Grenze, um hier einzukaufen. *Infos: Rīgas iela 13 | Salacgrīva | tgl. 8–22 Uhr*

Tiefe Provinz & Coole Hauptstadt

Estland: Von Tallinn zum lettischen Razna-See

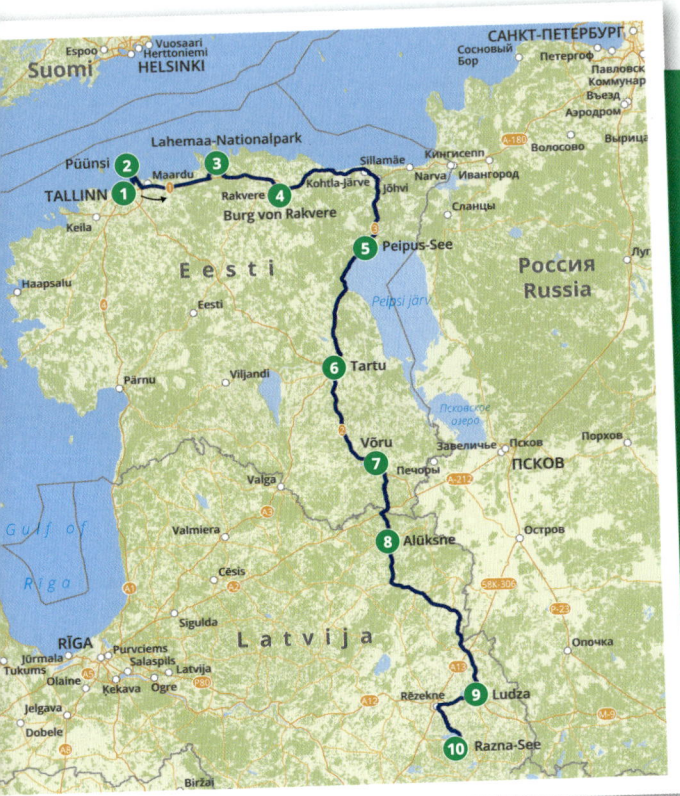

Strecke & Dauer

- Strecke: 615 km
- Reine Fahrzeit: 9 Std.
- Streckenprofil: Asphaltstraßen, teilweise hochmodern, teilweise ein wenig Flickenteppich – besonders im letzten, lettischen Abschnitt. Insgesamt aber sehr gut ausgebaut. Im Nationalpark meist gute Asphaltstraßen, einige wenige Zufahrten zu Buchten etc. Erde oder Schotter.
- Empfohlene Dauer: 8–9 Tage

Was dich erwartet

Gleich zu Beginn der Tour steht jedenfalls ein Highlight: Tallinn ist eine der hübschesten und sympathischsten, aber auch coolsten Städte Europas. Der Lahemaa-Nationalpark ist dann das absolute Kontrastprogramm mit Buchten, Häfen, Stränden, ein paar Palästen und viel, viel Natur. Bei der imposanten Burg in Rakvere biegt ihr scharf nach Süden ab mit zwei sehr sehenswerten, größeren Provinzstädten unterwegs – eine auf estnischer und eine auf lettischer Seite.

Die sympathische Mini-Metropole

① Tallinn

17 km

Ihr habt keine Lust, mit Bus und Womo in der Großstadt herumzugondeln und wollt ① Tallinn lieber weiträumig umfahren? Keine Chance! Dafür ist es einfach viel zu schön und viel zu freundlich hier: eine Altstadt wie keine andere, das beste Museum des Baltikums, die großen Pötte und Fähren im Hafen und ein angesagter, junger Stadtteil gleich hinterm Bahnhof. Tallinn hat Spaß an sich selbst, und ihr seid eingeladen mitzumachen! Vom von den Tallinnern liebevoll „Paks Margareeta" oder „Dicke Margarethe" genannten massiven Stadtturm aus dem 16. Jh. gibt's einen tollen Ausblick von der Aussichtsplattform.

Überraschung: Hinter der historischen Kulisse von Tallinn tobt ein ziemlich modernes Leben

Diese **Altstadt** *(Vanalinn)* ist einfach nur wunderschön, sie platzt Tag und Nacht vor lauter Lebendigkeit mit Hunderten Lokalen, historischen Fassaden und buckligen Straßen. Flaniert einfach drauflos! Kern der Altstadt ist der historische Marktplatz Raekoja plats. Altstadt allein war den Tallinnern aber nicht genug. Darum hat die Old Town eine Unter- und eine Oberstadt. Ihr flaniert also durch die Gässchen, und plötzlich geht's steil bergan auf den Toompea-Hügel. Fast schon unnötig zu erwähnen: der Traumblick von oben.

Im alten **Wasserflughafen** *(Lennusadam Seaplane Harbour)* der Hauptstadt erwartet euch ein echter Knaller: das riesige U-Boot EML Lembit von 1936, 75 Jahre lang im Einsatz. Jetzt wurde die große Halle quasi drumherum gebaut, und ihr könnt den Stolz der estnischen Marine von oben, unten, rechts, links, vorn, hinten und natürlich auch von innen bestaunen. Und im Hafen könnt ihr noch ein paar Boote entern und besichtigen *(Lennusadam Seaplane Harbour | Vesilennuki 6 | Tallinn | meremuuseum.ee)*.

Mit den Hipstern feiern kannst du in **Kalamaja.** Hier gibt's nicht nur ein paar Straßen mit hübschen historischen Holzhäuschen, sondern vor allem ist in den alten Industrie- und Fabrikhallen gleich auf der anderen Seite der Gleise ein komplett neuer, alternativer und richtig cooler Stadtteil entstanden: Clubs, Restaurants, Cafés, Kneipen – vor alter Kulisse und doch frisch, jung und stylish! Rund um das Kulturzentrum Telliskivi Creative City gibt's Galerien, Food Trucks,

Estland, Lettland & Litauen

Die Altstadt von Tallinn gibt's sogar auf zwei Ebenen: Ober- und Unterstadt

ESTLAND: VON TALLINN ZUM LETTISCHEN RAZNA-SEE

spannende Graffiti und alternative Lebensart *(zwischen den Straßen Telliskivi und Kopli sowie den Bahngleisen gelegen)*.

Aus dem Zentrum Tallinns hinaus bringen euch die Straßen Reidi tee, dann Pirita tee und Merivälja tee – immer schön an der Tallinner Bucht entlang. Schließlich heißt es Ranna tee und geht in die Straße 250 über. Biegt von dort links in die 251 ab. Diese endet oberhalb von Püünsi, ganz am Nordzipfel der Halbinsel über der Hauptstadt.

Wassersport-Wochenende vor den Toren von Tallinn

Sicher, weiter östlich im Lahemaa-Nationalpark ist es noch einsamer und größer, aber schaut mal, wie die Tallinner sich ein ruhiges Wochenende bereiten. Die ❷ **Landspitze Püünsi** nördlich der Hauptstadt ist Sammelpunkt Nummer eins für Surfer, Kitesurfer und Drachensteigenlasser. Ganz am Ende, vom Jachthafen Oti sadam, seht ihr die hübsche **Insel Aegna,** den perfekten Spot für einen Strandnachmittag. Sogar Umkleidekabinen gibt's, dafür aber keinen Handyempfang. Wenn ihr nicht gerade per Anhalter übersetzt, dann geht es auch von Tallinn aus mit dem Schiff Vesta *(Kalasadama | veeteed.com)*. In der Ruine der alten Festung Peeter Suure merekindluse suurtükipatarei *(GPS 59.584009, 24.749364)* mitten in der wilden Einsamkeit der Insel Aegna macht ihr tolle Fotos mit Mystery-Touch.

Zurück fahrt ihr, wie ihr gekommen seid, biegt in Pirita aber links ab. Es geht vorbei am Tallinner Fernsehturm und dann rechts bis hinunter zur großen Straße 1 von Tallinn über Narwa ganz an der russischen Grenze bis St. Petersburg. Die Straße 1 – fast wie eine Autobahn, aber nicht ganz – bringt euch 40 km nach Osten, bis die Straße 85 links abzweigt und das Abenteuer Lahemaa beginnt.

Der beste Nationalpark des Landes

Der Nordzipfel von Estland hat es in sich. Denn oberhalb der großen Straße 1 nach Narwa und ins russische St. Petersburg ist die Zeit dankenswerterweise noch einmal ganz und gar stehen geblieben. Hier beginnt das Terretorium des ❸ **Lahemaa-Nationalparks.** Überall grünt es so grün – besonders auf den vier Fingern, den kleinen Halbinseln, die ins Wasser der Ostsee ragen. Es lohnt sich definitiv, einen nach dem anderen auf der Suche nach netten Spots am Wasser abzufahren. Es gibt Stege durch den Sumpf, alte Herrenhäuser, einsame Strände und Häfen und ja: sogar ein ungewöhnliches, überregional anerkanntes Kunstmuseum mit estnischen Gemälden aller Epochen *(Viinistu Kunstimuuseum | Viinistu | viinistu.ee)*. Großes Plus für Motorisierte: Fast alle Straßen sind geteert!

❷ Landspitze Püünsi	
	88 km
❸ Lahemaa-Nationalpark	
	35 km

Estland: Von Tallinn zum lettischen Razna-See

④ **Burg von Rakvere**

89 km

Diese Gegend von Estland hat ein Naturphänomen in petto, das es gar nicht mehr so oft zu bewundern gibt: Hochmoore, auch Regenmoore genannt. Sie speisen sich ausschließlich aus Niederschlägen. Um nicht wegzusacken, haben die Esten hier freundlicherweise mehrere schöne Holzbohlenwege gelegt. Die beste Strecke führt als sogenannter Lehrpfad durchs **Viru-Hochmoor** *(Rundweg 6 km, davon 3 über teilweise schmale Planken)*. Begegnungen mit anderen Spaziergängern werden zum Balanceakt, aber es macht Spaß. Und einen schönen Aussichtsturm gibt's auch *(loodusega koos.ee | nach „Viru Raba" suchen)*.

Nach dem Besuch des Nationalparks kommt ihr unweigerlich wieder hinaus auf die Schnellstraße 1. Nehmt sie in Richtung Osten, wo sie sich etwas von der Küste entfernt und schließlich Rakvere erreicht.

Von oben herab

Hoch auf einem Hügel thront die ④ **Burg von Rakvere** (Wesenberg) über dem kleinen Städtchen, in dem sonst nicht so viel zu sehen ist. Für den Besuch der massiven Festung *(Rakvere linnus | Vallimägi | Rakvere)* aus dem 13. Jh. parkt ihr am besten ganz unten und erklimmt zu Fuß die Stufen hinauf zur Ruine, die aber in weiten Teilen hervorragend erhalten ist. Mit etwas Glück erlebt ihr sogar Ritterspiele oder Vorführungen. Aber auch ihr könnt euch als Ritter verkleiden sowie Todeskammer, mittelalterliches Bordell, Kneipe oder auch Barbierstube begutachten. Mit Buchung im Voraus kann man selbst Töpfern und sich mittelalterliche Verzierungstechniken zeigen lassen.

Schweißtreibende Angelegenheit: die Burg von Rakvere zu Fuß zu erklimmen

Manchmal führen nur ganz schmale Stege durch den sumpfigen Lahemaa-Nationalpark

Nach den ganzen teutonischen und mittelalterlichen Eindrücken gönnt ihr euch ein Mittagessen im asiatischen Lokal **Bamboo Garden** (*Vallikraavi 6 | Rakvere*) direkt gegenüber dem Parkplatz – die hoch aufragende Burg von der Terrasse aus immer im Blick. Auch die chinesische und die Thai-Küche sind hier in guten Händen, aber die Köche sind Inder, also warum nicht *palak paneer* (vegetarisch) oder *murgh tikka masala* (Hühnchen) probieren?

Und erneut geht's auf die Straße 1 nach Osten, die sich wieder ganz dem finnischen Meerbusen annähert. Wo die Straße 1 fast das Wasser berührt, hat der hervorragende Campingplatz Mereoja (59.434585, 26.954603 | Uuskõrtsi, 43405 Kõrkküla | mereoja.eu | 60 Stellplätze mit Stromanschluss) eröffnet, für den einige sogar extra einen Umweg fahren. Zwar stehen Zelte, Womos und Busse im Hochsommer ziemlich eng beieinander, aber die Anlagen sind allesamt tipptopp, und direkt vom Platz aus führt eine Holztreppe hinunter zum Strand – ein Traum für Sonnenuntergangsjunkies! Noch ein Stückchen fährst du auf der Straße 1 nach Osten, aber nicht mehr ganz bis Narwa, sondern nimmst die Straße 3 rechts nach Süden Richtung Tartu. Erst einmal geht's aber am riesigen Peipus-See entlang.

❺ Peipus-See

88 km

Gemütlichkeit trifft Hafenleben

Die mächtigen Wasser des ❺ **Peipus-Sees,** siebenmal so groß wie der Bodensee, teilen sich Estland und Russland. Teilweise glaubt man, aufs Meer zu schauen. Leider gibt's nur wenige direkte

Estland: Von Tallinn zum lettischen Razna-See

Zugänge, meist kann man nur aus dem Boot heraus ins Wasser springen. Am Nordufer, im **Dorf Kauksi,** durch den die Straße 3 führt, findet ihr aber einen schönen, unbewachten Strand.

Die Straße 3 bringt euch zielsicher bis nach Tartu.

Provinz kann so schön sein

❻ Tartu

72 km

❼ Võru

55 km

Für viele liegt diese Stadt einfach nur auf der Strecke. Aber das muss ja nichts Schlechtes sein. Im Gegenteil: Es ist eine Chance, das charmante und sympathische ❻ **Tartu** ganz nebenbei für sich zu entdecken. Und je länger ihr hinschaut, desto mehr gibt es zu sehen: Da wäre eine höchst lebendige und grüne Innenstadt mit einem Spitzen-Kulturangebot und einigen so gar nicht verstaubten und langweiligen Top-Museen, wie zum Beispiel dem Estnischen Nationalmuseum. Hier wird die Geschichte dieses kleinen, stolzen Landes konkret und an den Menschen orientiert vermittelt. Du erfährst auf moderne und interaktive Weise viel über das wirkliche Leben vergangener Zeiten. Außerdem macht die Nähe zum großen Peipus-See die Provinzhauptstadt zu einem wichtigen Punkt auf der estnischen Landkarte.

Aus den Höhen des lettischen Nordens geht es nun endgültig zurück ins zentrale Baltikum – und zwar aus Tartu auf der Straße 2 bis Võru.

Mit Strand und allem drum und dran

Das kleine Städtchen ❼ **Võru** habt ihr recht schnell besichtigt, aber fahrt trotzdem nicht einfach daran vorbei. Der Marktplatz *(Võru linnaväljak)* ist ganz hübsch, und eine Art Spazierallee *(Katariina allee)*

Alūksne hat neben seinem Schloss auch noch einen See, Inseln, ein Bibelmuseum und eine Schmalspurbahn zu bieten

Tartu hat in den Augen und Ohren seiner Besucher einen guten Klang

führt euch in 10–15 Minuten zum hübschen Seeufer des Stadtgewässers Tamula järve hoiuala. Direkt an der ruhigen Spazierallee gelegen ist das Café Kohvik Taevas der ideale Ort für eine Verschnaufpause. Drinnen ist es rustikal, aber besonders die Terrasse macht Spaß: kreativ, bunt, angenehm gestaltet, mit viel Holz und unzähligen Pflanzen. Es gibt ein paar leckere Imbisse und Gerichte, aber auch für Kaffee, Smoothies oder einen Kuchen seid ihr hier goldrichtig gelandet *(Katariina allee 6B | Võru | Facebook: kohvik taevas | €)*.

So langsam geht's jetzt ins estnisch-lettische Grenzgebiet – mit nicht mehr allzu tollen Straßen. Die Straße 161 aus Võru nach Süden verläuft dafür aber durch den herrlich naturbelassenen Haanja-Landschaftspark. Schließlich erreicht ihr die Straße 7, in die ihr rechts einbiegt. Wenn ihr es nicht allzu rumpelig mögt, dann macht lieber keine Abkürzungen, sondern überquert auf der 7 die Grenze. Auf lettischer Seite heißt sie A2 und biegt dann links ab in die P39 bis Alūksne. Toll sind die Beläge in dieser etwas vergessenen Region selbst auf diesen größeren Straßen teilweise immer noch nicht. Aber es geht.

 **Alūksne**

129 km

Am großen See – jetzt in Lettland

Auch hier bewegen wir uns wieder in tiefster Provinz. Und wieder ist das ganz sicher nichts Negatives. Zugegeben: Aufregendes urbanes Leben werdet ihr in  **Alūksne** nicht finden. Dafür aber ein Schloss *(Alūksnes jaunā pils | Pils iela 74 | Alūksne | aluksnespils.lv)*, Stadtinseln im großen See, einen Tempelberg und sogar ein Bibelmuseum *(Ernsta Glika Bībeles muzejs | Pils iela 25A | Alūksne)*. Nein, wir sprechen nicht von Jerusalem, sondern von einer Stadt ganz oben in der nordöstlichen Ecke Lettlands, nahe an der russischen und estnischen Grenze, zu der noch nicht einmal eine glatte Asphaltstraße führt.

Estland: Von Tallinn zum lettischen Razna-See

Die einzige täglich aktive Schmalspurbahn des Baltikums (seit 2001) tuckert im historischen Zug durch liebliche Landschaften von Alūksne nach Gulbene – 33 km lang. An einigen Tagen fährt statt einer Diesel- eine Dampflok *(Gulbenes – Alūksnes Bānītis | Viestura iela 8 | Alūksne | tgl. zwei Züge | banitis.lv)*.

Jetzt heißt es, das in weiten Teilen sehr dünn besiedelte, einsame, mit seinen vielen kleinen und großen Seen oft auch wildromantische Ostlettland von Norden nach Süden zu durchqueren. Nehmt aus Alūksne die P43 in südlicher Richtung, dann links die P46 über Balvi und den Balvi-See und schließlich die P45 ganz nah an der russischen Grenze entlang. Mobile Daten im Smartphone ausschalten, denn hier schnappt man schon mal das russische Handynetz! In Kārsava überquert ihr die A13 von Daugavpils nach Pskov und St. Petersburg und fahrt auf der P49 weiter südlich bis Ludza.

 **Ludza**

42 km

Bunte Keramik aus Lettland

Das Städtchen **Ludza** liegt auf der Strecke von Riga nach Moskau. Dementsprechend fahren hier eine Menge Laster durch. Im Ortskern sind der kleine zentrale Platz mit der bunten russisch-orthodoxen Kirche und ein paar Schritte entfernt auf einem Hügel die katholische Kirche aber trotzdem einen Spaziergang wert. Die Gegend ist berühmt für ihre Keramik, meist dunkel oder schwarz gehalten. Aber es gibt auch bunte Varianten und Töpfer fast an jeder Ecke. Am schönsten könnt ihr euch das alles anschauen im Handwerkszentrum des Städtchens *(Ludzas amatnieku centrs |*

Das ostlettische Ludza ist vor allem für seine Handwerkskunst bekannt

Bootsausflüge und Wanderungen stehen beim Besuch des Nationalparks Razna-See auf dem Programm

Tālavijas 27A | Ludza). Es vertritt 100 Handwerker der Region. Ihr könnt Schneidern, Töpfern und anderen auf die Finger schauen oder euch auch einmal selbst versuchen. Vor allem aber könnt ihr euch im großen Laden aus einer reichen Auswahl an Töpferwaren bedienen, dazu gibt es hübsche Holz- und Stoffprodukte.

Dir knurrt der Magen nach all dem Handwerk? Das Kafejnīca Kristīne ist ein einfaches, typisch lettisches „Café", also mit voller Speisekarte. Hier gibt's Hausmannskost frisch zubereitet zu sehr günstigen Preisen *(Latgales iela 121 | Ludza | €)*.

Die große E22 nehmt ihr nun westlich bis zur Provinzhauptstadt Rēzekne, von dort die kleinere Straße P55 nach Süden. Sie führt ein Stückchen direkt am Rāzna-See *(Rāznas ezers)* entlang.

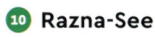 **Razna-See**

Eintauchen in eine naturbelassene Oase

Der ⑩ **Razna-See** hat sogar seinen eigenen Nationalpark *(Rāznas nacionālais parks)* und ist eine einzige große naturbelassene Oase. Wanderungen und Bootsausflüge sollten auf dem Programm stehen. Mit einer Gesamtfläche von 532 km² besteht der Nationalpark zu 14 Prozent aus Gewässern *(Rāznas iela | Lipuški | daba.gov.lv)*. Einen Stellplatz für die Nacht mit Grill- und Picknickplätzen sowie Trockentoilette findet ihr direkt am Ufer bei Burvīgā Rāzna.

CAMPINGPLÄTZE AM WEGESRAND

Estland: Von Tallinn zum lettischen Razna-See

Mitten in der lebendigen Hauptstadt

Im City Center Garden Camping ist nicht viel Platz, deswegen solltet ihr rechtzeitig reservieren. Die sanitäre Ausstattung ist einfach, aber mit Handtüchern. Und trotzdem wohnt es sich hier besser als auf anderen Campings von Tallinn: Gemütlich, zentral – und inmitten von Grün wacht man bei Vogelgezwitscher auf.

City Center Garden Camping
€ | *Videviku 30 | Tallinn*
Tel. +372 503 41 07
GPS 59.424709, 24.733891

▸ **Größe:** *ca. 10 Stellplätze*
▸ **Ausstattung:** *zwei Außenküchen mit Küchenutensilien, kostenloser Kaffee, Tee, Zucker, Öl, Wäscheservice*

Wo die Sonne aufgeht

Der Platz im RMK Purekkari telkimisala ist ein Traum. Es ist wieder einer dieser „wilden", aber doch offiziellen Zelt- und Stellplätze der estnischen Forstverwaltung und liegt direkt unter dem nördlichsten Punkt Estlands. Park- und Stellplätze sind gut auf vier Rädern zu erreichen, zu Fuß kann man dann noch weiter hochspazieren zur endgültigen Nordspitze. Im Sommer geht im Nordosten die Sonne auf. Feuerstellen, Feuerholz, gute, sogar rollstuhlgerechte Trockentoiletten gibt's hier gratis, eine sonstige Versorgung natürlich nicht.

RMK Purekkari telkimisala
€€-€€€ | *Pärispea*
Tel. +372 676 75 32 | loodusegakoos.ee
GPS 59.667546, 25.697457

Adel in Sicht!

Deutlich zivilisierter geht es auf dem Caravanplatz in direkter Nähe zum Gutshofkomplex von Palmse im Lahemaa Nationalpark zu. Die Stellplätze sind absolut in Ordnung, die sanitären Anlagen ebenfalls und die Betreuung durch die hilfsbereiten Gastgeber sehr freundlich.

Schlag dein Zelt im Lahemaa-Nationalpark auf und erlebe einen einmaligen Sonnenaufgang

Platz ohne Ende hat man auf den Campingplätzen in Estland

Das Beste: Zum Gelände gehört ein wirklich empfehlenswertes Restaurant. Fürs leibliche Wohl müsst ihr also nicht lange im Nationalpark umherirren, zumal Lebensmittelgeschäfte ja auch nicht gerade an jeder Ecke zu finden sind.

Lahemaa Kohvikann Restaurant, Accomodation & Caravan Park

€€ | *Sireti* | *Võsupere*
Tel. +372 53 87 77 29 | *kohvikann.com*
GPS 59.509336, 25.961144

▶ **Größe:** Stellplätze und Tiny Houses

Und still liegt der See

Vom mächtigen Peipus-See ist es per Auto nur ein erweiterter Katzensprung nach Tartu (40 km). Fast direkt am Ufer des Mammutgewässers liegt der Zelt- und Campingplatz Kolkja Puhkeküla. Hier kannst du richtig durchatmen. Wenn es richtig voll wird, muss man schon mal auf die Dusche warten, ansonsten ist alles einfach, aber völlig ausreichend. Ganz in der Nähe gibt es das sehr empfehlenswerte Restaurant Kolkja Kala-ja sibularestoran *(Facebook: Kolkja Kala-ja sibularestoran)*.

Kolkja Puhkeküla

Kolkja | *Kolkja Küla*
Tel. +372 56 94 19 21 | *kolkja.ee*
GPS 58.555471, 27.207126

▶ **Größe:** ca. 30 Stellplätze
▶ **Ausstattung:** Sauna, Picknickplatz, Spielplatz

All-inclusive-Camping

Jaunsētas bietet das komplette Paket: Der Platz liegt am Ufer des Stadtsees von Alūksne – ein schöner Spaziergang vom Camping über die Insel führt ins Zentrum. Mit eigenem Wasserzugang, vielen Stellplätzen, Holzhütten, Sauna, Bootsverleih, Spielplatz und dem großen rustikalen Restaurant Katrīnkrogs auf dem Gelände. Professionell geführt. Reserviert aber unbedingt im Voraus, denn manchmal ist es hier im Sommer ausgebucht, wenn etwa eine geschlossene Gesellschaft die freien Plätze blockiert.

Jaunsētas

€€-€€€ | *Jaunsētas* | *Alūksnes novads*
Tel. +371 28 65 06 00
GPS 57.441683, 27.052985

▶ **Größe:** ca. 60 Stellplätze

Kulinarisches am Wegesrand

Estland: Von Tallinn zum lettischen Razna-See

Frisches Bier und lokale Speisen

Im coolen Stadtteil Kalamaja von Tallinn sitzt es sich im **Humalakoda Pub Restaurant Brewery** abends drinnen wie draußen supergemütlich – ob bei einem selbstgebrauten Hausmarken-Bier oder einem ganzen Abendessen. *Infos: Kopli 1 | Tallinn | humalakoda.ee | €€*

In der magischen Café-Welt

Das **Café Maiasmokk** ist einer der Klassiker in der Tallinner Altstadt – und das zu Recht: Kaffee, Kuchen und die hauseigenen Marzipanprodukte sind jede, wirklich jede Sünde wert. Übrigens mit Selbstbedienung, also anstellen und dann die Köstlichkeiten an den Tisch mitnehmen. *Infos: Pikk 16 | Tallinn | kohvikmaiasmokk.ee | €€*

Stylish-alternativ, aber nicht wirklich günstig

Die Markthalle **Balti Jaama Turg** wurde mitten im hippen Tallinner Stadtteil Kalamaja völlig neu in die alte Industrielandschaft gesetzt. Außer frischem Fleisch, Fisch, Obst, Gemüse und Milchprodukten gibt's hübsche Läden und Boutiquen, kleine Lokale, Imbisse, Bäcker und Cafés. Und das Geschäft **mypet** hat feine Gourmet-Leckerli als Mitbringsel für Familie oder Freunde. *Infos: Kopli 1 | Tallinn | astri.ee/bjt*

Besondere Fischgerichte

Denselben Hafen, den das Kunstmuseum schmückt, bereichert auch das schicke Restaurant **Viinistu** mit exzellentem Essen, tollem Ausblick und sehr freundlichem Personal. Höhere Preisklasse für estnische Verhältnisse,

Heute bleibt die Campingküche kalt und du gönnst dir ein leckeres Fischgericht im Restaurant

Für den kleinen Hunger zwischendurch eignet sich ein traditionelles estisches Sandwich mit Baltischem Hering, Frühlingszwiebeln und Ei

aber doch bezahlbar. *Infos: Viinistu | viinistu.ee | €€–€€€*

Mit Sorgfalt und viel Liebe

Allein schon für den Namen hat dieses Lokal in Tartu einen Besuch verdient: **Kohvik Spargel.** Es kommt aber noch besser: Hausmannskost im besten Sinne mit ein paar mediterranen Akzenten. Alles frisch zubereitet. Dazu eine gemütliche Atmosphäre im Lokal mit toller Spielecke für Kinder. *Infos: Kalevi 13 | Tartu | spargel.ee | €€*

Wiener Gebäckspezialitäten seit 1895

Im über 100 Jahre alten Café-Restaurant-Klassiker **Werner** in Tartu genießt du Kuchen, Torten, Kaffee und heiße Schokolade – allesamt in top Qualität. Sogar ein paar herzhafte Speisen wie Quiche und Fischburger kommen auf den Tisch. *Infos: Ülikooli 11 | Tartu | werner.ee | €€*

Wir lieben, was wir tun

Das kleine, typisch lettische **Kafejnīca Gustiņš** bietet zu wirklich günstigen Preisen sehr anständige Hausmannskost in einfachem Ambiente. Mitten im Zentrum des kleinen Städtchens Alūksne. *Infos: Lielā Ezera iela 2 | Alūksne | Facebook: GustinsAluksne | €*

Mit Seeblick

In wunderschöner Lage an der Brücke vom Zentrum von Alūksne auf die Insel werden im **Kafejnīca Pie Martas** sehr leckere Speisen aufgetischt. Aber auch für eine Kaffeepause mit Kuchen seid ihr an der richtigen Stelle. Mit sehr schöner Terrasse. *Infos: Pilssalas iela 4 | Alūksne | Facebook: pie martas Aluksne | €€*

Estland, Lettland & Litauen

Lange Stranspaziergänge vor dem eindrucksvollen Panorama des Wattenmeers bei St. Peter-Ording sind ein echter Erholungsfaktor

Moin im Land von Watt, Möwen & steifen Brisen

Feinster schneeweißer Sand, türkisfarbene See, dahinsegelnde Möwen an der Ostsee, das kilometerweite Panorama des Wattenmeers, grasende Schafe und rot-weiße Leuchttürme an der Nordsee: Deutschlands Küsten haben so einiges zu bieten. Aus den Strandbars dringt Gläserklirren, das Lachen fröhlicher Menschen und das Wetter ist längst nicht so eigen, wie mancher denkt.

Inselwächter: der Leuchtturm auf der Nordseeinsel Sylt

Watt'n Meer

Zugegeben: „Watt" ist ein komischer Begriff, da drängen sich alberne Wortspiele auf. Aber das Wattenmeer ist wirklich ein einmaliges Phänomen. Das gibt's in der ganzen Welt nur hier – darum auch Nationalpark und UNESCO-Weltnaturerbe. Wenn du ein absoluter Beginner bist in Sachen Nordsee, fällt dir anfangs schon mal der Kiefer runter, wenn ein Strand oder eine Badestelle ausgeschildert ist, du voller Vorfreude auf den Deich kletterst und statt eines feinsandigen Traumstrands ein riesiges schwarzes Schlammfeld vor dir hast. Aber die Eingeborenen werden dich beruhigen: Einfach nur auf die Flut warten! Oder eine tolle Wattwanderung machen, manchmal kilometerweit, am besten mit einer Führung vorbei an Segelbooten, die in der Matsche stecken und warten müssen. Es gibt nichts Schöneres, als bei Sonnenuntergang raus ins Meer zu wandern – ohne sich die Füße allzu nass zu machen. Nur ein „büsch'n schmuddelich".

Wellness? Pur!

Es duftet nach warmen Ölen, leise Musik rieselt vom Band. In der Therme mit Ostsee-Blick nimmt die Lomi-Lomi-Massage ihren Lauf, am Strand beginnt derweil ein Qigong-Kurs. In den traditionellen Badeorten und Seebädern von der Flensburger Förde bis Usedom findet ihr all die Wohltaten, die es einst nur auf Hawaii oder Bali gab. Dazu kommen meist gratis: klare Ostseeluft statt Tropenschwüle, moderate Tempe-

In einem Strandkorb auf dem Darß bei Ahrenshoop lässt sich genüsslich der Sonnenuntergang erwarten

raturen anstelle brutaler Hitze, die entspannte Wanderungen und Radtouren erlauben. Jahrhundertelange Erfahrung in Sachen Kur mit heimischen Zutaten wie Heilkreide, Sole und Moor. Eine klassische Bäderarchitektur, deren Schönheit das Herz berührt. Und eine Landschaft, die mit leuchtender Rapsblüte im Frühjahr bis zu verschneiten Stränden im Winter so zauberhaft ist, dass man die Südsee – wenn überhaupt – nur ganz kurz vermisst. Zumal am Strand schon die nächste Qigong-Stunde startet.

Privatsache

Husch, husch, ins Körbchen! Wenn der Wind stärker wird und der Himmel mal wieder die Stirn runzelt, zieht man sich an der Ostsee wie auch an der Nordsee gern in einen Strandkorb zurück. Dort ist man gegen alle Wetter und interessierte Blicke der Strandnachbarn gefeit. Motto: My Korb is my castle. Erfunden wurde diese geniale Einrichtung von einem Rostocker Handwerker, der hat den Erstling Anno 1882 gebaut.

Ein Hauch von Friesennerz

An die Nordseeküste kommt ihr nicht in erster Linie fürs tolle Wetter. Natürlich kann es hier mollig warm und sonnig sein, aber das „Schietwetter" gehört eben auch dazu. Und ein kräftiger Wind sowieso. Das ist der raue Charme des Nordwestens. Nicht umsonst heißt eine gute Regenjacke hier „Friesennerz". Zum Wohlfühlen eben. Und kein Tier kommt zu Schaden.

Don't call me Semmel

Fischbrötchen sind so etwas wie ein kulinarisches Heiligtum im Norden. Aber Kult hin oder her: Vor allem sind sie der perfekte Imbiss an den Küsten. Wegen der hohen Erwartungen, der hungrigen Kunden und der starken Konkurrenz werden die knusprigen Schrippen meist mit fangfrischem Fisch bestückt. Was kann aber in solch ein Fischbrötchen alles hinein? Da wäre der Klassiker Matjes: junge Heringe – mild salzig, weich und saftig. Der Bismarck ist

AUF EINEN BLICK

508 m
ragt die Seebrücke von Heringsdorf ins Meer

14 000
Seehunde im Wattenmeer

1800
Sonnenstunden im Jahr auf der Insel Rügen

St.-Peter-Ording
12 km
Längster deutscher Nordseestrand

60 kg
WIEGT EIN NORMALER STRANDKORB

CAMPINGPLÄTZE
ca. 120
an Schleswig-Holsteins Ostseeküste

Jasmund auf Rügen
30 km²
KLEINSTER NATIONALPARK DEUTSCHLANDS

2486 km
Länge der Deutschen Ostseeküste

1319 km
LÄNGE DER DEUTSCHEN NORDSEEKÜSTE

Vielen Seehundstationen nehmen zur Erhaltung der Seehunde im Wattenmeer verlassene oder krank aufgefundene Robben auf

ebenso ein Hering, aber in Essig und Gewürze eingelegt. Auch Rollmops, Brathering, Krabben oder sogar panierte Fischfilets kommen zwischen die Brötchenhälften. Dazu eine Handvoll Zwiebeln, manchmal ein paar Scheiben saure Gurken. Deckel drauf und reingebissen! Hier bleibt nichts im Hals stecken: Fischbrötchen sind immer frei von Gräten. Der Küsten-Klassiker wird in Schleswig-Holstein sogar eigens gefeiert: Beim Weltfischbrötchentag am ersten Samstag im Mai dreht sich in 14 Orten alles um den maritimen Snack.

Fleisch kann, Fisch sollte, Schnaps muss

Fisch ist der Star in den Restaurants an Küste und Seen, oft gelangt er direkt vom Kutter oder Boot in die Küche. Seelachs, Scholle und Kabeljau, Dorsch, Lachs, Hering (speziell im März und April), Flunder & Co werden in der offenen Ost- und Nordsee, Hecht, Barsch, Aal und mehr in mecklenburgischen Boddengewässern gefangen, aus den Seen kommen Zander und Kleine Maräne dazu. Der Fang wird gebraten, gedünstet, gebacken, frittiert, geräuchert oder sauer eingelegt, wahlweise als Fischsuppe, in Senfsauce oder mit süßem Obst gereicht.

Tee amo

In Ostfriesland und im restlichen Nordseeraum geht das mit dem Tee trinken so: Kanne vorwärmen, zwei bis drei Löffelchen Teeblätter rein, diese mit kochendem Wasser nur gerade übergießen, nach drei bis fünf Minuten auffüllen und durch ein Sieb in eine hübsche Teekanne abgießen. Wer nur einen Behälter verwenden will, führt ein mit Teeblättern gefülltes Sieb in die Kanne ein und nimmt es nach etwa fünf Minuten wieder heraus. Ganz authentisch müssen Kluntjes in die leere Teetasse, damit es knistert, wenn das heiße Getränk aufgegossen wird. Die dicken Kandiszuckerstücke lösen sich langsam auf und reichen für mehrere Tassen. Dazu kommt als Letztes ein kräftiges Wölkchen Sahne. Natürlich darf auch schwarz und bitter getrunken werden. Dann aber unbedingt mit süßem Gebäck dazu.

Wo die Schweiz nah am Meer liegt

Ostseeküste: Von Preetz nach Travemünde

Strecke & Dauer

- Strecke: 228 km
- Reine Fahrzeit: 4 Std. 30 Min.
- Streckenprofil: Gut ausgebaute, speziell im Raum Panker und auf Fehmarn oft schmale Straßen, wenig Steigungen und Gefälle, oft Seitenwind auf der Fehmarnsundbrücke
- Empfohlene Dauer: 6–7 Tage

Was dich erwartet

Kultur! Landschaft! Genuss! All das findet sich in der Holsteinischen Schweiz im Übermaß. Die Region zwischen Preetz im Westen, Eutin im Osten und der Hohwachter Bucht im Norden zählt nicht umsonst zu den Lieblingsgegenden für Urlauber in Schleswig-Holstein. Wer genug hat von gut 150 Seen und lieblichem Hügelland fährt weiter nach Fehmarn, auf Deutschlands sonnigste Insel. Und von dort südwärts immer am Wasser entlang, zur Linken die glitzernden Fluten der Lübecker Bucht.

 **Preetz**

15 km

Schuster aus Tradition

Das 16 000-Einwohner-Städtchen ❶ **Preetz** gilt als Tor zur Holsteinischen Schweiz und ist außerdem bekannt für seine lange Tradition des Schusterhandwerks. Bummelt über den alten Marktplatz mit seinen vielen Einkaufsmöglichkeiten. Im alten Familienbetrieb von Schuhmacher Lorenz Hamann (Wakendorfer Str. 17 | preetzer-holzschuhe.de) könnt ihr handgearbeitete Holzschuhe kaufen. Besonders sehenswert ist das Kloster (klosterpreetz.de). Parken kannst du am besten auf dem Cathrinplatz (GPS 54.233635, 10.279322) nahe Bahnhof (max. 3 Std.).

Von Preetz geht es auf der B 76 in guten 15 Minuten nach Plön.

Vom Wasser aus bietet sich ein einmaliger Blick auf das Plöner Schloss

Ein Schloss als Kirsche auf der Torte

Elf blitzsaubere Seen ringsum, ein strahlend weißes Schloss oben drüber und ein gemütliches, verwinkeltes Zentrum mit kleiner Fußgängerzone: Die 9000-Einwohner-Stadt **Plön** lohnt mehr als nur einen flüchtigen Besuch. Eine Besonderheit der historischen Altstadt sind neben dem Rathaus von 1816 und der Nikolaikirche am Marktplatz die sogenannten Twieten, schmale Gässchen in Richtung des nahen Seeufers – sie wurden einst als Löschwege angelegt, da die Brandgefahr in den engen Straßen hoch war. Schön ist eine Rundfahrt über die Plöner Seen (*grosseploenersee-rundfahrt.de*). Absolutes Highlight vor Ort aber ist das Schloss.

Der Weg zum **Plöner Schloss** hinauf ist steil, von oben aber hat man einen tollen Blick über den Großen Plöner See. Das mächtige, weiß leuchtende Anwesen von 1633 erhielt seine Farbe im 18. Jh. unter dem dänischen König Christian VIII., dem es als Sommerresidenz diente. Heute gehört es der Fielmann-Akademie. Ein schöner, 2 km langer Spazierweg führt bis auf die schmale Prinzeninsel (*Schlossgebiet 91 | Plön | Besichtigung kostenfrei nach telefonischer Anmeldung*). Klein, aber oho: Das einstige Pförtnerhaus am Schloss (*pfoertnerhaus-schloss-ploen.de*) ist tagsüber ein gutes Restaurant und abends eine coole Bar. Parken kannst du etwa am Womo-Stop unterhalb des Schlossgartens am Kleinen Plöner See. Etwas weiter liegt der schöne Stell- und Campingplatz Spitzenort (*spitzenort.de*).

Plön lasst ihr nun hinter euch und fahrt auf der B 76 ostwärts. Nach rund 12 km folgt dann der erste von mehreren Abzweigen in Richtung Eutin.

Plön

15 km

Ostseeküste: Von Preetz nach Travemünde

3 Eutin

9 km

4 Bad Malente-Gremsmühlen

23 km

Weimar des Nordens

Stadt in der die Rosen blühen, kulturelles Herz der Holsteinischen Schweiz: **3 Eutin** mit seinen 17 000 Einwohnern kann über einen Mangel an schönen Beinamen nicht klagen *(Parken zentral etwa am Berliner Platz, GPS 54.133794, 10.615692 oder am Bahnhof GPS 54.135189, 10.609517)*. Wer gemütlich durch die Kopfsteinpflastergassen der Altstadt schlendert, wird die Bezeichnung Rosenstadt schnell verstehen, ranken die schönen Pflanzen doch an vielen historischen Bauten empor. Und dann das barocke Schloss mit seinem Park im Stil englischer Landschaftsgärten *(schloss-eutin.de)*, der große Marktplatz, die Seen – ein Urlaubsort wie aus dem Bilderbuch.

Von Eutin führt die Route nah am Südufer des Kellersees entlang, bis nach knapp 10 km Bad Malente-Gremsmühlen erreicht ist.

Wo die Gesundheit wohnt

Der Ort **4 Bad Malente-Gremsmühlen** (10 000 Ew.) zwischen Diek- und Kellersee ist eins der beliebtesten Kneipp-Heilbäder der Holsteinischen Schweiz. Der Kurpark mit Wasserspielen, das Immenhof-Filmmuseum *(immenhofmuseum.de)* und die Dieksee-Promenade sind den Stopp wert. Spaß macht eine Fünf-Seen-Bootstour *(5-seen-fahrt.de)*, es gibt auch Schiffsfahrten über den Kellersee. Für dein Womo liegt nahe der Dieksee-Promenade etwa der Parkplatz Krützen *(GPS 54.172030, 10.549231)*.

Auf schmalen Alleesträßchen geht es via B 430 Richtung Lütjenburg und dann auf der L 165 nordwärts bis zum Wegweiser nach Panker.

Wassersport am Strand von Hohwacht

Eutin wird seinem Ruf als Stadt der Rosen auch im Innenhof des Schlosses gerecht

Ein Stück heile Welt

Auf ❺ **Gut Panker** ist es, als wäre die Zeit stehengeblieben. Schneeweiße Gebäude mit Reet- oder rotem Schindeldach und ein schlossähnliches Herrenhaus blitzen zwischen grünen Wiesen und Bäumen auf, edle Trakehner-Pferde grasen auf saftigen Weiden. Der Gutshof ist eine Art Dorfgemeinschaft mit Kunsthandwerkern, Galerien und Gaststätten (gutpanker.de). Über allem wacht ein Aussichtsturm auf dem 128 m hohen Berg Hessenstein. Essen nach Gutsherrenart gibt's im Gasthaus Ole Liese (ole-liese.de), wo du gediegen tafeln kannst.

Von Gut Panker geht es wieder zurück auf die L 165 und Richtung Norden, nach kurzer Zeit dann rechts ab auf ein schmales Sträßchen, das sich über Behrensdorf bis nach Hohwacht windet.

Rosen am weißen Sand

Im kleinen Badeort ❻ **Hohwacht** mit knapp 1000 Einwohnern ist der 4 km lange Strand ganz hell, dahinter Dünen und Heckenrosen, es gibt viele verwunschene Reetdachkaten sowie zwei Naturschutzgebiete ringsum. Wer dem Schild „Womo/Strand" folgt, landet auf dem einfachen Stellplatz nah beim Kursstrand (GPS 54.319089, 10.676055).

Am Sehlendorfer Binnengewässer vorbei geht es zur B 202, dort links Richtung Oldenburg. Vor Oldenburg fahrt ihr auf die A 1 Richtung Fehmarn und folgt ihr einige Minuten bis zur Abfahrt Heiligenhafen-Mitte.

❺ Gut Panker

14 km

❻ Hohwacht

33 km

Deutsche Ost-& Nordseeküste

Ostseeküste: Von Preetz nach Travemünde

Hier ist ordentlich was los

Die umfangreichste Hochseeangelflotte Europas mit 1000 Liegeplätzen, ein moderner Ferienpark, die coole zickzackförmige Seebrücke samt Meereslounge, und all das steht im Kontrast zum gemütlichen historischen Zentrum und Stadthafen von ❼ **Heiligenhafen**. Vorgelagert ist dem Ort der schmale Nehrungsarm Graswarder, ein Seevogel-Schutzgebiet mit Badestrand, idyllischen Häuschen, Aussichtsturm und Naturschutzhaus *(graswarder.de)*. Relativ stadtnah liegt der große Park- und Stellplatz am Ostseeferienpark *(GPS 54.378145, 10.954234)*.

Zurück geht es nun zur A 1 und dann Richtung Norden, bis die Autobahn zur Bundesstraße 207 wird und über die 963 m lange und bis zu 22 m hohe Fehmarnsundbrücke (Wohnmobil-Lenkrad gut festhalten, oft Seitenwind!) nach Fehmarn führt.

Willkommen auf der Sonnenseite des Lebens

Der Wind kann das Wohnmobil ordentlich von der Seite packen, wenn ihr über die 22 m hohe Fehmarnsundbrücke (wegen ihrer markanten Optik auch Kleiderbügel genannt) hinüber auf Deutschlands drittgrößte Insel ❽ **Fehmarn** hinter Rügen und Usedom fahrt. Dann seid ihr an der deutschen Costa del Sol, scheint hier doch die Sonne am häufigsten in unserer Republik. Und sonst? Urige Orte, toller Strand, viel Weite – und gastfreundliche Menschen, die stolz auf ihren „sechsten Kontinent" sind.

Von Fehmarn fahrt ihr auf der B 207 retour über die große Brücke – kurz danach biegt die Route links ab auf die B 501 gen Süden. Via Heringsdorf und Grube ist nach 42 km Cismar erreicht.

Klosterdorf mit Ostseenähe

Berühmter als der zugehörige Ort ❾ **Cismar** mit seinen Kunsthandwerkstätten und Galerien ist das ehemalige Benediktinerkloster am Rand eines alten Parks. Die große mittelalterliche Kirche mit opulentem Flügelaltar ist zeitweise zu besichtigen *(kloster-cismar.de)*.

Folgt dem Wegweiser „Großparkplatz Zentral/Strand" bis Grömitz.

Superlative, wie wir sie lieben

Als einer der ältesten Badeorte an der Lübecker Bucht hat ❿ **Grömitz** die längste Seebrücke Schleswig-Holsteins (398 m), einen der längsten Strände der Region (8 km) und dazu noch eine der schöns-

---

❼ Heiligenhafen

22 km

❽ Fehmarn

42 km

❾ Cismar

6 km

❿ Grömitz

19 km

Das Blaue Haus beherbergt das Naturschutzhaus am Stramd von Heiligenhafen

ten und breitesten Kurpromenaden. Witzig: Mit der Tauchgondel am Ende der Seebrücke könnt ihr die Unterwasserwelt erkunden, ohne einen Millimeter nass zu werden *(tauchgondel.de)*. Der gut ausgeschilderte Zentralparkplatz bietet Womo-Plätze auch über Nacht *(GPS 54.144233, 10.9524868)*.

Von Grömitz geht es auf der B 501 weiter nach Westen, bis nach wenigen Minuten in Bliesdorf der Abzweig zum Camping & Ostseeferienpark Walkyrien führt – dessen Spa bietet eine Sauna und tolle Massagen (camping-walkyrien.de | GPS 54.119547, 10.921268), auch für Nicht-Walkyrien-Gäste. Anschließend fahrt ihr nach links auf einer schmalen Landstraße durch die kleine Ortschaft Rettin in Richtung Neustadt.

Buntester Wochenmarkt der Region

Im Hafen von **Neustadt in Holstein** ist immer was los. Von Bord eines alten Kutters werden Fischbrötchen verkauft, Frachter werden be- und entladen, Jachten dümpeln am Kai. Dienstag- und Freitagvormittag findet vorm Rathaus der bunteste Wochenmarkt der Region statt. Das große Restaurant Klüvers Brauhaus *(kluevers.com)* serviert deftige Speisen und hauseigenen Gerstensaft. Anschließend macht man am besten einen Verdauungsspaziergang durch die schöne Altstadt mit Zeittor-Museum *(zeittor-neustadt.de)* im historischen Kremper Tor. Zentral liegt der einfache Stellplatz am Binnenwasser *(GPS 54.110846, 10.815091)*. Schön ist der Wohnmobil-Stellplatz Ostsee im Vorort Pelzerhaken *(GPS 54.088990, 10.872314)* samt Surfschule.

11 Neustadt in Holstein

14 km

Deutsche Ost-& Nordseeküste

Ostseeküste: Von Preetz nach Travemünde

Am westlichen Ortsausgang von Neustadt geht es am Kreisverkehr der Ausschilderung nach in Richtung Hansa-Park. In diesem riesigen Freizeitpark mit tollen Achterbahnen, Live-Shows und dem 120 m hohem Freifallturm können große und kleine Kinder ganze Tage verbringen (Am Fahrenkrog 1 | Sierksdorf | hansapark.de | großer Platz direkt vorm Haupteingang, auch über Nacht bei GPS 54.074973, 10.774802). Nach knapp 1 km weiter südwärts geht's am Wegweiser links ab nach Sierksdorf. Über eine schöne Uferstraße (teils Tempo 30) wird via Haffkrug in 20 Minuten Scharbeutz erreicht.

12 **Scharbeutz**

6 km

13 **Timmendorfer Strand**

10 km

Mondänes Strandparadies

Das moderne Seebad 12 **Scharbeutz** hat einen weißen Strand, die lange Seebrücke und eine breite Promenade voller Shops und Restaurants. In der Ostsee-Therme *(ostsee-therme.de)* könnt ihr prima entspannen. Anschließend bietet sich eine Stärkung in einem der reetgedeckten Restaurants auf der „Dünenmeile" an. Parken geht prima auf dem Großparkplatz an der B 76 *(GPS 54.030738, 10.752214)*, über Nacht etwa auf dem hervorragend ausgestatteten Wohnmobil-Stellplatz Womo-Hafen Scharbeutzer Strand *(womo hafen-scharbeutzer-strand.de)* vis-à-vis.

Über die B 76 ist es ein Katzensprung nach Timmendorfer Strand.

So geht Ostseebad

Sehen und gesehen werden: Im mondänsten Seebad 13 **Timmendorfer Strand** an der Lübecker Bucht entspannt man nicht nur am langen Strand mit toller Seebrücke, sondern auch gerne in ange-

Im Ortsteil Niendorf von Timmendorfer Strand findest du bestimmt etwas Leckeres zu essen

Wer möchte nicht in einem der Strandkörbe am Strand von Travemünde chillen?

sagten Locations wie dem Café Wichtig *(parken auf dem Parkplatz Zentrum | GPS 53.994036, 10.780315; oder am Vogelpark im Ortsteil Niendorf am Hafen samt Womo-Stellplatz | GPS 53.991232, 10.814255)*. Bei Regen geht's ins Mega-Aquarium Sea-Life *(sealife.de)*. Besonders schön: der Ortsteil Niendorf samt fjordartigem Hafen mit Fischkuttern und Restaurants. Von hier hast du einen super Blick über die Lübecker Bucht, besonders bei Sonnenuntergang – am besten von der Spitze der Hafeneinfahrt beim Alten Zollhaus *(GPS 53.993609, 10.811453)*. Von Niendorf aus startet außerdem das weiße Seebäderschiff „Hanseat II" im Sommer regelmäßig zu Rundfahrten, von Grömitz bis Boltenhagen *(ostsee-rundfahrten.de)*.

Über die B 76/B 75 geht es nach Travemünde.

14 Traveünde

Lübecks schöne Tochter

Die Uferpromenade gesäumt von feiner Bäderarchitektur, ein intakter (wenn auch gerade im Umbau befindlicher) Fischerei- plus XL-Fährhafen, der breite, feinsandige Strand, all das ist **14 Traveünde.** Das politisch zu Lübeck zählende Strandbad mit rund 13 500 Einwohnern war spätestens seit Eröffnung von Kurhaus und Spielbank zu Beginn des 19. Jh. als mondänes Reiseziel gefragt – und ist es bis heute geblieben. Der zentral gelegene Schotterplatz Kurzentrum Leuchtenfeld hat ein eigenes Kurzparkareal für Wohnmobile *(GPS 53.961234, 10.878683)*.

Die Travepromenade mit ihren 1001 Bootsanlegern endet am grün-weißen Leuchtfeuer und dem langen Strand. Ab Kaiserbrücke *(Vorderreihe 64a)* könnt ihr mit der „MS Hanse" den Fluss hinauf ins Zentrum der Hansestadt Lübeck fahren *(hanse-travemuende.de)*.

CAMPINGPLÄTZE AM WEGESRAND

Ostseeküste: Von Preetz nach Travemünde

Schön in der Natur

Komfortabler Campingplatz am bewaldeten Westufer des Kellersees, 15 Fahrminuten von Eutin. Die Zufahrtstraße ist etwas holprig und schmal, aber auch für große Mobile gut zu bewältigen.

Naturpark-Camping Prinzenholz

€€ | Prinzenholzweg 20 | Eutin-Fissau
Tel. 04521 52 81 | naturpark-camping-prinzenholz.de
GPS 54.160048, 10.602246

▶ **Größe:** 130 Stellplätze, Bauwagen, Camping-Fass, diverse Pods und Glamping-Zelte
▶ **Ausstattung:** Foodtrucks, WLAN und TV im Coworkingspace, Cafe mit Seeblick, Badestrand, regionaler Shop, Volleyball, Badminton, Fußball, Tischtennis, Fahrrad- und Bootsverleih, SUP-Kurse und Angeln, Spielplatz

Nahe Schloss und Markt

Blitzsauberer Stellplatz mit guter Ausstattung, direkt am Großen Eutiner See. 15 bis 20 Gehminuten zum Marktplatz, noch weniger zum Schlossgarten. Maximal 14 Nächte, keine Wohnwagen und keine Vorzelte gestattet.

Reisemobilpark Eutiner See

€ | Oldenburger Landstr. 21 | 23701 Eutin
Tel. 04521 70970 | reisemobilpark-eutin.de
GPS 54.1338168, 10.6297385

▶ **Größe:** 24 Stellplätze
▶ **Ausstattung:** barrierefrei, Waschmaschine und Trockner, Entsorgungsstation Wasser und Abwasser

In der ersten Reihe am Meer

Etwas enge Zufahrt, aber tolle Ausstattung mit vielen Angeboten für Familien, in der Vorderreihe habt ihr einen weiten Blick von Fehmarn über die Ostsee. 15 km von Burg. 1,5 km langer Spazierweg zum Flügger Leuchtturm (leuchtturm-fluegge.de), mit 37 m der höchste der Insel.

Camping Flügger Strand

Flügge 2 | Fehmarn
Tel. 04372 7 14 | fluegger-strand.de
GPS 54.451433300000, 11.0082377

▶ **Größe:** 500 Stellplätze, Mietwohnwägen, Mobile Homes

Auf geht's über die Fehmarnsundbrücke zum herrlichen Camping Flügger Strand

Naturnah und komfortabel: Im Naturpark-Camping Prinzenholz ist das kein Widerspruch

Mit Naturstrand und Bootsverleih

Ruhiger Familienplatz mit vielen Sportmöglichkeiten im Norden der Insel. Naturstrand, Kajakverleih, Stand-up-Paddling, Beachvolleyball. 13 km bis Fährhafen Puttgarden.

Belt-Camping Fehmarn

€€ | Altenteil 24 | Fehmarn
Tel. 04372 3 91 | belt-camping-fehmarn.de
GPS 54.5180001, 11.0903829

▶ **Größe:** 160 Stellplätze, 100 Dauercamper
▶ **Ausstattung:** Strand- und Hundeduschen, Restaurant, Kiosk, Mietbäder und behindertengerechtes Bad, Waschmaschinenraum, Kochgelegenheit, automatische Kassettenreinigungsstationen, Gasflaschentausch 5 und 11 kg, Spielplatz

Mit Trattoria und Naturschwimmbecken

Gut ausgestatteter Campingplatz etwas südwestlich von Travemünde nahe am Fährhafen Skandinavienkai. Moderner Sanitärbereich, eigenes Naturschwimmbecken, Trattoria, kleiner Supermarkt. Etwa 3 km von Travemündes City entfernt.

Camping Ivendorf

€€ | Frankenkrogweg 2-4 | Travemünde
Tel. 04502 48 65 | camping-travemuende.de
GPS 53.9418746, 10.8438169

▶ **Größe:** 270 Urlauber-Stellplätze, 100 Dauercamper, Schlaffass, Ferienwohnungen, nordische Holzhäuser, Blockhaus, Bagpackerhütten

In Strandnähe

Stellplatz am nördlichen Ortsrand von Travemünde im Grünen, der sich an einen allgemeinen Parkplatz anschließt, daher tagsüber Autoverkehr. Keine Dusche und keine Toiletten, aber sonst gut ausgestattet. Maximaler Aufenthalt eine Nacht. Zur Strandpromenade rund 10, zur Travepromenade 25 Min. zu Fuß.

Stellplatz Kowitzberg

€ | Kowitzberg 40 | Travemünde
GPS 53.97689885, 10.881083920866

▶ **Größe:** 105 Stellplätze
▶ **Ausstattung:** Entsorgungsstation Wasser und Abwasser

Kulinarisches am Wegesrand

Ostseeküste: Von Preetz nach Travemünde

Da braut sich was zusammen

Auf der Terrasse vorm altehrwürdigen **Brauhaus** sitzt ihr direkt am trubeligen Marktplatz von Eutin, drinnen mit Blick auf große Braukessel. Serviert wird Deftiges wie Braumeistersteak oder Pannfisch zum heimischen Bier. *Infos: Markt 11 | Eutin | brauhaus-eutin.de | €–€€*

Shoppen rund um den Marktplatz

In den Fußgängerstraßen und Gässchen rund um den **Markt** findet ihr schöne kleine Läden, wie etwa das Wollgeschäft **Das blaue Schaf** *(Riemanstr. 56, das-blaue-schaf.de)*, den Kunsthandwerk-Shop **Unikat** *(Stolbergstr. 15, unikat-eutin.de)* oder die **Eutiner Kaffeerösterei** *(Königsstraßenpassage 1e)*.

Anlegen im Goldenen Anker

Draußen die Terrasse des Traditionslokals mit Blick auf Fischkutter von Burgstaaken auf Fehmarn, drinnen rustikal, auf dem Teller deftige Gerichte, was will man mehr? Vielleicht nach der Ankerplatte (750 g Fischfilets) noch einen Verdauungsschnaps. *Infos: Burgstaaken 63 | Fehmarn | goldener-anker-fehmarn.de | €–€€*

Speisen vor Mittelalterkulisse

Im **Landhaus Kröger** auf Fehmarn sitzt man vor historischem Gemäuer (Bj. 1644) über der Hauptstraße von Burg und hat alles im Blick. Falls der nicht vom Teller abgelenkt ist: Es gibt gute (meist deutsche) Küche, von gebratener Scholle bis zum Ratsherrentopf. *Infos: Breite Str. 10 | Burg | landhauskroeger.eatbu.com*

Pannfisch mit knusprigen Bratkartoffeln und Senfsauce – da läuft einem das Wasser im Mund zusammen

Im Luzifer habt ihr freie Sicht auf die Trave – wenn nicht gerade ein turmhohes Fährschiff vorbeigleitet

Fette Beute machen

Über 6000 m² Verkaufsfläche auf drei Etagen, Kistenberge Wein, 700 Sorten Whisky, Süßes bis zum Abwinken: Im weltweit größten schwimmenden Grenzhandel, dem **Bordershop** auf Fehmarn, ist Kaufrausch Programm. *Infos: Zur Westmole 1 a | Puttgarden/Fährhafen | bordershop.com | Parkplätze: vorm Hafen auf linker Spur dem Wegweiser zum Parkplatz Bordershop folgen (GPS 54.502645, 11.223240).*

Teuflisch gut sitzen

Ein turmhohes Fährschiff gleitet vor deiner Nase vorbei und die Trave hinunter Richtung offene Ostsee – im **Luzifer** von Travemünde sitzt du direkt vis-à-vis Fährhafen Skandinavienkai. Das Essen hält mit, vom Labskaus für Anfänger bis zum Fischers Koek (Graved Lachs, Garnelen, Honig-Senf-Dip) ist alles gut. *Infos: Auf dem Baggersand 3 | Travemünde | luzifer89.de/travemuende/*

Tafeln wie die Vögte

Einst Sitz der Lübscher Vögte, beherbergt das Backsteingiebelhaus Alte Vogtei von 1463 heute das gediegene **Restaurant Fisch & Meer**. Im St.-Lorenz- oder Kaminzimmer wird gute deutsche Küche gereicht, aber es gibt auch Pizza und Nudeln. Nachmittags beliebt für Kaffee und Kuchen. *Infos: Vorderreihe 7 | Travemünde | fisch-meer-travemuende.de*

Kuchen mit Ostseeblick

Hinter hohen Fenstern im Backsteingebäude Ecke Vorderreihe und Lotsenberg gehen herrlich süße Sachen über den Tresen. Im urigen Wiener-Kaffeehaus-Ambiente des **Café Marleen** in Travemünde sitzt man im Wintergarten und genießt auch ein gutes Frühstück oder Bodenständiges zum Mittag. *Infos: Vorderreihe 65 | Travemünde | Tel. 04502 88 83 99*

Schmucke Städte auf dem Festland

Nordseeküste: Von Büsum nach Nordstrand

Strecke & Dauer

- Strecke: 112 km
- Reine Fahrzeit: 2 Std.
- Streckenprofil: Überwiegend gut ausgebaute Landstraßen, teils kleinere Dorfstraßen. Am Eidersperrwerk evtl. Wartezeit einplanen, wenn die Brücke gerade oben ist
- Empfohlene Dauer: 6 Tage

Was dich erwartet

Es muss nicht immer Insel sein – auf dieser Tour schaukelt statt einer Fähre höchstens mal euer Auto auf den teilweise kleinen, ländlichen Straßen und Chausseen. Von Büsum geht's am gewaltigen Eidersperrwerk vorbei erst einmal in den Urlauber-Hotspot St. Peter-Ording mit Stränden satt. Und dann, um nicht noch mehr Sand in die Schuhe zu bekommen, entdeckt ihr mit Tönning und Friedrichstadt zwei richtig hübsche Kleinstädte, die gute Laune machen. Das Gleiche gilt natürlich doppelt und dreifach auch für Husum.

Historisches Städtchen und Strand einmal anders

1 Büsum

21 km

Neben St. Peter-Ording ist **1 Büsum** das Topziel für Nordsee-Strandurlaub auf dem schleswig-holsteinischen Festland. Und für viele ist es wegen der historisch gewachsenen, schnuckeligen Innenstadt samt Fußgängerzone sogar die Nummer eins. Das Zentrum ist ziemlich eng und von vielen Einbahnstraßen geprägt. Die perfekte Lösung ist der gebührenfreie Parkplatz P2 *(Fischerkai 10 | Büsum | GPS 54.130814, 8.870209)* nur gut 0,5 km von Museumshafen und

Wattenmeer pur in Büsum

Fußgängerzone entfernt. Zwischen Fußgängerzone und Hauptstrand stoßt ihr auf das Bilderbuchmotiv: den schönen **Museumshafen** mit restaurierten historischen Schiffen und dem über 100-jährigen, rot-weißen Leuchtturm. Leider kann man nicht mehr hinaufsteigen (*Südstrand 7A | Büsum | museumshafenbuesum.de*). Nur Sandstrand-Enthusiasten kommen hier nicht ganz auf ihre Kosten, aber man kann nicht alles haben.

Der **Hauptstrand** von Büsum beginnt gleich hinter dem Museumshafen mit Hunderten von Mietstrandkörben. Aber nicht erschrecken: Der Strand besteht aus gut gepflegtem Rasen statt aus Sand! Für den Rasenstrand zahlt man übrigens Kurtaxe als Eintritt. Wer nur die Innenstadt besucht, wird nicht kontrolliert. Ein paar Schritte weiter nach Nordwesten geht's auf die **Perlebucht,** eine kleine Insel samt Lagune. Ein wenig Sand wurde hier aufgeschüttet, ansonsten dominieren Pflastersteine. Mehr Freibad- als Beach-Atmosphäre, aber trotzdem schön.

Den Büsumer Leuchtturm und die schönen Strände lasst ihr jetzt hinter euch. Die Straße 203, die einzige, die aus dem Ort hinausführt, verlasst ihr aber ganz schnell wieder, denn es geht links über die Dörfer Reinsbüttel und Wesselburen zum Eidersperrwerk. Aus Büsum kommend liegt der Camping Wesselburenerkoog direkt vor dem Eidersperrwerk: mit freundlicher, fast schon familiärer Atmosphäre, sauberen Anlagen und echt fairen Preisen. Hier könnt ihr buchstäblich Schäfchen zählen zum Einschlafen (*Dammstr. 1 | Wesselburenerkoog | camping-wesselburenerkoog.de | GPS 54.247437, 8.841520*).

Nordseeküste: Von Büsum nach Nordstrand

Hochwertiger Küstenschutz

Es glitzert und glänzt zwar nicht, aber trotzdem ist diese Konstruktion des ❷ **Eidersperrwerks** ein Kunstwerk des Ingenieurswesens (*eiderstedt.net/eidersperrwerk*). Im Städtchen Tönning wird die Eider plötzlich ganz breit – es gibt sogar ein kleines, unter Naturschutz stehendes Eiderwatt. Dann mündet der Fluss auch schon in die Weite der Nordsee. Das Sperrwerk, Jahrgang 1973, ist der gewaltigste Küstenschutzbau Deutschlands und einer der größten in Europa. Legt am besten vor der Überquerung noch eine Pause auf dem kostenlosen Parkplatz auf der Südseite ein und studiert die Infotafeln neben dem Imbisslokal. Einmal in der Woche gibt's Führungen, aber das Sperrwerk lässt sich auch sehr gut auf eigene Faust entdecken. Die fünf Doppeltore wiegen jeweils schlappe 250 Tonnen. Alle Boote, die vom Binnenhafen ins Meer wollen, müssen durch eine 25 m lange Schleuse. Autos rollen über die auch nicht eben kleine Klappbrücke, an der ihr in der Regel nie lange warten müsst. Falls die Ampeln doch gerade auf Rot stehen, bestaunt einfach die Schiffe bei der Durchfahrt. Den besten Ausblick habt ihr auf der Südseite des Sperrwerks von der Terrasse beim Aussichtspavillon hinter dem Imbiss. Hier liegen Eidermündung, Schleuse und die gesamte riesige Anlage perfekt im Sucher.

Vor und hinter der Schleuse gibt's etwas zu essen – auf die Hand oder zum Hinsetzen. Besonders gut ist es hinter der Schleuse im Fischbistro Katinger Watt gleich beim großen Parkplatz auf der Nordseite (*Katinger Watt 1 | Tönning | rohr-eidersperrwerk.de | €–€€*). Ganz entspannt genießt man auf der Terrasse mit Ausblick: vom Fischbrötchen bis zum Schollenfilet mit allem Drum und Dran. Und nehmt statt Nullachtfünfzehn-Pommes lieber Bratkartoffeln, die sind hier nämlich richtig lecker.

❷ **Eidersperrwerk**

16 km

Am Eidersperrwerk finden auch die Möwen reichlich Beute

Die Pfahlbauten sind das i-Tüpfelchen am endlosen Strand von St. Peter-Ording

Auch wenn das Eidersperrwerk schon zur Gemeinde Tönning gehört, fahrt ihr erst einmal immer geradeaus in den wohl bekanntesten Urlaubsort an der schleswig-holsteinischen Nordseeküste – jedenfalls auf dem Festland.

Riesige Strandinsel und Häuser auf Stelzen

Es klingt wie ein Megaprojekt aus Dubai oder Doha: Vor die Stadt bauen wir jetzt eine kilometerlange Insel aus purem Sand mit einigen Zugängen und riesigen Parkplätzen davor. In ❸ **St. Peter-Ording** brauchte es keine Milliardeninvestition – die Natur hat's freundlicherweise eingerichtet. So einen Strand, solche Laufstege über den Sand, solche Dünen habt ihr noch nie gesehen.

Auf Holzstegen lauft ihr über weite Sandmassen. Ganz stilecht könnt ihr euch einen Strandkorb mieten. Ansonsten findet sich auch im Hochsommer etwas abseits immer ein relativ ruhiges Plätzchen. Es gibt vier Strandzugänge: Ording, Bad, Dorf und Böhl. Kurtaxe muss gezahlt werden, um auf den Strand zu gelangen. Zu Sonne, Sand und Meer kommen noch gratis Häuser auf Stelzen – die berühmten **Pfahlbauten** (bis zu 7 m hoch und aus Lärchenholz), die vor einem Jahrhundert für die Bequemlichkeit und den Komfort der Badegäste in den Sand gerammt wurden. Insgesamt sind es 13 lustige Bauten

❸ **St. Peter-Ording**

28 km

Nordseeküste: Von Büsum nach Nordstrand

mit 4000 Pfählen, schön über den riesigen Strand verteilt. In einigen gibt's sogar etwas zu essen und zu trinken.

Parken ist nicht ganz billig, aber ihr kommt nicht drum herum. Steuert eine der großen Stellflächen an, zum Beispiel den Parkplatz am Deich *(GPS 54.333447, 8.604089)*, und zieht euch am Automaten ein Tagesticket inklusive Kurtaxe. Auf dem Weg zum Strand wird kontrolliert!

Aus St. Peter-Ording führt die Strecke auf der Straße 202 über das Dorf Garding Richtung Tönning. Ein Abzweig führt nach rechts ins Stadtzentrum.

④ **Tönning**

17 km

Die schöne Unbekannte

Von dieser Stadt habt ihr noch nie gehört? Keine Sorge, das geht fast allen so – darf aber nicht so bleiben. Der historische Ortskern von ④ **Tönning** mit Marktplatz und St.-Laurentius-Kirche ist wirklich schnuckelig *(Parkplatz zwischen Am Markt und Neustraße)*. Es gibt sogar einen kleinen Schlosspark, an dem ihr auf dem Weg zum Hafen vorbeikommt. Die **Hafenpromenade** hat's in sich: Dort sind nicht nur schicke Segelboote und Jachten vertäut, sondern ihr habt eine Menge Cafés, Imbisse und Restaurants zur Auswahl – toller Blick auf historische Schmuckstücke wie das Packhaus von 1783, das Schifferhaus von 1625 und die ganz aus Holz gebaute Ziehbrücke. Es gibt doch nichts Schöneres, als zum Beispiel im urigen Café Hafenblick das Hafenleben bei einem Eiskaffee oder einem riesigen Windbeutel an sich vorbeiziehen zu lassen *(Am Hafen 38 | Tönning | hafen blick.de)*. Ein paar herzhafte Imbisse wie etwa Krabbensuppe sind

Bei Tönning formt das Mündungsdelta der Eider in die Nordsee eine einmalige Landschaft

Im Hafenviertel von Tönning werden sowohl Fischschlemmer als auch Eisschlecker glücklich

aber ebenfalls zu haben. Einen kleinen Strand hat Tönning natürlich auch am Fluss, sogar mit etwas Sand. Und dann solltet ihr auf jeden Fall noch ins Watt eintauchen – diesmal, ganz ohne euch die Füße schmutzig zu machen.

Die sogenannte Erlebnisausstellung des **Multimar Wattforum Tönning** ist ein Traum, ganz besonders für die Kids *(Dithmarscher Str. 6 | Tönning | multimar-wattforum.de)*. Sie besteht aus Spiel- und Mitmachstationen, in denen man viel über den faszinierenden Lebensraum Watt lernt. Tönning hat ja gleich hinter der Stadt sogar ein eigenes kleines Watt am Fluss Eider. Das Highlight des Wattforums ist das mächtige Aquarium mit einer 36 m² großen Panoramascheibe.

Der **Wohnmobilstellplatz Eiderblick** liegt nur einen knappen Kilometer vom Zentrum im Grünen am Eiderufer und gleich neben dem Meerwasserfreibad *(Rabatt ist im Stellplatzpreis inbegriffen, Am Freizeitpark 1a | Tönning | reisemobil-toenning.de | GPS 54.308826, 8.937380 | 33 Stellplätze)*. Wenn ihr könnt, schnappt euch unbedingt eine Stelle mit Blick aufs Wasser. Volle Versorgung, die Sanitäranlagen sind sauber. Gleich nebenan serviert das Poseidon einwandfreie griechische Küche. Ihr könnt am Automaten selbst einchecken oder an der Rezeption des nahen Campingplatzes. Sollte dieser Stellplatz voll sein, gibt es in direkter Umgebung weitere.

Auf der Straße 202 führt die Route weiter aus Tönning in Richtung Husum, immer mehr oder weniger an der Eider entlang. Auf der Höhe des Dorfs mit dem schönen Namen Witzwort biegt ihr aber rechts ab, um nach Friedrichstadt zu gelangen. Es ist weiterhin die Straße 202, denn geradeaus nach Husum führt jetzt die größere Straße 5.

Nordseeküste: Von Büsum nach Nordstrand

Treppengiebel-Architektur vom Feinsten

Auch ❺ **Friedrichstadt** ist den allermeisten deutschen – geschweige denn ausländischen – Touristen kein Begriff. Das ändert sich nach einem Besuch aber radikal, denn der historische Ortskern ist ein echter Knaller! Ihr nutzt am besten den großen Parkplatz an der Straße Am Deich. Von dort sind's nur wenige Gehminuten durch die Altstadtgässchen zum Marktplatz. Rund um den Marktplatz gibt es eine ganze Reihe außergewöhnlich schöner alter Hausfassaden mit sogenannter **Treppengiebel-Architektur** – die Fassaden werden also nach oben hin stufenweise immer schmaler. Wunderbar könnt ihr auf dem Platz sitzen und inmitten der tollen Bauwerke ein Eis beim Eiscafé Pinocchio *(Am Markt 18 | Friedrichstadt | Facebook: Eiscafe Pinocchio)* oder ein Essen genießen.

Wirklich perfekt für einen romantischen Spaziergang wird der Ort aber erst durch die **Grachten.** Ja, ihr habt richtig gelesen: Grachten! Als der gute Herzog Friedrich III. vor 400 Jahren diese Stadt gründete, wollte er eine echte Handelsmacht ins Leben rufen und dachte sich: Holen wir dafür doch einfach eine Menge Holländer her. Es traf sich gut, dass die politisch verfolgte religiöse Minderheit der Remonstranten eine Zuflucht brauchte. Der Herzog war klug, setzte auf Toleranz und die dankbaren Asylsuchenden aus den Niederlanden gingen ans Werk: Aus Kanälen zwischen den Flüssen Eider und Treene wurden Grachten mit hübschen Brückchen und im Stil der Backsteinrenaissance entstanden die Häuser dieses „Holländerstädtchens", die bis heute täglich Tausende Besucher staunen lassen. Witzig: Es war eine Planstadt – und ist es auch bis heute geblieben. Außer dem historischen Zentrum des 2600-Seelen-Orts gibt es auch Jahrhunderte später immer noch keine weiteren Ortsteile. Muss ja auch nicht!

❺ **Friedrichstadt**

17 km

Auch außerhalb von Holland schippern Grachten – wie hier in Friedrichstadt

Am Marktplatz von Friedrichstadt gibt es Giebelarchitektur in Reinform zu bestaunen

Für Übernachtungen in Bus und Womo musst du dir in Friedrichstadt nur einen Namen merken: **Halbmond.** So heißt die Straße mit dem Knick in Spazierweite zum Marktplatz, die zusammen mit einer kleinen Grünfläche ein schönes Dreieck bildet – oder mit etwas Fantasie eben auch einen Halbmond. Das Gelände heißt Stellplatz, aber eigentlich ist es wie ein kleines Camping mit voller Versorgung für Wohnmobilisten und sehr netten Besitzern, nur eben trotzdem preisgünstig *(Halbmond 5 | Friedrichstadt | wohnmobilstellplatz-friedrichstadt.de | GPS 54.371930, 9.086760).*

Aus Friedrichstadt lenkst du dein Gefährt zurück auf die Straße 202 in nordwestlicher Richtung und rollst dann auf der Straße 5 direkt ins schöne Husum.

Hafen, Schiffe und nordische Herzlichkeit

Der kleine Bach Husumer Au öffnet sich zu einem Binnenhafen und fließt dann in die Nordsee. Das Ergebnis: der legendäre Blick auf die Wasserfront der Hafenstraße in  **Husum** mit den herausgeputzten alten Lagerhäusern, wo bis spätabends romantisch gespeist und getrunken wird. Tolle Schiffe, Bootsausflüge, eine schmucke, lebhafte Altstadt sind auch im Programm. Und das Meer liegt vor der Tür.

Und ein Schlösschen gibt es auch hier: Über das besonders charmante Gässchen Schlossgang gelangst du zum **Schloss vor Husum,** weil dieses in grauer Vorzeit einmal außerhalb der Stadtgrenze lag *(König-Friedrich V-Allee | Husum | museumsverbund-nordfriesland.de).* Im 18. und 19. Jh. war es sogar eine „gelegentliche Residenz" der dänischen Könige!

Husum

13 km

Nordseeküste: Von Büsum nach Nordstrand

Kein Heimatdichter wird im hohen Norden so verehrt wie **Theodor Storm.** Und hier in Husum wurde er geboren! Auch wenn ihr von dem Kerl bis jetzt noch nie etwas gehört habt: Taucht doch mal ein in die Welt des „Schimmelreiters". Allein die historischen Stühle, Schreibtische, Tintenfässer, Treppen und Decken im alten, engen, denkmalgeschützten Häuschen, in dem Storm 14 Jahre lang lebte, sind ein Erlebnis *(Wasserreihe 31–51 | Husum | storm-gesellschaft.de).*

Parkhäuser gibt's genügend, aber versucht euer Glück zuerst beim Parkplatz am Binnenhafen *(GPS 54.473454, 9.048947)* an der gleichnamigen Straße. Nur ein paar Schritte von dort führt die Klappbrücke übers Wasser direkt zu Hafenstraße und Altstadt.

Aus Husum müsst ihr gar nicht erst zur B5 fahren, sondern nehmt aus der Stadt die Schobüller Straße, die später Nordseestraße heißt, nach Schobüll. Dort lädt kurz hinter dem Camping Seeblick das Restaurant MS Glücklich am Meer (Altendorfer Str. 4 | Husum | gluecklich-am-meer.de) zu einer Stärkung ein. Nicht wirklich ein Schiff, aber gut 200 m vom Nordseeufer entfernt habt ihr durchs Panoramafenster einen herrlichen Blick aufs Wasser. Spezialitäten hier sind, wenig überraschend, Fischgerichte wie Krabbensuppe und Pannfisch. Gönnt euch dazu eine kleine Sünde: Bratkartoffeln mit Speck. Es gibt aber auch gute Pizzen oder Kreationen mit Fleisch von freilaufenden Gallowayrindern. Der frisch gebackene, oft noch ofenwarme Kuchen und die ausnehmend freundliche Bedienung setzen dem kulinarischen Erlebnis die Krone auf. Im weiteren Verlauf gen Norden wird die Altendorfer Straße dann bald zur Pohnshalligkoogstraße und führt direkt auf die Halbinsel Nordstrand.

Auf einem Tagesausflug zu den Halligen vor Nordstrand kommt man auch an Pellworm vorbei

Auf der Insel Pellworm lebt man vielerorts noch von Ackerbau und Viehzucht.

Halbe Insel, voller Nordseespaß

So herrlich entspannt kann es an der schleswig-holsteinischen Küste sein: endlose Deiche, Watt, Badestellen, reetgedeckte Häuser mit kilometerlangen Ausblicken, kein Durchgangsverkehr und eine Luft wie sonst höchstens auf den Inseln. Wer für ein paar Tage einmal alles vergessen will, ist auf der „Insel an Land" ❼ **Nordstrand** genau richtig. Auf der beschaulichen Halbinsel muss übrigens keiner hungrig ins Bett gehen. Besonders konzentriert sind gute Lokale im Süderhafen, wo eine Badestelle im Sommer Schwimmer anzieht. Und vom Fährhafen Strucklahnungshörn legen die Schiffe ab für die besten Tagesausflüge, egal ob Insel, Hallig oder Seehundbank.

Touristen sind herzlich willkommen, aber auf der landwirtschaftlich geprägten **Insel Pellworm** würde man auch ohne sie zurechtkommen (*Pellwormfähre ab Strucklahnungshörn | tgl. viele Abfahrten, Dauer 35 Min. | Hin- und Rückfahrt 13,50 € | faehre-pellworm.de*). Dein Womo könntest du mitbringen (*Campingplatz am Wattenmeerhaus | Klostermitteldeich 14 | Pellworm | wattenmeer-faehre-pellworm.dehaus-pellworm.com | GPS 54.517075, 8.594706*), es fährt aber auch ein Bus von der Fähre zum Fahrradverleih Momme von Holdt (*Uthlandstr. 4 | fahrraeder-pellworm.de | Rundtour ca. 70 Min.*). Die Radwege sind superkomfortabel, es gibt unterwegs ein paar Rastplätze, eine alte Kirche, eine neuere Kirche, einen Leuchtturm und eine Mühle. Dazu Backsteinhäuser, Bauernhöfe, Kühe, Schafe und du mittendrin – bestens erholt!

❼ **Nordstrand**

CAMPINGPLÄTZE AM WEGESRAND

Die Nordseeküste: Von Büsum nach Nordstrand

Grün und modern

Nahe der Strandlagune, direkt hinterm Deich gelegen. Die Sanitäranlagen sind top, das Angebot an Sport, Spiel und Ausflügen breit. Wegen der begrenzten Zahl der hübschen Rasenstellplätze solltet ihr vorher reservieren.

Camping Nordsee

€€ | Dithmarscher Str. 41 | Büsum
Tel. +49 4834 9 62 11 70 | camping-nordsee.de
GPS 54.137701, 8.843963

▶ **Größe:** *48 Stellplätze*
▶ **Ausstattung:** *Brötchenservice, Küche, Waschraum, Spielplatz, Trampolin, Grillstellen, Tischtennis, Basketball, Minigolf, Reiten, Fahrradtouren, Kitesurfen, Wattwanderungen*

Abseits vom Trubel

Nicht direkt am Meer, aber übersichtlich, entspannt und sympathisch. Kleine Hecken geben dem Stellplatz sogar etwas Privatsphäre. Die Sanitäranlagen sind außergewöhnlich sauber und gleich gegenüber vom Platz könnt ihr euch in einer kleinen Shopping-Zeile u. a. mit Eiern von eigenen Hühnern versorgen. Für Schmuddelwetter gibt's sogar eine kleine, aber feine Sauna.

Camping Olsdorf

€€ | Bövergeest 56 | St. Peter-Ording
Tel. +49 4863 47 63 17 |
meergruen-camping.de/campingpark
GPS 54.30703, 8.648032

▶ **Größe:** *ca. 80 Stellplätze*
▶ **Ausstattung:** *Sauna, Solarium, Gästeküche, Wäscheraum, Tischtennis, Bodenschach, Bolz- und Spielplatz*

Auf den Seehund kommen

Am Deich mit Badestelle und Spielplatz hat sich auch ein hochwertiger Campingplatz eingerichtet. Die sanitären Einrichtungen sind topmodern, die Stellplätze großzügig. Unschlagbar ist außerdem die Lage direkt vor Husum. Und

Beim Womo-Urlaub an der nordfriesischen Küste sind Bikes die idealen Begleiter

Campen in Büsum ist ein Vergnügen im Grünen

doch sieht man vor allem Deich, Schafe und das weite Watt, in dem ihr einen herrlichen ausgedehnten Spaziergang machen könnt.

Nordseecamping zum Seehund

€€–€€€ | *Lundenbergweg 4* | *Simonsberg*
Tel. +49 4841 39 99 | *nordseecamping.de*
GPS 54.45519, 8.97288

▶ **Größe:** *ca. 200 Stellplätze, Chalets*
▶ **Ausstattung:** *Küche, Imbisswagen, Wäscheraum, Spielplatz, Wellnessoase mit Sauna und Fitnessraum, Schlafstrandkörbe, moderner Schwimmteich*

Für Deichgrafen

Ein kleiner, feiner und ruhiger Platz, gleich am Anfang der Halbinsel Nordstrand, direkt an den Dünen gelegen. Von dort seid ihr nicht nur in Nullkommanichts in Husum, sondern eben auch im Fährhafen Strucklahnungshörn, wo es nach Pellworm, auf die Halligen und zu den Seehundbänken geht. Superfreundlicher Besitzer und die lautesten Geräusche sind die Möwenschreie von oben. Reservierungen werden ab mindestens zwei Übernachtungen entgegen genommen.

WoMoLand Nordstrand

€–€€ | *Norderquerweg 2* | *Nordstrand*
Tel. +49 4842 4 73 | *womoland-nordstrand.com*
GPS 54.518607, 8.932024

▶ **Größe:** *44 Stellplätze*
▶ **Ausstattung:** *Brötchenservice, Grillabende, Weinproben, verschiedene Feste und Konzerte*

Die Pellwormer Alternative

Für einen Tagesausflug müsst ihr euer Fahrzeug nicht nach Pellworm mitnehmen. Aber wer ein paar Tage bleiben will, findet einen kleinen, netten Wohnmobilstellplatz am Wattenmeerhaus nahe der alten Kirche. Gleich daneben: ein Café mit Kuchen zum Fingerlecken. Der Hit ist natürlich die Friesentorte.

Campingplatz am Wattenmeerhaus

€ | *Klostermitteldeich 14* | *Pellworm*
Tel. +49 4844 9 90 42 88 |
wattenmeerhaus-pellworm.com
GPS 54.517075, 8.594706

▶ **Größe:** *ca. 12 Stellplätze*
▶ **Ausstattung:** *Wäscheraum, Brötchenservice, Kiosk, Café, Lagerfeuerplatz*

Kulinarisches am Wegesrand

Die Nordseeküste: Von Büsum nach Nordstrand

Frisch, selbst gemacht und norddeutsch

Am einfachen Lokal **Ralfs Restaurant** in Büsum mit Wintergarten kommt ihr nicht vorbei, wenn ihr perfekt gegrillte Steaks und Fischteller mögt. Selbst die Pommes sind etwas Besonderes! *Infos: Hummergrund 4–6 | Büsum | ralfs-restaurant.de*

Ein Traum in Blaubeer

Nicht nur jegliche Art von Pfannkuchen, sondern auch die Waffeln schmecken bei **Wiebkes Blaubeerpfannkuchen** in Büsum traumhaft. Einziges Manko: Es kann schon mal Warteschlangen geben. Nehmt das einfach als Zeichen für besonders gute Qualität. *Infos: Hohenzollernstr. 10 | Büsum | Facebook: Wiebkes Blaubeerpfannkuchen*

Hungrig vom Strand

Wenn ihr hungrig vom stundenlangen Strandaufenthalt seid, könnt ihr gut bei **di::ke** in SPO gegenüber vom Parkplatz am Deich auftanken. Rustikal und doch modern mit Holzofenpizza, dem unvermeidlichen Craftbeer und einer schönen Terrasse. *Infos: Am Deich 31 | St. Peter-Ording | diike.de*

Ab auf die Insel

Hell, bunt, modern und freundlich – **Die Insel** passt perfekt zum Strandspaziergang in St. Peter-Ording. Das Personal ist auf Zack und trotzdem locker-flockig mit einem Lächeln auf den Lippen. Gerichte mit vielen regionalen Zutaten: vom Burger bis zum Fischteller. Mit Strandkörben auf der Terrasse. *Infos: Im Bad 27 | St. Peter-Ording | restaurant-die-insel.de*

Immer noch nicht genug von Fisch & Co.? Dann deck dich auf dem Fischmarkt in Husum nach Herzenslust ein

Eine kultige Spezialität ist das Büsumer Krabbenbrötchen mit Rührei

Wo der Hahn kräht

Burger der Welt, schaut auf diese Stadt: Im Tönninger Lokal **Roter Hahn** gibt es weit und breit die leckersten Brötchen mit Patty drin. Die Schnitzel sind ebenfalls uneingeschränkt zu empfehlen. Dazu kommt die fröhliche, fast schon ausgelassene Atmosphäre einer Kneipe oder Bar. Rechtzeitig reservieren! *Infos: Kattrepel 4 | Tönning | roter-hahn-toenning.de | €€*

Top Start in den Tag

Top für einen Kuchen zwischendurch, aber am besten zum Frühstück. Eigentlich ist das **Tine Café** in Husum einfach nur ein richtig guter Bäcker und Konditor, sogar mit Selbstbedienung am Tresen. Aber draußen sitzt ihr trotzdem herrlich mit Blick auf Hafenstraße, Binnenhafen und Altstadt. *Infos: Schiffbrücke 17 | Husum | Tel. +49 4841 65 93 30*

Alles, was das Meer bietet

Wie auf dem **Fischmarkt Husum** am Kutterhafen müsste man seinen Fisch immer kaufen können. Hier stimmen Atmosphäre und Qualität. Nur drei Minuten sind es von der Husumer City bis in den Außenhafen – nehmt im Kreisverkehr die erste Straße rechts. *Infos: Rödemishallig 9 | Husum*

Nordseefeeling pur

Direkt am Deich sitzt man beim **Imbiss Hooger Fähre** auf Pellworm gemütlich bei einem Bierchen oder einer Friesenlimo. Ob Currywurst mit Pommes und Fischbrötchen oder richtige Tellergerichte – alles ist frisch zubereitet. Probiert das Pellwormer Bio-Lamm oder die Veggieburger. *Infos: Hooger Fähre 7a | Pellworm | Facebook: Imbiss Hooger Fähre*

Schaf, Rind und mehr

Im Nordstrander **Hofladen Baumbach** erstehst du nicht nur Fleisch von Schafen und langhaarigen Gallowayrindern aus artgerechter Tierhaltung, sondern auch Käse, Gewürze, Süßigkeiten, Pullover, Mützen, Felle und Bettdecken. *Infos: Pohnshalligkoogstr. 1 | Nordstrand | lammfleisch.de*

Nicht selten werden dir bei deiner Tour über die Isle of Skye diese urigen Rinder begegnen

Fàilte im Land von Dudelsack, Kilt & Whiskey

Schottland macht süchtig! Regenbögen rahmen eine herb-schöne Landschaft, aus der Burg- und Klosterruinen in ein ständig wechselndes Wolkenspiel ragen. Zwischen Bergen, Seen, Stränden und Inseln fährst du mit dem Wohnmobil auf schmalen Straßen durch einsame Moore und wirst ganz trunken vom Blick durch die Windschutzscheibe, auch ohne Whisky.

The sound of Scotland: Dudelsackspieler dürfen auf keinen Fall fehlen

Schotten sind keine Engländer ...

... seit dem Unions-Akt von 1707 aber Briten. 300 Jahre lang herrschte Eintracht auf der Insel, obwohl die keltisch geprägten Schotten und ihre angelsächsischen Nachbarn nie ein Herz und eine Seele sein werden. Dafür sind Temperament und soziales Gefüge zu verschieden. Als Tony Blair nichtenglischen Völkern eigene Parlamente und Befugnisse zugestand, brachte das in Edinburgh die auf Unabhängigkeit drängende Scottish National Party an die Macht. Und das Inselklima erneut in Wallung. Zunächst votierten die Schotten 2014 gegen eine britische Scheidung, aber 2016 auch sehr deutlich gegen eine von Europa. Politpoker paradox: Als Briten bliebe man in der EU – hatte man gedacht. Nun stehen Edinburgh und Westminster verbal wieder auf Kriegsfuß, ein neues Unabhängigkeitsreferendum liegt in der Luft. Grüne Energie, Öl und gute Bildung wären gutes Startkapital. Wobei die Schotten nicht gegen die britische Idee an sich sind, sondern gegen Westminster.

Bei Ceilidhs steppt der Bär

Früher tanzte man beim Ceilidh – Gälisch: Feier, Party – gegen die dunkle Jahreszeit an. Zu Dudelsack- und Fiddle-Klängen wurde zu überlieferter Musik gehüpft und gesteppt. Heute steigen Ceilidhs auch im Sommer, etwa in Dorfhallen.

Ein irres Panorama, ein irres Licht: Blick vom Old Man of Storr auf der Isle of Skye

Untern Rock geblickt

Tartan und *kilt* beschreiben den karierten „Schottenrock", wobei Tartan das spezielle Muster meint. Vor dem Kilt trug Mann die typische Highland-Toga *plaid,* eine Art Schulterdecke, die im 18. Jh. zum kniefreien Kilt gekürzt wurde. Das Tragen dieses Minirocks wurde den Schotten nach der 1746 bei Culloden verlorenen Schlacht von den Engländern verboten, 1782 aber wieder zugelassen. Sehr in Mode kam der Wickelrock, als der Romancier Walter Scott 1822 den britischen König Georg IV. nach Edinburgh lud und in einen Kilt steckte, Clan-Familien legten sich ausgesuchte Karomuster zu. Heute tragen Sportfans und Hochzeitsgäste Kilt. Wer nach dem Darunter fragt, dem schlägt der Schotte ein Rad.

Whisky – Rezept für eine Aura

Wieso gilt weltweit das Wort Whisky als Synonym für Schottland? Dereinst importierten irische Mönche das Whiskey-Rezept. Mit der Zeit verdunstete das „e", das Lebenswasser wurde zu „Whisky", auf Gälisch *Uisge Beatha* (Wasser des Lebens). Nach Jahrhunderten der Schwarzbrennerei ist der aus immer nur einer Destille stammende Single Malt seit etwa 40 Jahren ein top vermarkteter Luxusschluck, die Destillierung eines Lebensgefühls, einer Aura. Das Markenzeichen Scotch verlangt zunächst drei Jahre Lagerung. In weiteren Fassjahren zieht Whisky Aromen aus alten Sherry- oder Bourbonfässern. Kupferkesselform, Fassholz und die Umgebung bei der Reifung zaubern feinste Aromen. Schließlich entweicht der sogenannte *angel's share* (Anteil der Engel) aus dem Fass und wird durch Highland- oder Seeluft ersetzt. Dann kommt der Mythos in die Flasche: *Slàinte Mhath* – Prost!

Nur wer einkehrt, bekommt Kontakt

Auch wenn der Herd im Wohnmobil heimelige Stimmung garantiert und Kosten spart, sollte man doch die preiswerte Küche in Pubs nicht verschmähen. Die Qualität von Meeresfrüchten

AUF EINEN BLICK

5,4 Mio.
Einwohner*innen in Schottland
[Deutschland 84 Mio.]

78 772 km²
Fläche Schottlands
[Deutschland 357 588 km²]

>4000 km
Single Track Roads in den Highlands

Im August
14–17 °C
durchschnittliche Höchstbadetemperatur

1200–1500 kcl
KALORIEN IN EINER PORTION FISH'N'CHIPS

MAN VERSTÄNDIGT SICH DREISPRACHIG
Englisch, Scots, schottisches Gälisch
[offizielle Sprachen]

Höchste Erhebung in Schottland
1343 m
BEN NEVIS

18 000 km
Länge der schottischen Küste
[Deutschland 3624 km]

Glasgow
GRÖSSTE STADT SCHOTTLANDS
[600 000 Einwohner]

Zum Full Scottish Breakfast gehört oft auch das Nationalgericht Haggis

ist oft hervorragend, ob nun im teuren Restaurant oder vom Imbisswagen an der Küste. Wild und Rind, aber auch Gemüse kommen oft aus der Region. Teure Restaurants locken meist mit preiswerten Lunch-Menüs.

Ein Pint auf die Freundschaft

Besuche im Pub gehören zu einer Schottlandreise einfach dazu. Dort hat man schnell Kontakt zu Einheimischen und kann sich schluckweise durch einige obergärige Ale-Sorten testen. Ales werden gepumpt, nicht mit Druck gezapft, sind geschmacklich weniger hopfig sowie wärmer temperiert als Pils.

Kalorien gegen Kühle

Kühle Tage beginnst du kalorienreich mit dem Full Scottish Breakfast. Das ist ein warmer Teller, auf dem Black Pudding – pochiertes Schweineblut mit Hafermehl – mit Würstchen, Rührei, Baked Beans und meist dänischem Bacon ein buntes Bild liefern. An der Küste gibt's manchmal geräucherten, in Milch aufgekochten Fisch als Poached Kippers. Deutlich schlanker ist der Haferbrei Porridge. Einzige Süßigkeit ist bittere Orangenmarmelade mit Toastbrot.

Vitamine tanken in Farmshops

Nachschub für deine Womo-Küche solltest du dir in Farmshops oder ländlichen Delikatessenläden besorgen. Obst und Gemüse kommen immer aus der Region. Oft liegen hausgemachte Fertiggerichte in den Kühltruhen, dazu kommen regionaler Käse und schottische Schokolade.

Fish'n'Chips

Eine Spezialität der schottischen Küche ist Fisch aus Fluss und Meer. In den Borders springen Lachs und Forelle gedämpft oder gebraten auf den Teller, an den Küsten wird der frische Fang in Teig frittiert und mit aus Kartoffeln geschnitzten großen Pommes serviert. Ist Fastfood, isst sich aber wegen der Frische vorzüglich. Eingerollt in Papier nimmst du dir die 1500-Kalorien-Portion mit ans Meer und verteidigst sie gegen die Möwen. Der Schotte würzt gern mit Essig.

Romantikrunde zu Abteien & Küste

Rundtour von Edinburgh über Melrose & North Berwick

Strecke & Dauer

- Strecke: 370 km
- Reine Fahrzeit: 7 Std.
- Streckenprofil: Meist gut ausgebaut, ein- und zweispurig in Fahrtrichtung
- Empfohlene Dauer: 3–5 Tage

Was dich erwartet

Einfach filmreif: In die Hügel zwischen Melrose und Jedburgh schmiegen sich romantische Abteiruinen und unter frühgotischen Bögen hallen Grenzkriege mit England greifbar wider. Aktiv erlebst du das Land am River Tweed auf einer Tour mit Leihrädern. Auf den Spuren von Walter Scott, dem Erfinder der Schottland-Mystik, wandelt man in Abbotsford House. Von der Romantik der Borders kommst du zum Schluss in die Wildnis der East Lothian Coast.

Europas romantischste Hauptstadt

❶ Edinburgh

12 km

Eine Stadt mit Naturbegabung! Vulkanismus und Eiszeit hinterließen am Meeresarm Firth of Forth eine schroffe Hügellandschaft, in die sich ❶ Edinburgh organisch mit Aussichtszinnen fügt. Die expressionistische Skyline der engen Old Town mit dem Castle liegt neben der vor gut 200 Jahren großzügig-elegant erbauten New Town. In zwei, drei Tagen kannst du alles zu Fuß erobern, auch die Hotspots des Hafen Leith und das Stück Highlands am Arthur's Peak.

Nach dem Edinburgh Castle haben sich deine Füße eine Pause in den Princes Street Gardens vedient

In Edinburgh nimmst du die Straße North Bridge/A 7 von der Waverley Station nach Süden. Sie wird zur Nicolson Street, dann zur Clerk Street, von der du direkt hinter dem Theater Queen's Hall rechts auf die Hope Park Terrace, dann nach 100 m wieder links auf die A 701 abbiegst. In Bilston folgst du der Beschilderung nach Roslin, biegst nach links auf die B 7006 ab. Du durchquerst das Dorf Roslin und findest dahinter die Rosslyn Chapel.

Geheimnisvolle Symbolik des Mauerwerks

Dan Browns Roman „Sakrileg" machte das höchst kunstvolle Kirchlein ❷ **Rosslyn Chapel** weltweit zum Pilgerort *(Chapel Loan | Roslin | rosslynchapel.com)*. Der Bau dauerte Jahrzehnte, weil Ausgestaltung mehr zählte als Zeit. Der Apprentice Pillar ist eine brillant geschnitzt Steinsäule, die einem Lehrling gelang – wofür er vom eifersüchtigen Meister erschlagen wurde.

Fahr zurück zur Kreuzung mit der A 701 und biege nach links ab. Kurz darauf nimmst du links die B 7026 auf und folgst ihr bis Leadburn. Hier hältst du dich links und folgst der A 703 bis Peebles, dem ersten größeren Ort der Borders, den du umgehst. Erneut links abbiegend nimmst du die A 72, bis rechts eine Einmündung mit Beschilderung „Cardona" auftaucht. Unmittelbar danach hältst du dich im Kreisverkehr links, im nächsten rechts, dann sofort wieder rechts. Ab hier folgst du der Beschilderung „B 7062

❷ **Rosslyn Chapel**

36 km

Schottland 193

Rundtour von Edinburgh über Melrose & North Berwick

Traquair". Du hast nun den Lauf des River Tweed aufgenommen und siehst vielleicht Angler bis zum Bauch im Fluss stehen. Bald findest du linker Hand das Traquair House.

Schottlands ältestes bewohntes Haus

❸ **Traquair House**

45 km

❹ **Samye Ling**

42 km

Das wunderbare Landhaus ❸ **Traquair House** ist gefüllt mit vielen anschaulichen Relikten des jakobitisch-katholischen Geistes, der bis zum späten 17. Jh. hier herrschte *(Innerleithen | traquair.co.uk)*. Ein Tor steht verschlossen, bis diese Zeiten wieder aufleben. Draußen herrscht Picknickatmosphäre, die du mit einem hier seit Jahrhunderten gebrauten Bier genießen kannst.

Vom Traquair House folgst du der B 709 nach Süden, überquerst in Ettrick den nur bachgroßen Fluss Ettrick Water und kommst, ohne von der schmalen B 709 abzubiegen, zum Kloster Samye Ling.

Lust auf eine ruhige Nacht im Womo?

Das Zentrum der tibetisch-buddhistischen Karma-Kagyü-Schule ❹ **Samye Ling** ist in den ländlichen Borders als Ort für allerlei Meditation fest verankert *(Eskdalemiur | samyeling.org)*. Du solltest den friedvollen Komplex wenigstens für eine Führung ansteuern, vielleicht nimmst du auch an Meditation, Gebet oder Mahlzeiten teil. Rauchwaren und Alkohol sind verboten. Wenn du in ruhiger Umgebung übernachten möchtest, ist hier Platz für fünf oder sechs Womos und dann kannst du auch frühmorgens am Morgengebet teilnehmen.

Du nimmst wieder die B 709 Richtung Süden, bis du mittels einer kleinen Brücke das Flüsschen Esk nach rechts querst. Dem sehr

Sei kein Bankdrücker! Besuche das Hermitage Castle in den schottischen Borders

Gemütlich gondelst du mit deinem Camper durch die sanft gewellten Hügel der idyllischen Borders-Landschaft

schmalen Sträßchen folgst du nur kurz, den Fluss rechter Hand, bis du zur Hauptroute der A 7 gelangst. Biege nach links auf die zweispurige Straße, bis du die Ausschilderung zum Hermitage Castle nach rechts weisen siehst. Dieser sehr schmalen Straße folgst du dann bis zur Burg.

Bollwerk im Moor

Schroffer und abweisender geht's nicht – das macht den Reiz von ❺ **Hermitage Castle** aus *(Newcastleton | historicenvironment.scot)*. Seit etwa 1330 steht dieses mächtige Bollwerk in der Moorlandschaft 8 km nördlich der Grenze. Gruselige Geschichten dazu gibt es natürlich auch. Über einen kleinen Fluss erreichst du die noch älteren Ruinen einer Kapelle. Mit den drei Fenstern im Vordergrund gelingt dir ein Foto der Burg, das nicht ganz so abweisend wirkt.

Nimm die schmale Straße wieder in östlicher Richtung auf, bis du auf die B 6399 nach Hawick stößt. Vom Städtchen Hawick folgst du der A 7 nach Norden über Selkirk. In Galashiels bestaunst du die neue Heimat des Wandteppichs Great Scottish Tapestry: 8000 Jahre schottischer Geschichte veranschaulicht ein 147 m langer handgestickter Wandteppich auf 147 m Länge (High Street | Galashiels | greattapestryofscotland.com). Ab nun fährst du geradeaus über die A 6091 und den Tweed querend bis nach Melrose.

❺ **Hermitage Castle**

56 km

Schottland 195

Rundtour von Edinburgh über Melrose & North Berwick

Romantik und Borders-Geschichten zwischen Abteiruinen

Tief im Südosten ist das Land hügelig-sanft. In wilden Flüssen stehen Fliegenfischer bis zum Bauch im Wasser. Rund um ❻ **Melrose** rollst du von Abtei zu Abtei, von Turmfeste zu Luxusschloss, und wirst zum Architekturexperten. Du kannst die Abteiruinen-Strecke auch in einem Tag abradeln. Und „Mr Scotland" Sir Walter Scott zu besuchen, ist selbstverständlich Pflicht. In seiner Traumvilla **Abbotsford House** gibt es u. a. den Schreibtisch des Romanciers zu bestaunen sowie allerlei schottische Ikonen – darunter Rob Roys Schwert *(5 km westl. auf der A 6091 | Abbotsford | scottsabbotsford.com)*. In **Dryburgh** wurde Walter Scott 1832 beigesetzt *(11 km südöstl. von Melrose über die B 6356 | Dryburgh bei St. Boswells | historicenvironment.scot)*.

Durchfahre Melrose nach Osten auf der Main Street, biege kurz links auf die A 68, quere den Tweed und biege danach rechts ab, der Beschilderung nach Smailholm folgend. In Smailholm folgst du der Wegweisung zum Smailholm Tower auf eine schmale Straße nach rechts, bis du den Turm erreichst.

❻ Melrose

15 km

❼ Smailholm Tower

10 km

Dramatische Felsenlage

Der einsam auf einem Felsen stehende Turm ❼ **Smailholm Tower** wirkt wie ein Ausrufezeichen *(Kelso | historicenvironment.scot)*. Dereinst gab es an diesem Platz eine befestigte Mini-Siedlung, um die oft blutig gerungen wurde. Autor Sir Walter Scott hörte hier als kränkelndes Kind viele Borders-Geschichten, die zur Vorlage seiner berühmten Romane und Dichtungen wurden. Ausstellung über drei Stockwerke.

Ein Turm wie ein Ausrufezeichen: der Smailholm Tower bei Kelso

Abbotsford House war die Residenz des berühmten Romanciers Walter Scott

Fahre Richtung Osten und biege nach 500 m rechts auf eine ebenso schmale Straße ab. Kurz danach stößt du auf die zweispurige B 6404, auf die du nach links biegst. An der nächsten größeren Kreuzung folgst du der Wegweisung nach rechts Richtung Kelso. Das Castle liegt kurz vor dem Ortseingang.

Wohnen im Museum

In dem enormen ❽ **Floors Castle** wohnt noch die Familie des Duke of Roxburghe *(Kelso | floorscastle.com)*. Das mit betagten Reichtümern und Kunst gespickte Interieur ist mehr museal als wohnlich. Walled Garden, Park und Wald am Fluss Tweed sind famos.

Vom Castle fährst du wenige Minuten nach Osten, bis du die Abteiruine inmitten von Kelso erreichst.

Wie ein romantisches Mahnmal

Es ist nicht mehr viel übrig von der einst prächtigsten ❾ **Kelso Abbey** der Borders – viele Konflikte sorgten für viel baulichen Verlust *(Abbey Row | Kelso | historicenvironment.scot)*. Die 800 Jahre alte Benediktiner-Abtei liegt perfekt mitten in den schönen Ort Kelso am Tweed eingepasst. Parken kannst du an der Südostecke des Abteiparks, in der Straße The Butts.

Nimm die Brücke über den Tweed in Kelso und biege nach einer kurzen S-Schleife nach links auf die B 6350 ab (vor dem Kreisverkehr). Nach ein paar Minuten überquerst du unbemerkt die Grenze nach England – das Grenzschild steht nur in der Gegenrichtung.

❽ Floors Castle

3 km

❾ Kelso Abbey

37 km

Schottland

Rundtour von Edinburgh über Melrose & North Berwick

① Berwick-upon-Tweed

14 km

⑪ Eyemouth

10 km

Grenzgänger

Bei ⑩ **Berwick-upon-Tweed** mündet der die Borders durchschlängelnde Tweed in die See. Eine echte Grenzstadt, die oftmals zwischen Schotten und Engländern den Besitz wechselte. Die 700 Jahre alten Befestigungen sind einzigartig in Großbritannien und geben der 12 000-Einwohner-Stadt eine geheimnisvolle Aura. Durchschlendern! Stell deinen Camper beim Castlegate Short Stay direkt außerhalb der nördlichen Stadtmauer ab.

Du verlässt Berwick über die A1 Richtung Edinburgh. Nach knapp 5 km bist du wieder in Schottland. In Burnmouth biegst du nach rechts am Hinweisschild Burnmouth ab – die Straße bringt dich zur Küste nach Eyemouth.

Kurz mal zum Strand runter

Enge Gässchen (*vennels* genannt) sorgen in dem alten Fischerort ⑪ **Eyemouth** für eine kuschlige Atmosphäre. Bei Giacopazzi's gibt's legendär gute Fish & Chips sowie tolle Eiscreme *(20 Harbour Road)*. Auf einem kleinen Parkplatz am südlichen Ende der Harbour Road kannst du kostenlos für zwei Stunden stehen und auch den schönen Strand besuchen.

Über die A 1107 kommst du flott nach Coldingham, wo du in Richtung St. Abb's abbiegst und auf kleiner Straße zu den Klippen gelangst.

Pittoresk liegt Berwick-upon-Tweed an der East Lothian Coast

Zum Inselfelsen Bass Rock werden Bootstouren angeboten, was besonders für Vogelliebhaber interessant ist

Magisch und windumweht

Zwischen Mai und Juli sitzen Zehntausende von Seevögeln in den tief eingeschnittenen Seeklippen von ⑫ **St Abb's Head** und machen einen Höllenlärm *(nts.org.uk/visit/places/st-abbs-head)*. Hinter dem Klippenrand liegt ein See, an dem es von Libellen und Schmetterlingen wimmelt (Parken am Leuchtturm).

Nimm die kleine Straße zurück zu deiner bekannten Abbiegungskreuzung in Coldingham. An der Tankstelle biegst du nach rechts auf die A 1107 und folgst ihr bis zur Kreuzung mit der A 1. Du biegst rechts ab Richtung Edinburgh. Bei Dunbar folgst du im Kreisverkehr dem Schild A 199/North Berwick bis zur Abbiegung nach rechts auf die A 198/North Berwick. Die zweispurige Straße stößt auf die Küste und gelangt kurz darauf nach North Berwick.

Ein Himmel voller Seevögel

Von der Romantik der Borders kommst du in die Wildnis der East Lothian Coast. Im schönen Städtchen ⑬ **North Berwick** geht alles noch zivilisiert zu, aber drumherum tobt von April bis August das wilde Leben. Papageitaucher sammeln tauchend Sandaale für ihre Brut, Tölpel müssen für ihre Jungen schon größere Fische jagen. Von der mächtigen Ruine des Tantallon Castle blickst du auf den von Vögeln geweißelten Bass Rock im Meer – und schipperst hinüber.

Fahre von North Berwick die als Coastal Trail/A 198 beschilderte Straße bis zu den Parkplätzen von Longniddry Bents. Hier biegst du links ab Richtung A 1 und bist flott in Edinburgh.

⑫ **St Abb's Head**

50 km

⑬ **North Berwick**

40 km

❶ **Edinburgh**

CAMPINGPLÄTZE AM WEGESRAND

Rundtour von Edinburgh über Melrose & North Berwick

Meeresaroma statt Stadtluft

Der große Platz liegt nördlich von Edinburgh (7 km bis ins Zentrum) herrlich am Firth of Forth. 1 km westlich findest du ein gutes Beach Café und nur zehn Min. entfernt eine Bushaltestelle. Nur eine halbe Stunde Fußweg westlich liegt der Causeway, von dem aus man bei Ebbe die Insel Cramond Island erreicht.

Edinburgh Motorhome Club Site
€€€ | 35–37 Marine Drive | Edinburgh
Tel. +44 13 13 12 68 74
caravanclub.co.uk/club-sites/scotland/edinburgh/
GPS 55.97642, -3.264197
▶ **Größe:** 156 Stellplätze
▶ **Ausstattung:** behindertengerechte Toiletten u. Duschen, kostenpflichtiges WLAN, Hunde-Ausführparcours, Kinderspielplatz, Golf, kostenpflichtiger Shuttle-Minibus (Hund inkl.) ins Stadtzentrum

Grüne Lunge im Parkstil

Große, stellenweise etwas eng gestaltete Anlage südlich von Edinburgh in einem mit Gehölz umgebenen Gutspark. Gute Busanbindung zur City (7 km). Pub-Restaurant in ehemaliger Stallung. Hier kann man wirklich die Vorteile aus zwei Welten miteinander verbinden. Ruhe kombiniert mit einfachem und erschwinglichem Zugang zu einer aufregenden schottischen Stadt.

Mortonhall Caravan & Camping Park
€€€ | 38 Mortonhall Gate | Edinburgh
Tel. +44 13 16 64 15 33
meadowhead.co.uk/parks/mortonhall
GPS 55.903383, -3.180195
▶ **Größe:** 200 Stellplätze, 40 Glamping-Hütten und Mobil Homes
▶ **Ausstattung:** komplett ausgestattet, behindertengerecht (bitte anmelden), kostenpflichtiges WLAN

Ruhig und fast im Zentrum

Der Campingplstz liegt direkt neben dem Rugbyfeld und nur ein paar Minuten von Pubs und der berühmten Abteiruine von Melrose entfernt. Hier findest du garantiert deine Ruhe, obwohl du zentral kampierst. Besonders Toiletten und

Vom Edinburgh Motorhome Club Site erreichst du in einer halben Stunde zu Fuß den Cramond Island Causeway

Im Grünen campen und doch schnell in Edinburgh Stadtluft schnuppern

Duschen sind lobenswert. Wenn dein Verleiher kein Clubmitglied ist, wird's etwas teurer.

Melrose Gibson Park Caravan and Motorhome Club Site

€€€ | *High Street* | *Melrose*
Tel. +44 1896 82 29 69 | caravanclub.co.uk
GPS 55.597950, -2.723904
▶ **Größe:** 65 Stellplätze
▶ **Ausstattung:** komplett ausgestattet

Zwischen Golfgrün und Meerblau

Tolle Aussicht aufs Meer aus 40 m Höhe. Am Ostrand von North Berwick direkt neben einem giftgrünen Golfplatz. Der Weg in den Ort dauert gut 20 Min., den Tesco-Supermarkt erreichst du in nur vier Minuten zu Fuß.

Tantallon Caravan Park

€€ | *Tantallon Road* | *North Berwick*
Tel. +44 1620 893348 | meadowhead.co.uk/parks/tantallon
GPS 56.055787, -2.690983
▶ **Größe:** 50 Stellplätze, über 50 Hütten, Häuschen und stationäre Wohnwagen zum Mieten

Heimelig wohnen nah an wildem Strand

Grün und landschaftlich schön. Kann recht voll werden, aber die Betreiber sind sehr freundlich. Toller Strand mit Grillplätzen nur 10 Min. zu Fuß. Wenn dein Verleiher kein Clubmitglied ist, wird's etwas teurer. Der nächste gute Pub, das Castle Inn in Dirleton, ist 2,5 km entfernt über die Ware Road nach Süden.

Yellowcraig Caravan & Motorhome Club Site

€€€ | *Ware Road* | *Dirleton/North Berwick*
Tel. +44 1620 850217
GPS 56.057793, -2.779373
▶ **Größe:** 112 Stellplätze
▶ **Ausstattung:** Spielplatz, Wickelraum, behindertengerechte Einrichtungen, Wäscherei, Wohnmobil-Servicestelle, TV-Empfang

Kulinarisches am Wegesrand

Rundtour von Edinburgh über Melrose & North Berwick

Kunterbunt

Das **Olive Branch** liegt im rosa Szeneviertel Broughton und bietet eine bunte Auswahl an Leuten, großzügige Portionen und einen guten Sonntagsbrunch ab 10 Uhr. Bester Cappuccino von Edinburgh. *Infos: 91 Broughton Street, New Town | Edinburgh | theolivebranchscotland.co.uk | €–€€*

Französisch mit feinsten schottischen Zutaten

Das **Restaurant Martin Wishart** ist Michelin-Stern-Halter seit 2001. Die Küche gilt als die beste Edinburghs. Angenehm schlichtes Interieur, Cuisine französisch mit vegetarischem Akzent. Tipp für den sternefreien Geldbeutel: Buche dein Lunch vor. *Infos: 54 The Shore, Leith | Edinburgh | restaurantmartinwishart.co.uk | €€€*

Verstecktes Juwel in der New Town

Der grandiose Pub-Palast **Café Royal** erstrahlt in viktorianischem Design. Den edlen Tresen beäugen Fliesenporträts brillanter schottischer Geiger: Benjamin Franklin, James Watt usw. Zu den Austern und Shetland-Muscheln aus der Oyster Bar passt Weißwein, ansonsten darfst du dich durch heimische Ales probieren. *Infos: 19 West Register Street | New Town/Edinburgh | caferoyaledinburgh.com/ | €€–€€€*

Jagdresidenz vom Herzog

Das Restaurant und Bistro **Buccleuch Arms** befindet sich in einem schönen Gebäude von 1836, das dem fünften Duke of Buccleuch als Jagdresidenz diente. Im Bistro stehen leichtere Mahlzeiten auf der Karte. Highlight ist der Rehrücken. Im Sommer draußen Tische. Die

Der Grassmarket in Edinburgh ist Ausgangspunkt für kulinarische Expeditionen

In vielen schottischen Restaurants bekommst du qualitativ ausgezeichnete Meeresfrüchteplatten

Jagdresidenz liegt 7 km westlich von Melrose an der A 68 *Infos: The Green | St Boswells | buccleucharms.com | €€*

Kunst mit Gemüse

Etwas südlich von Roslin (55 km westl. von Melrose über A 7, 72, 703), in der Nähe von Peebles, aber die Pilgerfahrt zur **Ökofarm Whitmuir, the Organic Place** lohnt sich wirklich. Kunstgalerie, Delikatessenshop mit Gemüse, Eiern, Lamm, Rind, Käse uvm. Verzehr im Café-Restaurant oder zum Mitnehmen. *Infos: Whitmuir Farm | Lamancha | whitmuir.scot | €–€€*

Fischgenuss pur

Die wirklich sehr gute Imbissbude **Lobster Shack** hat eine überdachte Sitzgelegenheit am Hafenbecken von Berwick. Tolle Atmosphäre, freundlicher Service, mit ganz frischem Fisch und Gemüse. *Infos: North Berwick Harbour | lobstershack.co.uk | €*

Ein Pub, wie er im Buche steht

Die traditionellen Räumlichkeiten des **The Ship Inn** in Berwick versprühen gemütliches Gastro-Flair. Draußen Tische unter Bäumen, hinten der Biergarten. Gehobene, typische Pubmahlzeiten mit guten Fischgerichten. Hund, Kind und Kegel: Jeder ist willkommen. *Infos: 7–9 Quality Street | Berwick | Tel. +44 1620 89 06 99 | €–€€*

Kaffee-und-Kuchen-Menü

Das **Steampunk** ist ein richtig cooles Kaffeehaus im leicht postindustriellem City-Ambiente. Single Origin Coffee *at its best*. Die Baristas sind die Stars, die Besucher reisen sogar aus Edinburgh an. Dazu gibt's Brownies, *carrot cake* und mehr. Toll zum Kaffeekauf fürs Womo! *Infos: 49A Kirk Ports | Berwick | steampunkcoffee.co.uk | €*

Enge & Weite – Ein Roadmovie

Von Glasgow über Loch Lomond zur Insel Skye

Strecke & Dauer

- Strecke: 298 km
- Reine Fahrzeit: 5 Std. 30 Min.
- Streckenprofil: Kurvig und gemütlich am See, flott und gradlinig durch die Highlands. Skye vereint Rennschwung und Schritttempo.
- Empfohlene Dauer: 5–6 Tage

Was dich erwartet

Nur einen Katzensprung von Glasgow entfernt liegt Loch Lomond. Schottlands schönster See ist Namensgeber für den üppig-grünen Nationalpark. Von der schmalen Straße am Seeufer mit architektonischer Kunst geht es mit viel Schwung in die Highlands im Cinemascope-Format. Die Täler Glencoe und Glen Nevis bieten filmreifes Drama, genau wie die nach Skye führende Road to the Isles. Strecke, Pubs und Insel sind Klassiker, weshalb du im Sommer auf viel Verkehr triffst.+

Diese Stadt ist eine ehrliche Haut

❶ Glasgow

36 km

Hemdsärmelig-herzlich, so lässt sich der Charme von ❶ **Glasgow** beschreiben – völlig anders als der Edinburghs. Ein knackiger, von manchem Fluch gewürzter Humor entspringt der ehemaligen Werftindustrie. Die Stadt hat Empireglanz, postindustriellen Blues und Art Nouveau erlebt und sich dann so neu erträumt, dass sie als britische „Architektur- und Designstadt" aufwachte. Zwischen ungeschminkter Merchant City und Postmoderne am Fluss geht dir Glasgow unter die Haut. Parken kannst du, auch über Nacht, sehr zentral am Patronage Square *(GPS 55.858119, -4.238889)*.

Bisweilen musst du die Straßen in den Highlands mit anderen Verkehrsteilnehmern teilen

Beginne deinen Streifzug im Herzen der Stadt. Glasgows **zentralen Platz** überragen Statuen von Dichtern und gekrönten Häuptern. Flankiert wird er vom Rathaus, den City Chambers (Eintritt frei), erbaut aus Granit und Marmor – man sieht, dass Glasgow einst nach London die zweite City des Empire war. Südlich vom George Square erstreckt sich das wichtigste Viertel des Ex-Handelsmekkas, die **Merchant City** (merchantsquareglasgow.com). In den ehemaligen Kontoren residiert heute cooler Chic mit Cafés, Restaurants, Boutiquen und einem Feinkostmarkt samt junger Designszene. Ein tolles Stöberviertel.

Ein eleganter **Leuchtturm** feiert die Arbeit des Architekten und Designers Charles Rennie Mackintosh. Im vom Meister des Glasgower Jugendstils 1895 für den „Glasgow Herald" entworfenen Gebäude befindet sich heute das Scotland Centre for Architecture, Design and the City. Der Turmbau bietet dir tolle Blickwinkel auf Glasgow *(11 Mitchell Lane | Glasgow | thelighthouse.co.uk)*.

Von Glasgows Zentrum oder am Airport in Paisley startest du sofort auf der Autobahn M 8 durch. Nach kurzer Fahrt schwenkst du an der Abfahrt 30 nach rechts auf die M 898. Der Motorway wird kurz danach zur A 898 und du querst den River Clyde über die Erskine Bridge. Direkt danach folgst du der Gabelung mit der Beschilderung A 82/Crianlarich in einer weiten Linkskurve, die dich auf die Great Western Road/A 82 führt. In jedem Kreisverkehr folgst du dieser Hauptstraße und hast flott die Südspitze des Loch Lomond erreicht, jenes idyllischen Sees, den die Altrocker Runrig besingen.

Von Glasgow über Loch Lomond zur Insel Skye

Hier beginnt der Nationalpark Loch Lomond & The Trossachs. Nach kurzer Fahrt mit Blick auf das rechts liegende Seeufer biegst du in Arden auf die A 818. In westlicher Richtung entfernst du dich vom See, bleibst bei Kreisverkehren auf dieser Straße bis zum Nordrand von Helensburg. Nur etwa 100 m, nachdem du rechter Hand einen kleinen See passiert hast, biegst du nach rechts in den Kennedy Drive, wo die Ausschilderung dich zum Hill House leitet.

2 The Hill House

26 km

Architektur im Stahlkorsett

Bevor du dich in die Natur der Highlands begibst, gönn dir diese Paradevilla: **2 The Hill House** in Helensburgh, detailliert durchgestylt von Charles Rennie Mackintosh, der Glasgower Jugendstil-Ikone *(Upper Colquhoun Street | Helensburgh | nts.org.uk)*. In Zusammenarbeit mit seiner Frau Margaret entstand ein zeitlos faszinierendes Domizil für einen Verleger. Gedeckte Farbtöne und schlankes Mobiliar geben dir vielleicht ein paar Designideen fürs eigene Heim.

Zunächst fährst du etwa 4 km zurück auf der A 818 und stichst am Kreisverkehr geradeaus in die schmalere B 832. Kurz darauf stößt du wieder auf die A 82, die das Westufer des Loch Lomond begleitet. Während der langsamen Fahrt über die recht schmale Uferstraße kommst du durch die kleinen Siedlungen Luss und Inverbeg, immer hart am Seeufer mit kleinen Parkplätzen, die zum Ausscheren aus dem manchmal drängenden Verkehr verleiten. Das andere Seeufer rückt immer näher – drüben verläuft der Weitwanderweg West Highland Way von Glasgow nach Fort William.

Das von Charles Rennie Mackintosh designte Hill House wird mittlerweile von einer Stahlkonstruktion beschützt

Der Wanderweg West Highland Way verläuft am Loch Lomond und eröffnet herrliche Verschnaufmöglichkeiten mit tollem Blick

Jetzt fahrn wir übern See

In ❸ **Tarbet** laufen die Uferstraße, die berühmte Eisenbahnlinie West Highland Line und die von Westen kommende A 83 zusammen. Du kannst einen Abstecher zur nicht mal 1 km westlich an der A 83 liegenden Nordspitze des fjordartigen Loch Long machen. Am Loch Lomond streust du einen Törn auf dem See mit den Booten der Loch Lomond Cruises ein *(cruiselochlomond.co.uk)*. Einen großer Parkplatz gibt's beim Tarbet Pier.

Folge der Uferstraße A 82 nach Norden. Den besten Überblick bietet der architektonisch auffällige Scenic Viewpoint An Ceann Mòr. In Inveruglas parkst du neben dem Sloy Wasserkraftwerk und erklimmst die schöne pyramidenförmige Treppenkonstruktion aus Holz, die sich aus der Ufervegetation zum traumhaften Blick auf den See erhebt. Im idyllisch gelegenen Ardlui erreichst du das Nordende des Sees.

Auf Schusters Rappen

Setze mit der winzigen Fähre von ❹ **Ardlui** auf die andere Seeseite über und wandere eine Weile auf dem West Highland Way. Zurück am Pier kannst du Wakeboards ausleihen und beim SUP aktiv entspannen *(Ardlui Marina | ardlui.com)*.

❸ Tarbet

13 km

❹ Ardlui

7 km

Schottland

Von Glasgow über Loch Lomond zur Insel Skye

*Nur ein Katzensprung ist es zu den Wasserfällen am River Falloch nördlich des Sees. Trotzdem solltest du auf halbem Weg dorthin an der uralten, kultigen **Kneipe Drovers Inn** für eine Suppe oder einen Kaffee stoppen. Hier pausierten schon vor Jahrhunderten die drover (die Schaftreiber) mit ihren Herden. Von außen leicht gruselig, wird's drinnen gemütlich-gruftig. Ein Schild verbietet Wanderern, Schuhe und Socken auszuziehen – es duftet also eher nach Kaminfeuer und präparierten Tiertrophäen (Inverarnan | €–€€). Der Schankraum ist urigstes Fototerrain – unter diesen alten Balken machst du Bilder mit wunderbar düsterer Anmutung.*

5 Falls of Falloch

91 km

Wo das Wasser rauscht

Halte am Picknickparkplatz rechter Hand an der A 82 an. 500 m Weg durch den Wald am Fluss bringen dich zu den 10 m hohen **5 Falls of Falloch** mit tollen Pools zum Eintauchen *(ausgeschildert, direkt an der A 82)*. Wie schon in Inveruglas steht auch hier eine Aussichtsplattform, diesmal eine Art Korbstruktur aus geflochtenen Stahlstangen namens „Woven Sound".

Die A 82 führt dich vom lieblichen Grün des Loch Lomond Nationalparks in die offenen Highlands. Durch die Orte Crianlarich, Tyndrum und Bridge of Orchy folgst du der Eisenbahnlinie und kannst dich bei flotter Fahrt an Moor- und Berglandschaft satt sehen. Nach dem Passieren des Bergsees Loch Atriochtan machst du am Beginn des Glen-Coe-Tals einen 1-km-Abstecher nach rechts zum nächsten urigen uralten Pub. **Clachaig Inn** *liegt auf einer Single Track Road*

An heißen Tagen sind die Falls of Falloch ein erfrischendes Ausflugsziel

Garantiert auch einen emotionalen Höhenflug: eine Wanderung am Ben Nevis

und ist braun ausgeschildert. Das Ausflugslokal ist nicht so gruselig wie das Drovers Inn, aber genauso gemütlich. Die Aussicht von der Terrasse auf die mächtige Skyline des gekerbten Hochlandtals ist traumhaft. Hier beginnen schöne Fußwege.

Dann nimmst du die Fahrt durch das Glencoe wieder auf, hebst dir aber einen vertiefenden Besuch als Tagestripp vom nächsten Spot Fort William auf. Die A 82 begleitet nach den Örtchen Glencoe und Ballachulish erst das Loch Leven, dann das Loch Linnhe. An dessen nördlichen Übergang in das Loch Eil erreichst du Fort William, Hauptort der westlichen Highlands.

Städtchen, Bergriesen und Talschluchten

Seen, gefühltes Hochgebirge und die Eisenbahn liefern sich bei ❻ **Fort William,** dem Hauptstädtchen der westlichen Highlands, ein prächtiges Stelldichein. Das Tal **Glen Nevis** begleitet den Wildfluss Nevis und bohrt sich auf schmaler Straße 11 km in einsame Urnatur hinein. Ikonischer, aber von der Hauptstraße durchzogen, ist das **Tal Glencoe** in der Nähe, in dessen überwältigende Berg- und Mythenwelt sich ein Tagesausflug mehr als lohnt *(ab den Parkplätzen an der A 82 Bergpfade aller Schwierigkeitsgrade und Einstiege auf den West Highland Way | Glencoe Visitor Centre | Glencoe | nts.org.uk/visit/places/glencoe und glencoescotland.com/see-do/easy-walks/).*

Ebenfalls lohnend: eine Zugfahrt ins **Rannoch Moor.** Nimm den Zug von Fort William nach Corrour Station (50 Min.) durchs einsame Rannoch Moor. Lauf eine Meile bis zur kleinen Jugendherberge am Loch Ossian oder kehr im gemütlichen Restaurant des ehemaligen Station House ein *(Corrour Station House | Corrour | scotrail.co.uk).*

❻ **Fort William & Glen Nevis**

27 km

Von Glasgow über Loch Lomond zur Insel Skye

In Fort William folgst du der A 82 bis zur Ben Nevis Distillery, wo du dann nach links den River Loche überquerst und auf die A 830 biegst. Zwischen Corpach und Kinlocheil begleitest du das Nordufer des schmalen Loch Eil. Danach wird die A 830 von Rhododendren gesäumt – schön bunt zwar, aber inzwischen eine (ursprünglich aus dem Himalaya eingeführte) botanische Plage. Glenfinnan liegt herrlich an der Nordspitze des fjordartigen Loch Shiel.

❼ Glenfinnan Monument

45 km

Romantisches Nationalmonument

Tolle Kulisse für das ❼ **Glenfinnan Monument** in traumhafter Gegend. 1745 begann der Jakobiter Bonnie Prince Charlie seinen Feldzug zur Rückeroberung Schottlands. Im **Visitor Centre** kannst du seinen Weg bis zur Niederlage in Culloden nachvollziehen *(nfs.org.uk)*. Die Loslösung aus der Union mit England misslang, der Prinz entkam. 1815 setzte man hier am Loch Shiel einen Turm als Denkmal, den du über eine enge Wendeltreppe besteigen kannst. Direkt nebenan liegen der Bahnhof Glenfinnan und das berühmte Kurvenviadukt aus den Harry-Potter-Filmen. Im Sommer kommt hier zweimal täglich der von einer Dampflok gezogene Jacobite Steam Train aus Fort William an *(westcoastrailways.co.uk)*.

Die Panoramen der „Road to the Isles", wie die A 830 genannt wird, sind nun eher lieblich als dramatisch. Gesäumt wird die zweispurige Route vom Binnensee Loch Eilt und den ozeanischen Buchten Loch Ailort und Loch Nan Uamh. Am Letzteren finden Pilger der katholisch-jakobitischen Romantik jene Stelle ausgeschildert und

Im Seekajak erlebst du die Westküste bei Mallaig hautnah und aktiv

Über dieses Kurvenviadukt dampften auch schon Harry, Ron und Hermine mit dem Jacobite Steam Train gen Hogwarts

mit einem Gedenkstein markiert, an der Charlie 1745 anlandete und 1746 wieder entfloh. Ab hier bringt dich die A 830 in den beschaulichen Ort Arisaig, wo das Meer wieder in den Blick rückt – hier zweigt die schmale B 8008 entlang der Küste mit Campingmöglichkeit ab. Ein kurzes Stück Weg ist's noch bis zum Road End in Mallaig mit seinem geschäftigen Fischereihafen, Endbahnhof der West Highland Line sowie Fähranleger für Skye, die Small Isles und Knoydart. Kurzweiliger und von flacher Strandküste gesäumt ist die Schleife über die kurz hinter Arisaig ausgeschilderte Single Track Road, die B 8008.

Sprungbrett zu Inselparadiesen und nach Skye

In ❽ **Mallaig** enden Straße und Bahnlinie an einem Fischereihafen in Betrieb – keine Sackgasse, sondern Sprungbrett für Skye und die **Small Isles.** Tagestörns und Zwischenstopps zu den spärlich bewohnten, landschaftlich und kulturell sehr unterschiedlichen Inseln Muck, Eigg, Rùm und Canna sind ein Geheimtipp der Westcoast – *slow down* und nimm dir die Zeit. Von Mallaig schipperst du zum abgeschiedensten Küstenabschnitt der Westküste. **Knoydart** ist Natur pur ohne Straßenanschluss, allerdings mit Mini-Siedlung Inverie und Kneipe. Das Ausflugslokal The Old Forge ist berühmt für Geschichten und Gastfreundschaft (*Harbour Road | Mallaig | westernislescruises.co.uk/knoydart-ferry*).

Setz dich in Arisaig ins Kajak und genieße bei gutem Wetter das fast karibische Feeling. Der Küstenabschnitt zwischen Arisaig und Mallaig ist herrlich wildes Terrain für Paddeltouren im Seekajak. Vom Arisaig Seakayak Centre geht's los, mit etwas Glück beäugt dich Rotwild vom Ufer (*Main Road | Arisaig | arisaigseakayakcentre.co.uk | online vorbuchen*).

❽ Mallaig

7 km

Seit 1909 bewacht der Neist Lighthouse den westlichsten Punkt der Isle of Skye

Von Glasgow über Loch Lomond zur Insel Skye

In Mallaig nimmst du die typische „Roll-on-roll-off"-Fähre nach Armadale auf Skyes Halbinsel Sleat. Deren sanfte Panoramen sind weniger besucht. Unterwegs auf der A 851 solltest du in die neue Torabhaig Distillery einkehren.

Mehr als nur Whisky

Seit 2020 gibt es im wiederbelebten alten Gehöft **❾ Torabhaig Distillery** mit Meerblick den ersten dreijährigen Single Malt *(Teangue Sleat | torabhaig.com)*. Bei der tollen Tour wird geschnüffelt und dein Geruchssinn getestet. Im Café ist die hausgemachte Suppe sehr lecker. Ein kurzer Fußweg führt dich zu den romantischen Resten einer alten Clanburg am Meeresufer.

Kurz nach Torabhaig kannst du in Isleornsay einen kurzen Abstecher von der A 851 zum ausgeschilderten, wundervoll aus der Zeit gefallenen, dennoch edlen Hotel Eilean Iarmain (eileaniarmain.co.uk) einlegen, wo du beim Snack oder Fine Dining vielleicht zum ersten Mal jemanden Gälisch sprechen hörst. Im geschäftigen Broadford wechselst du auf die Inselhauptstraße A 87, tankst an den Supermärkten auf und kurvst durch atemberaubend großräumige Küstenlandstriche, bis du Sligachan erreichst, das erste Skye-typische Szenario aus Gebirge und Meer.

Landschaftliches Posing für Wanderer

Die zu Recht berühmteste schottische Insel **❿ Skye** leidet im Sommer fast unter der Umarmung durch ihre Fans. Bergmassive wie die Red und Black Cullins und die Trotternish-Halbinsel sind brillante Panoramen, der Verkehr auf den *Single Track Roads* kann aber nerven, weshalb Parken am Quiraing und den Fairy Pools kostenpflichtig ist. Frühjahr und Herbst bieten sogar besseres Licht, um die Melange aus zerklüfteten Höhen und Halbinseln in ozeanischem Ambiente zu genießen.

Hier ein Vorschlag für eine Tagestour im Womo: Die Trotternish-Halbinsel nördlich von Portree steuerst du über die schmale A 855 an. Die bizarre **Felsnadel Old Man of Storr** und das fast spukige Massiv Quiraing laden jeweils zu zwei bis drei-stündigen Wandertouren ein (Achtung: Parkplätze im Sommer voll). Kurz vor dem Abzweig zum Quiraing stürzt bei Regen der **Kilt Rock Waterfalll** ins Meer. Am Quiraing fährst du westwärts über Passstraße und Moor zum Fährhafen Uig. Die Hügel des Fairy Glen sind bezaubernd. Dafür an der Kirche in Uig auf ein Sträßchen abbiegen.

Der Ausflug zum westlichsten Punkt am **Neist Lighthouse** führt dich von Sligachan über die B 863 bis kurz vor Dunvegan, wo du für die letzten Kilometer über eine sehr schmale und manchmal vom Verkehr überladene B 884 zum Leuchtturm rollst.

❾ Torabhaig Distillery

46 km

❿ Skye

CAMPINGPLÄTZE AM WEGESRAND

Von Glasgow über Loch Lomond zur Insel Skye

Suburbia-Camping mit Zuganschluss

Der saubere, freundliche Campingplatz befindet sich in einem Vorort 10 km nordöstlich vom Zentrum Glasgows. 15 Fußminuten brauchst du zur Bahnstation Stepps und in weiteren 15 Minuten geht es bequem per Bahn zur Queen Street Station.

Red Deer Village Holiday Park
€€€ | 1 Village Drive | Stepps
Tel. +44 141 77 94 15 | reddeervillageholidaypark.co.uk
GPS 55.885294, -4.144015

▶ **Größe:** Über 20 Stellplätze mit Strom; 20 Mietwohnungen (6 Pers.) und Hütten (4 Pers.)
▶ **Ausstattung:** komplett ausgerüstet; Hunde kosten extra

Wohnen im Grünen

Der große Campingpark im einsamen Tal des River Nevis liegt landschaftlich reizvoll beim höchsten Berg Ben Nevis, aber nur 3 km von Fort William entfernt. Die Womoküche kann mal kalt bleiben, denn das große Restaurant liegt nebenan. Außerdem gibt's einen Imbisswagen mit Frühstücksbrötchen und Fish & Chips. Angelerlaubnis im Shop erhältlich.

Glen Nevis Caravan & Camping Park
€€ | Glen Nevis | Fort William
Tel. +44 1397 702191 | glen-nevis-co.uk
GPS 56.805580, -5.073385

▶ **Größe:** 182 Stellplätze, 66 mit direktem Wasseranschluss und Abfluss; etliche Campinghütten und Caravans mit WLAN
▶ **Ausstattung:** WLAN kostenpflichtig, rollstuhlfreundlicher Toiletten- und Duschbereich, Kinder- und Ballspielplatz

Verträumtes Strandparadies

Nur 13 km südlich von Mallaig auf der Alternative Coastal Route B 8008. Schönster der kleinen Campingplätze mit sehr netten Gastgebern entlang der tollen Morar-Küste zwischen Arisaig und Mallaig. Bei gutem Wetter ideal für ein, zwei Tage Urlaub mit Sand zwischen den Zehen.

In der Nähe des höchsten Bergs Schottlands gibt es einen Camping- und einen Stellplatz

Auf der Isle of Skye haben Wohnmobilbesitzer mehrere Stellplatzmöglichkeiten

Silversands Caravan & Campsite

€€ | Portnaluchaig
Tel. +44 78 27 35 53 17 | Facebook: Silversands Arisaig
Buchungen über silversandsarisaig@aol.co.uk.
GPS 56.939889, -5.860802

▶ **Größe:** 15 Stellplätze
▶ **Ausstattung:** Dusche kostet extra

Mal ne Womo-Pause

Lass dein Wohnmobil für ein, zwei Nächte auf dem großen Parkplatz in Mallaig (*GPS 57.004920, -5.831548*) und übernachte auf der **Isle of Rùm.** Dort gibt es ein sehr gutes Bunkhouse mit Mehrbett- und Zweibettzimmern sowie witzige kleine Campinghüttchen, alles im Ort Kinloch. Den Proviant musst du selber mitbringen, eine Küche und WLAN stehen zur Verfügung. Fahrräder kannst du mieten.

Rùm Bunkhouse and Cabins

Beim Fähranleger | *Isle of Rùm, Kinloch*
isleofrum.com/placestostay.php
GPS 56.997865, -6.4893623

▶ **Größe:** *für bis zu 20 Personen*

Küstenidylle mit Berpanorama

Nur gut 6 km südlich der Fairy Pools auf der Isle of Skye liegt am Talende ein idyllischer Campingplatz mit sehr nettem Café (frische Croissants und Wandertipps) in der Nähe von Bergen und Küstenpfaden. Ernsthafte Bergwanderer starten hier in die Black Cuillins.

Glenbrittle Camping Ground

€€ | *Carbost*
Tel. +44 1478 64 04 04 | *dunvegancastle.com/glenbrittle/campsite*
GPS 57.201931, -6.286083

▶ **Größe:** *120 Stellplätze, 49 davon mit Strom*
▶ **Ausstattung:** *WC, Dusche, Waschmaschine, Trockner Chemie- und Grauwasserentsorgung, frisch gebackenes Brot, Croissants, Kuchen, Suppe, Sauerteigpizzen, Verleih von Camping- und Kletterausrüstung*

Kulinarisches am Wegesrand

Von Glasgow über Loch Lomond zur Insel Skye

Lass dich vom Duft inspirieren

Der dahinsiechende Glasgower **Stadtteil Finnieston** zwischen Kelvinpark und Clyde wurde als Restaurant- und Kneipenviertel wiederbelebt. In der **Argyle Street** wird Tür an Tür in Woks und Töpfen europäisch, asiatisch und vegan gekocht. Lass dich vom Blick durchs Fenster und vom Duft leiten. Zum Runterspülen gibt's Craftbeer und Gin. Danach verdaust du beim Spaziergang im Park oder am Clyde.

Kultig-witziger Esstempel

Stallungs-Ambiente mit gestalterischen Anleihen an Regenwald und italienischem Atrium. Nirgendwo speist man in Glasgow schottischer und regionaler als im **The Ubiquitous Chip**. Tipp: das Hirsch-Haggis. Preiswerteres Bistro (€) im ersten Stock. *Infos: 12 Ashton Lane | ubiquitouschip.co.uk*

Tief im Tal

Tief drinnen im menschenleeren Glen-Nevis-Tal wirkt das große **Glen Nevis Restaurant & Bar** fast wie ein Fremdkörper – oder ist die ideale Zivilisationszuflucht vor so viel Natur. Weil nebenan der Campingplatz liegt, hat es eine Spur kosmopolitischen Hofbräuhaus-Charakter. *Infos: West Highland Way | Fort William | glennevisrestaurant.co.uk | €€*

Wo Wildkatzen frühstücken

Tolles Gebäck und Stullen, glutenfrei, mit vegetarischer bis veganer Philosophie ganz ohne Dogma – das bietet **The Wildcat**. Hier bekommst du auf jeden Fall das leckerste Frühstück in ganz Fort William. *Infos: 21 High Street | Fort William | Facebook: The Wildcat Fort William | €*

Geschmackssache: frische Austern von der Isle of Skye

Der Besuch einer Whisky-brennerei sollte auf jeden Fall auf deiner To-do-Liste stehen

Edel, aber nicht ganz günstig

Das Fischrestaurant **The Cabin** in Mallaig pflegt beste Beziehungen zu den anlandenden Fischerbooten ums Eck. Die Meeresfrüchte-Küche hat einen schottisch-mediterranen Touch, die traditionelle Suppe *cullen skink* ist lecker. *Infos: Station Road | Mallaig | Facebook: The Cabin Mallaig | €€–€€€*

Sehr authentisch

Direkt am Pier der bezaubernden Insel Eigg liegt das **Galmisdale Bay Café**, ein toller Treffpunkt für Besucher und Insulaner – manchmal wird musiziert. *Infos: Isle of Eigg | galmisdale-bay.com | €€*

Proteine pur

Oberhalb der Talisker-Brennerei auf Skye liegt eine Halle, die wie ein Lager wirkt: das **Oyster Shed**. Sie entpuppt sich allerdings als Delikatessenshop, Takeaway und einfache Restauration für Austern und andere Meeresfrüchte, ob frisch oder geräuchert. *Infos: Carbost Beag | the oysterman.co.uk | €*

Es brennt!

Preisgekrönt ist der Single Malt „Storm" der berühmten **Talisker Distillery** auf Skye. Hier kannst du auch Touren buchen und alles Wissenswerte über die Herstellung von exzellentem Whisky erfahren – und natürlich auch shoppen. *Anfahrt: 13 km westl. von Sligachan über die A 863 und B 8009, ausgeschildert Infos: Talisker Distillery | Carbost | malts.com/enrow/distilleries/talisker*

Weißes Cottage, rotes Dach

Das **Red Roof** auf der schottischen Vorzeige-Insel Skye ist klein, aber fein. Unter seinem markanten Dach werden dir zauberhafte Tees und ein vegetarisches Lunch (Randensalat mit Linsenchutney) serviert. Reservierung empfohlen. *Infos: Glendale | redroofskye.co.uk*

Tulpen und Windmühlen werden dir auf deiner Camperreise durch die Niederlande so sicher begegnen wie das Meer, Strände und Grachten

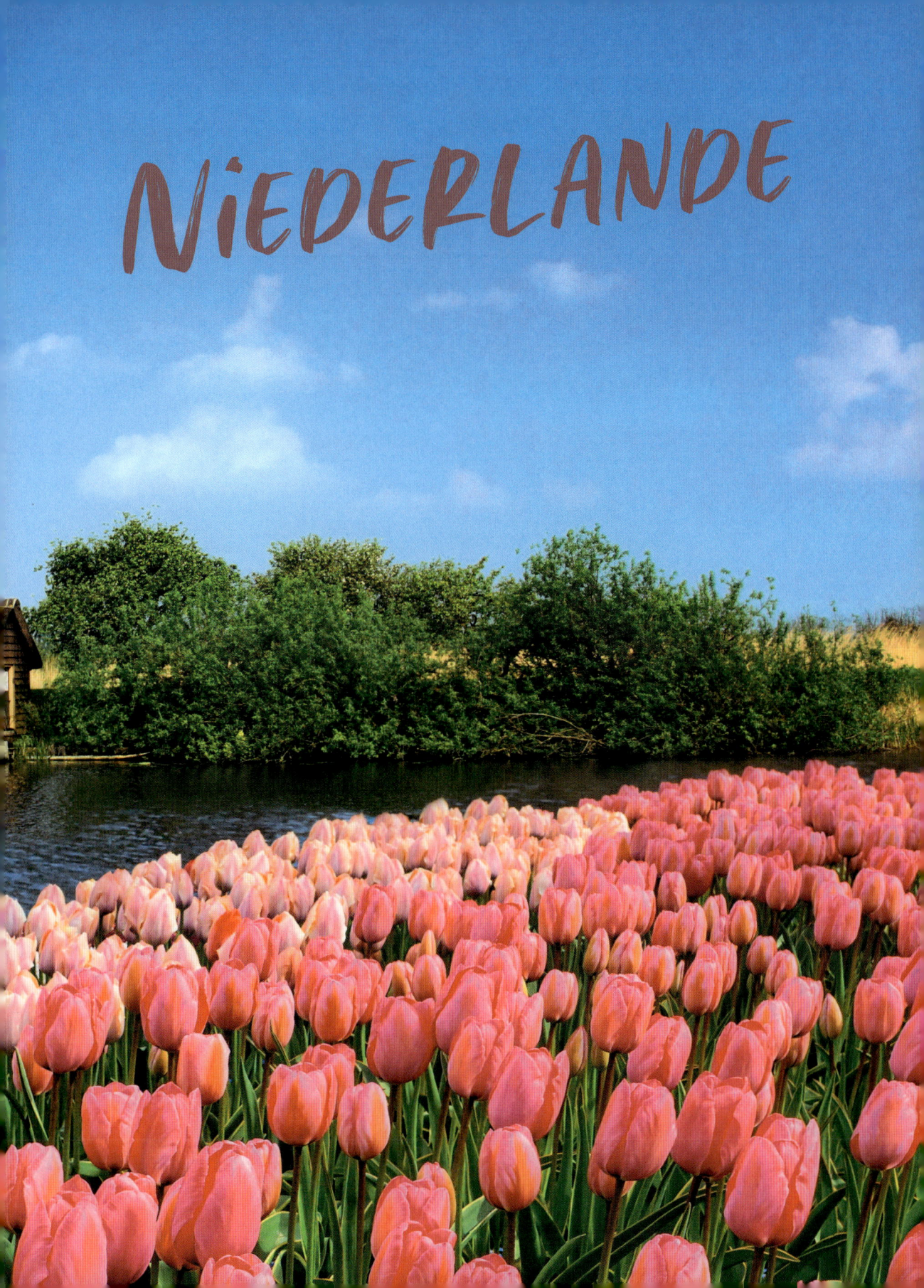

Welkom im Land von Strandperlen & Camping

Strände, Meer, eine lückenlose Infrastruktur, Wasser ohne Ende und eine Vielzahl mittelalterlicher Städte – das sind die Niederlande. Also: Koffer packen und Wagen vollladen, aber Badehosen und Fahrräder nicht vergessen. Nach der jahrelangen kulinarischen Monokultur hat das Land mittlerweile auch seine genussfreudige Seite entdeckt, was für eine breite Palette an tollen Restaurants sorgt.

Auch in Amsterdam ist das Fahrrad das bevorzugte Fortbewegungsmittel

Kampf gegen das Wasser

„Tut mir leid, ich bin zu spät, die Brücke war auf." Diese Worte müssen in den Niederlanden häufig für eine Entschuldigung herhalten. Tatsächlich kennt das hier jeder: Tage, an denen man mindestens einmal wartet, weil ein Schiff Vorfahrt genießt. Das ist halb so wild, aber eine stete Erinnerung an die Allgegenwart des Wassers: Ohne Deiche wären 56 Prozent der Niederlande entweder überflutet oder liefen Gefahr, regelmäßig überschwemmt zu werden. Folglich genießt der Kampf gegen das Wasser höchste Priorität. Die Spuren der alltäglichen Auseinandersetzung sind nicht nur in Form von Deichen erkennbar: Schon die heute so anmutig in der Landschaft ruhenden Windmühlen dienten seit dem 17. Jh. der Trockenlegung von Poldern. Seitdem geht es vor allem bei Unterhalt und Erhöhung der Deiche permanent darum, nicht zu spät zu kommen. Brücken sind da ein eher geringes Problem.

Leben auf zwei Rädern

Die Vorliebe der Niederländer fürs Fahrrad ist mehr als nur ein Klischee. Fast jede Straße wird von separaten Radwegen flankiert. Ein ausgeklügeltes Knotenpunktsystem ermöglicht die Orientierung auch bei längeren Strecken. Generell gehört es zum guten Ton, Wind und Wetter zu trotzen. Nur mit dem Helm werden unsere Nachbarn nicht warm. Der gilt als deutsch.

Weite Strände mit feinem Sand kennezeichnen die Küstenlinie von Hoek van Holland bis Texel

Die Natur von ihrer besten Seite

Die Niederlande zählen 21 Nationalparks. Ihre Funktion: einzigartige Landschaften vor der Zivilisation schützen und gefährdeten Arten Rückzugsräume bieten. So können Besucher auch künftig durch das Wattenmeer waten, mitten im Rheindelta durch den Biesbosch paddeln oder in den Heidelandschaften der Hoge Veluwe wandern. Kurzum: 21 Gründe mehr, dieses Land zu lieben.

Kreatives Bauen

Eine bewohnbare Markthalle in Rotterdam, verschachtelte Grachtenhäuser in Zaandam, skulpturale Villen in Bergen und extravagante Wohnblöcke der Amsterdamer Schule. All dies kündet vom Hang des kleinen Volks zu kühner Architektur. Das färbt auf Hausboote und selbst auf Industriegebiete ab.

Wie und wo kaufe ich ein?

Vieles mag in den Niederlanden teuer sein. Das aber gilt nicht für Supermärkte. Die großen Ketten Albert Heijn und Jumbo liefern sich permanente Preisschlachten, in die sich deutsche Discounter wie Aldi und Lidl eifrig einmischen. Während die Produktqualität in Ordnung ist, wirst du Frischetheken vergeblich suchen. Als Zugeständnis an den vermeintlichen Fortschritt sind viele frische Lebensmittel vorgeschnitten und in Plastik verpackt. Besser sieht die Lage bei den Biomärkten von Ekoplaza und Marqt aus, deren Sortiment aus hochwertigen Produkten zu entsprechenden Preisen besteht. Eine Besonderheit sind die Märkte, auf denen von frischem Fisch über Gemüse und Käse bis hin zu exotischen Leckereien alles zu kleinen Preisen erhältlich ist. Nicht zuletzt dank der regionalen Folklore macht das Einkaufen hier am meisten Spaß. Gut und günstig sind zudem die vielen orientalischen Supermärkte.

AUF EINEN BLICK

17,4 Mio.
Einwohner*innen in den Niederlanden
[Nordrhein-Westfalen 17,9 Mio.]

41 543 km²
Fläche Niederlande
[Deutschland 357 588 km²]

26 %
der Niederlande liegen unterhalb des Meeresspiegels

Campingplätze
2197
Bayern, Bundesland mit den meisten Campingplätzen in Deutschland: 447

Ø 2064
SONNENSTUNDEN IM JAHR IN VLISSINGEN
[Hamburg: Ø 1645]

DURCHSCHNITTSGRÖSSE FRAUEN
1,71 m
[Platz 1 in der Welt, ebenso die Männer mit einer durchschnittlichen Größe von 1,84 m]

20 kg
KÄSE ESSEN DIE NIEDERLÄNDER*INNEN IM JAHR

60 %
Weltweiter Marktanteil an Blumenzwiebeln

1100
ANZAHL DER WINDMÜHLEN IN DEN NIEDERLANDEN

Früher eher temporäre Frittenbude mit Windschutz, heute stylische Location mit Panoramafenstern: der Strandpavillon

Moderne Küche

Patat (Fritten) gehören immer noch zum Alltag. Davon abgesehen aber hat die niederländische Küche in den letzten Jahrzehnten einen Quantensprung gemacht. Angetrieben vom internationalen Tourismus haben sich vor allem Amsterdam, Rotterdam und Den Haag zu Zielen für Foodies entwickelt. Modern, leicht, fleischarm, nachhaltig, regional und saisonal sind hier Eigenschaften, die sich Landesküchen aus aller Welt zu eigen gemacht haben.

Café- und Barkultur

Kaffee genießt zwischen Maastricht und den Wattenmeerinseln hohe Wertschätzung. Im gesamten Land gibt es gute bis sehr gute Heißgetränke, die du am stilvollsten im Grand Café konsumierst. Eine weitere Besonderheit sind die *Bruin Cafés*. Die mit dunklem Holz und Teppichen eingerichteten Lokale sind eher als Kneipen denn als Cafés zu verstehen.

Strandpavillons

Wollte man Forschungen zum niederländischen Beitrag zur weltweiten Esskultur anstellen, würde die Suche zwangsläufig zum Strandpavillon führen. Anfangs eher als eine Art temporäre Frittenbude mit Windschutz gedacht haben die Lokale zwischen Cadzand im Süden und Schiermonnikoog im Nordosten eine erstaunliche Evolution durchlaufen: Das Angebot ist sehr breit gefächert und reicht je nach Ausrichtung von Biofrühstück über eine Raw Bar mit Austern und frischen Meerestieren bis hin zu Dutzenden regionaler Craft-Biere. Viele Strandpavillons trotzen auch den stürmischen Jahreszeiten Herbst und Winter, indem sie bei offenem Kamin und Panoramafenstern zur gemütlichen Beobachtung der tosenden Brandung und sich auftürmender Sandverwehungen einladen. Ganz billig sind sie nicht, aber das ist angesichts des hohen Aufwands nachvollziehbar. Doch die Niederländer sind ein preisbewusstes Volk, weshalb immer auch eine kostengünstige Option zur Auswahl steht.

Niederlande

ENTLANG EINER ENDLOSEN KÜSTE

Von Rotterdam bis Texel

Strecke & Dauer

- Strecke: 223,5 km
- Reine Fahrzeit: 6 Std.
- Streckenprofil: Die Strecke führt vom Ballungsraum Randstad nach Texel. Berufsverkehr solltest du meiden.
- Empfohlene Dauer: 8 Tage

Was dich erwartet

Das mächtige Mündungsdelta von Rhein und Maas und die futuristische Metropole Rotterdam sind ein furioser Auftakt. Doch es geht noch mehr: Auf dem Weg nach Norden reihen sich die Höhepunkte in rascher Abfolge aneinander. Dabei ist die Kombination aus langen Stränden, belebten Badeorten und einer enormen Anzahl reizvoller Städte einmalig in Europa. Riesige Naturschutzgebiete, die zum Teil zu Nationalparks erklärt wurden, runden das Portfolio dieser Urlaubsregion ab.

Futuristische Hafenstadt an der Maas

1 Rotterdam

28 km

Windschiefe Giebelhäuschen und Grachten mit Hausbooten? Wer das sucht, macht besser einen Bogen um **1 Rotterdam**. Denn die am Mündungsdelta von Rhein und Maas gelegene Metropole besitzt nicht nur den größten Hafen Europas, sondern sie versteht sich auch als moderner Gegenentwurf zu all den zauberhaften historischen Städtchen der Niederlande. Dabei überschreitet Rotterdam nicht selten die Schwelle zum Futurismus. Wer gute Ideen hat, kann sie hier umsetzen.

Blick auf den Oude Haven von Rotterdam

Eine bewohnbare Markthalle in der Form eines Hufeisens? Diese Idee hat dem Rotterdamer Architekturbüro MVRDV weltweiten Ruhm beschert. Tatsächlich ist die 2014 fertiggestellte **Markthal** wegen ihrer Form, der aus stilisiertem Obst und Gemüse bestehenden Innenverkleidung, und des Gesamtkonzepts schon jetzt eine Ikone. Nur die Food-Stände als eigentlicher Zweck sind einigermaßen enttäuschend *(Ds. Jan Scharpstraat 298 | Rotterdam | markthal.nl)*.

Die **Schiffstour** durch Rotterdam und seinen Hafen ist ein atemberaubendes Spektakel. Von der Erasmusbrücke und den höchsten Wolkenkratzern der Niederlande geht es weiter zu den Containerburgen des gewaltigen Hafens *(Koninklijke Spido | Willemsplein 85 | Rotterdam | spido.nl)*. Oder doch lieber mit dem Fahrrad zu den kulinarischen Hotspots, die nur die Insider kennen? Und dabei noch an wichtigen Sehenswürdigkeiten vorbeiradeln? Das sind die Vorteile von **Bike and Bite,** einer Radtour mit typischen Snacks und guten Drinks *(bikeandbite.nl)*.

Die Innenstadt von Rotterdam ist für Wohnmobile problematisch. Einige Kilometer außerhalb ist die Benutzung eines kostenlosen P+R-Parkplatzes mit Metroanbindung *(Capelsebrug, 18 Min., GPS 51.920100, 4.558297)* möglich.

Wer sich in Rotterdam befindet und das Wort Strand hört, denkt sofort an Hoek van Holland. Über die A 20 und die N 223 ist der Ort binnen einer halben Stunde erreicht. Überwiegend bestimmt

Von Rotterdam bis Texel

der Anblick des Rotterdamer Hafens die Strecke – was die schnelle Durchfahrt erleichtert. Auf Höhe der Jeneverstadt Schiedam lohnt ein Blick gen Süden, denn hier steht die mit 43 m höchste Windmühle der Welt.

Strand mit Schiffsverkehr

❷ **Hoek van Holland**

10,5 km

❸ **Monster**

17 km

Der Ort (9500 Einw.) selbst mag wegen seiner gesichtslosen Bebauung nicht sonderlich attraktiv sein. Doch ❷ **Hoek van Holland** besitzt einen wunderbar breiten Sandstrand. Wer dann auch noch Schiffe mag, kommt hier aus dem Schwärmen nicht mehr heraus: Mit Containern beladene Ozeanriesen bürgen für gute Unterhaltung. Der in unmittelbarer Nähe zu Strand und Pavillons gelegene Parkplatz Parkeerplaats Badweg ist im Winter kostenfrei. Für alle, die Holland noch nicht so gut kennen: Die Suche nach Gratisalternativen erweist sich im Sommer als zwecklos – Falschparken ist immens teuer.

Der Weg nach Monster über die N 211 führt durch das Westland, das für seine enorme Vielzahl an Gewächshäusern bekannt ist.

Windmühlen am Bondi Beach

Deutsche können über diesen Ortsnamen herzlich lachen. Doch ❸ **Monster** (von lat. monastarium) umarmt seine Besucher mit einem makellosen Strand und ist Standort der dekorativen Windmühle De Vier Winden mit hausgemachten Mehlsorten *(devierwindenmonster.nl)*. Genug Pluspunkte, um sich bei der Namensgebung des beliebtesten Strandpavillon Bondi Beach *(bondi-beachclub.nl)* mit der Metropole Sydney zu messen. Sand wie in der Sahara, oder wenigstens wie auf einer Wattenmeerinsel, das bietet die künst-

Kijkduin ist ein Badeort südlich von Den Haag

Im gemütlichen Binnenhof von Den Haag hält man gerne ein Schwätzchen

liche Halbinsel De Zandmotor, die vor wenigen Jahren zwischen Monster und Kijkduin aufgeschüttet wurde. Was zu einem populären Motiv für Schnappschüsse geworden ist, dient dem Schutz der fragilen Küstenlinie. Der Erfolg wird erst nach 2030 gemessen *(Parken beim Molenslag, GPS 52.032846, 4.172545)*.

Vorbei an Kijkduin, dem südlichen Badeort Den Haags, führt die Strecke über die S 200 durch das nördliche Pendant: Scheveningen, nur 6 km von Den Haag entfernt, hat neben den offensichtlichen Qualitäten eines Badeorts auch Parks und kleine Wälder zu bieten.

Wo die Politik baden geht

Früher Königsstadt, Regierungssitz, Standort des Internationalen Gerichtshofs – und entzückende Mini-Metropole mit vielen Parks, Jugendstilvierteln und zwei eigenständigen Badeorten. So liest sich die Kurzform des Portfolios von ❹ **Den Haag**. Weil sich die Innenstadt in den zurückliegenden Jahren mächtig entwickelt hat und die Anzahl kreativer Küchen steigt, ist die Lebensqualität hier so hoch wie kaum irgendwo in den Niederlanden – oder auch in ganz Europa.

Wer genug von Strand und Pier hat, kann sich aufmachen, die schönste Seite **Scheveningens** zu entdecken. Den Haags Vorzeigebadeort besitzt nämlich ein Jugendstilviertel. Rund um die Frede-

❹ **Den Haag**

15 km

Von Rotterdam bis Texel

rik Hendriklaan reihen sich prächtige Villen aneinander. Attraktive Geschäfte und der nahe Wald (Scheveningse Bos) runden das Vergnügen ab. 6 km südwestlich von Scheveningen, in **Kijkduin** mit dem Etikett Familienbadeort, geht alles weniger aufgeregt vonstatten. Mit anderen Worten: In Den Haags Zweitbadeort kannst du gepflegt abhängen, in die Wellen eintauchen – oder auch kitesurfen *(von Scheveningen und Den Haag 5 km über die S 200 vorbei am Westduinpark, dahinter rechts zum Strand).*

Die Strecke führt über die N 44 weiter in Richtung Norden vorbei am Dünenschutzgebiet Meijendel. Es dient der Gewinnung von Trinkwasser und in geringerem Maße der Naherholung. Jenseits der Sandberge folgt der vornehme Vorort Wassenaar, der seit jeher bei Adel und Geldadel populär ist. Am äußersten Nordostrand von Wassenaar wartet mit dem Freizeitpark Duinrell (duinrell.nl) bestes Familienentertainment. Über die A 44 geht es innerhalb weniger Minuten nach Leiden.

❺ **Leiden**

19 km

35 Höfe, 28 km Grachten und 13 Museen

Die Universität ist die älteste des Landes, Rembrandt heißt der wohl berühmteste Sohn der Stadt. Mit Grachten, schiefen Häuschen und einer großen Geschichte ist ❺ **Leiden** ein prächtiger Ort für einen Zwischenstopp. Selbst wenn dieser ganztägig ausfällt, wird es nicht im Ansatz langweilig. Mit 750 Stellplätzen – darunter viele auch für größere Camper – ist der Parkplatz am Haagweg 6 der größte der

Für einen ausgedehnten Stadtbummel hat Leiden so einiges zu bieten

Das reine Strandvergnügen erlebst du in Katwijk

Stadt. Bis in die City sind es zu Fuß nur fünf Minuten. Die schnellste, bequemste und zugleich schönste Möglichkeit zur Erkundung der Stadt? Klar, das sind die vollverglasten Ausflugsboote, die durch die Grachten schippern. Ganz nebenbei bekommst du wunderbare Fotospots im Minutentakt serviert *(De Leidse Rederij | Apothekersdijk 5 | Leiden | leidserederij.nl)*.

Gewächshäuser, alte Baumbestände und Sonnenwiesen machen den mehr als 400 Jahre alten **Hortus Botanicus** zu einer traumhaften Oase mitten in der Stadt. Zudem ist Leiden als alte Festungsstadt von Gräben umgeben. Ziemlich genau im Zentrum thronen auf einem künstlichen Hügel die Reste einer **Burganlage**. Eine perfekte Kulisse für Schnappschüsse mit toller Aussicht *(GPS 52.158971, 4.492323)*.

Über die N 206 führt der Weg in die Küstenorte Katwijk und Noordwijk.

Strandwelt am gezähmten Rheinarm

Das Seebad ❻ **Katwijk** ist nicht nur für seinen verkehrsgünstigen Boulevard, sondern bis heute auch für seine strenggläubigen Bewohner bekannt. Auch mündet hier einer der Rheinarme in die Nordsee. Nur wenige Kilometer weiter nördlich lockt der Badeort ❻ **Noordwijk**, dessen Nobelherbergen im Vorfeld von Fußballgroßereignissen lange Zeit die niederländische Nationalmannschaft beherbergt haben. Hübsch sind auch die historischen Straßenzüge im alten Ort (Noordwijk Binnen).

Über die N 206 geht der Streckenverlauf weiter bis zum weithin bekannten Seebad Zandvoort aan Zee.

❻ Katwijk & Noordwijk

34 km

Niederlande

Von Rotterdam bis Texel

Hausstrand aller Amsterdamer

Binnen 25 Minuten bist du mit der Bahn in Amsterdam. Dafür wird es bei gutem Wetter oft sehr voll. **7 Zandvoort aan Zee** vereint auf engem Raum enorm viel: einen Boulevard mit tollem Strand, aber zum Teil fürchterlicher Architektur. Einige gute Pavillons. Hübsche Straßenzüge, in denen die Häuschen mit Markisen geschmückt sind. Naturschutzgebiete zu allen Seiten – und, als wäre das noch nicht genug, eine Formel-1-Strecke, die sich ungeachtet aller Bedenken ihren Weg durch die Dünen bahnt. Die Parkplatzsuche ist schwierig. Möglich ist das Parken am Boulevard, wo du mit einem voll ausgestatteten Wohnmobil auch bis zu drei Tage stehen kannst *(GPS 52.38739, 4.53461)*.

Schon mal einem Wisent in die Augen geblickt? Nein? Dieses Versäumnis könntest du bei einer Wanderung durch den **Nationaal Park Zuid-Kennemerland** beheben: Die europäischen Bisons sind in den Dünen beheimatet und können unvermittelt vor dir stehen. Das 38 km² große Schutzgebiet wird von kleinen Seen durchzogen und hier gedeiht die prächtige Dünenrose *(7 km mit Rad oder Wagen bis zum Besucherzentrum Overveen | np-zuidkennemerland.nl)*.

7 Zandvoort aan Zee

7 km

In nördlicher Richtung setzt sich die Küstenstraße N 200 unter ständiger Begleitung von Strandpavillons bis Bloemendaal aan Zee fort. Die windgeschützten Strandpavillons sind nirgendwo so geballt vertreten wie in Zandvoort und Bloemendaal. Einen ausgedehnten Bummel durch die Lokale, die eine schwer definierbare Mischform aus Bars, Restaurants, Bespaßungsanlagen und Veranstaltungsstätten sind, kannst du auch als Strandspaziergang definieren (visitzandvoort.nl). Hier biegst du in Richtung Haarlem ab, um die letzten Ausläufer des Nationalparks Zuid-Kennemerland zu durchqueren. Kurz vor der Stadt nimmst du in Overveen den Bloemendaalseweg nach Norden.

Ohne Eile kannst du auf den Kanälen um Bergen dahingleiten und die Landschaft genießen

Der famose Strand von Zandvoort lockt jährlich zahlreiche Besucher an und jeder findet sein Plätzchen

Sommerfrische der Schickeria

Mit dem Zusatz „aan Zee" erfreut sich ❽ **Bloemendaal** eines großen Bekanntheitsgrads. Der eigentliche Ort hingegen ist der Elite von Amsterdam und Haarlem vorbehalten. Beeindruckende Villen liegen vor allem in den Ausläufern der Dünen. Diese sind zum Teil mit Klinkersteinen ausgelegt und bieten damit ein ideales Trainingsrevier für ambitionierte Radfahrer. Der größte Höhenunterschied beläuft sich am Kop van Bloemendaal immerhin auf 33 m. Auf halbem Weg zum Kop van Bloemendaal befindet sich am Hoge Duin en Daalseweg ein Parkplatz.

Nach einer kurzen Abfahrt kommt die Auffahrt zur A 9 in Sicht. Ab hier erreichst du in einer knappen Dreiviertelstunde Alkmaar. Nach weiteren gut zehn Minuten rollst du in das wunderbare Bergen.

Künstlerdorf in mystischem Licht

Schon seit Generationen zieht es Maler mit ihren Staffeleien nach ❾ **Bergen**. Das Licht ist hier in wenigen Kilometern Entfernung zur Küste hinreißend schön. Auch sonst weiß das Städtchen (30 000 Einw.) zu punkten: Es grenzt an ein großes Dünenreservat, es unterhält einen Strandort mit dem Zusatz „aan Zee" und hat ein geschäftiges Zentrum. Architekturfans staunen über die Villen der Amsterdamer Schule, die im frühen 20. Jh. Konzepte für das neue Wohnen entwarf. Im Bergener Park Meerwijk durften sich Architekten wie Piet Kramer als Baumeister für den Geldadel versuchen. Dabei herausgekommen sind 17 Villen, die perfekte Kulissen für die Filme von Wes Anderson oder Tim Burton wären *(amsterdamse-school.nl)*.

❽ Bloemendaal

45 km

❾ Bergen

45 km

Von Rotterdam bis Texel

Romantiker erfreuen sich an der **Ruine einer Kirche** im Kern der Stadt. In Bergen gibt es keinen zentralen Großparkplatz. Dafür können auch Wohnmobile kostenpflichtige Parktaschen nutzen, zum Beispiel am Plein *(GPS 52.670164, 4.702892)*.

Zum Teil durch den Wald geht die Fahrt nach Schoorl, dem die gleichnamigen Dünen Schutz vor dem Meer bieten. Die höchsten messen bis zu 54 m. Nun strebt die Hauptstraße (erst Voorweg, dann Heereweg) dem nächsten Küstenort entgegen: Camperduin aber lässt du links liegen, um hinter einem stattlichen Deich nach Petten weiterzufahren. Der kleine Ort markiert eine sichtbare Wandlung, denn von nun an wird es selbst an der Küste immer leerer. Dünen auf der einen und weitläufige Wiesen auf der anderen Seite bestimmen die Landschaft. Auf den verbleibenden Kilometern bis nach Den Helder – die N 502 führt mit einigen kleinen Schlenkern dorthin – wird es lediglich in Callantsoog noch mal voller. Nach der hektischen Randstad zeigt sich Holland hier von seiner entspannten Seite.

Ab auf die Fähre

Wer malerische holländische Städtchen liebt, wird von **⑩ Den Helder** enttäuscht sein: Die Stadt (55 000 Einw.) stand dank ihrer strategisch wichtigen Lage an der Nordspitze des Festlands immer schon im Zeichen des Hafens. Wenn du nach Texel möchtest, bleibt dir keine andere Wahl, als hier auf der Fähre einzuchecken. Die maritimen Aktivitäten aber gehen weit darüber hinaus. Neuerdings versucht sich der geschäftige Hafen gar als angesagtes Ausgehviertel. Beliebteste

⑩ Den Helder

3 km

Nicht nur ein Spaß für Kinder: die Kletterdüne von Schoorl hinunter zu peesen

Wer es auf Texel bis zum Leuchtturm schafft, darf ihn auch besteigen

Attraktion ist das **Marinemuseum** *(marinemuseum.nl)*. Bei der Überfahrt nach Texel gilt es einiges zu beachten. Die Fähren der Teso *(teso.nl)* verkehren im Sommer zwischen 6 und 21 Uhr, die genauen Abfahrten sind auf der Webseite vermeldet. In der Hochsaison sind die Plätze für Fahrzeuge oft weit im Voraus belegt, wer lange Wartezeiten vermeiden möchte, sollte also rechtzeitig reservieren.

Nach einer Überfahrt von 20 Minuten stellt sich auf Texel unmittelbar ein Inselgefühl ein.

Und die Welt muss draußen bleiben

Mehr Schafe als Einwohner. So ist die Lage auf ⑪ **Texel**, wenn du die Einheimischen fragst. Ob diese Behauptung der Realität entspricht, spielt aber letztlich keine große Rolle. Entscheidend ist vielmehr, dass Texel eine Welt für sich ist. Obwohl das Eiland kaum weiter als 1 km vom Festland entfernt ist, geht das Leben hier einen gemächlichen Gang: Entschleunigung pur. Außerhalb der Hauptsaison wirkt Texel gar ein wenig verschlafen. Perfekt für lange Strandwanderungen oder einen Abstecher ins Wattenmeer.

Schon mal mit einem Fischerboot auf Grund gelaufen? Das gehört bei diesen Ausflügen zum Konzept. Der Kapitän von **Het Wad op** sticht in See, wartet die Ebbe ab – woraufhin die Passagiere das Watt betreten dürfen. Nach der Expedition werden die Fischernetze ausgeworfen, um bald darauf den Inhalt zu präsentieren und die Bedeutung der einzelnen Spezies zu erklären. Die Tiere gehen lebend wieder über Bord *(Haven 8 | Oudeschild | hetwadop.nl)*.

 Texel

Niederlande

Campingplätze am Wegesrand

Von Rotterdam bis Texel

Superschnell in der Stadt

Der Küstenstreifen Westland zwischen Den Haag und Rotterdam verfügt auf der anderen Seite des Deiches über herrlich breite Sandstrände. Hier liegt dieser freundliche Familienzeltplatz. Vom Bahnhof Hoek van Holland Strand (3 km) fahren regelmäßig Züge nach Rotterdam Centraal.

Strandpark Vlugtenburg

€€ | ,t Louwtje 10 | ,s-Gravenzande
Tel. +31 17 4 41 24 20 | vlugtenburg.nl
GPS 52.002993, 4.138429

▶ **Größe:** 288 Stellplätze, Bungalows, Bauwagen, Safarizelte
▶ **Ausstattung:** Wasserspielplatz, Restaurant, Frühstück, Spielplatz, BBQ, Getränke auf der Terrasse

Wald am Familienstrand

Das Waldgebiet Ockenburgh trennt den Küstenstreifen Kijkduin von den Wohngebieten Den Haags. Schon seit Generationen treffen sich hier Urlauber, um die Nähe zum Meer, herrliche Luft und eine gute Atmosphäre zu genießen. Teile des Zeltplatzes sind mittlerweile Ferienwohnungen gewichen, doch die Vorzüge der Anlage sind immer noch offensichtlich: Natur, Strand und Stadt liegen nah beieinander.

Vakantiepark Kijkduin

€€ | Machiel Vrijenhoeklaan 450 | ,s-Gravenhage
Tel. +31 70 4 48 21 00 | roompot.nl
GPS 52.059922, 4.212265

▶ **Größe:** 38 Wohnmobilplätze, 6 Safari- und 6 Bungalowzelte
▶ **Ausstattung:** Pizza und Wein vor Ort, Pub/Bar, Snackbar, ganztägiges Sport- und Unterhaltungsprogramm für Kinder, Spielplatz, zentrale Ladestation, Servicestelle, Supermarkt, Wäscherei, Hallenbad, Kleinkindbecken, verschiedene Sportangebote, Fahrradverleih

Zwischen Strand und Dünen

Dieser mit Spa und Einkaufsstadt ausgestattete Campingplatz ist ausreichend groß, um bei voller Besetzung als Kleinstadt durchzugehen. Durch seine Lage am Rand des Nationaal Parks Zuid-Kennemerland und den nahen Sandstrand verläuft sich die Besuchermenge ganz gut.

Auf Texel bleibt die Zeit stehen

Camping Kogerstrand auf Texel liegt direkt hinter der ersten Dünenreihe

Camping de Lankens

€€ | Zeeweg 60 | Bloemendaal aan Zee
Tel. +31 235 41 15 70 | campingdelakens.de/
GPS 52.408610755414, 4.5556139945983

▶ **Größe:** 900 Plätze, Airstream-Wohnwagen, Glampingzelte
▶ **Ausstattung:** Gym, Yogaretreats, Spielplätze, Restaurant

Mitten im Wald

Eissalons, frischer Hering, Pizzerien, Supermärkte und Fußballplätze? Klingt nach allem, was das Urlauberherz begehrt. Folglich ist dieser mitten im Wald gelegene Zeltplatz äußerst beliebt – zumal es nur 1,5 km bis zum Strand von Castricum sind. Trotz der Größe ist rechtzeitige Buchung unumgänglich.

Camping Bakkum

€€-€€€ | Zeeweg 31 | Castricum aan Zee
Tel. +31 251 66 10 91 | campingbakkum.nl
GPS 52.561847163240, 4.6327972412109

▶ **Größe:** 1800 Plätze, freistehende Ferienhäuser

▶ **Ausstattung:** Gym, Tennisplätze, Padel-Spielfeld, Pumptrack, Freilichttheater, Spielplätze, Kinderanimation, Ladestation für Elektroautos, Wäscherei, Arzt, Massage, Friseur

Im hippen Viertel

Im Zelt oder im Wohnwagen kannst du mit großer Sicherheit das Meer hören, schließlich befindet sich dieser Campingplatz nur eine Dünenreihe hinter der Nordsee. Ebenso weit ist es bis zum temperamentvollen Leben von De Koog auf Texel, wo es zuweilen bis in die Nacht hoch hergeht. Also eine perfekte Lage. Falls das Wetter nicht mitspielt, ist für Kinder gesorgt: Außerdem lockt der Campingplatz mit Hallenbad und Indoor-Spielplatz.

Camping Kogerstrand

€€€ | Badweg 33 | De Koog
Tel. +31 222 39 0112 | krim.nl
GPS 53.101844788069, 4.7580027580261

▶ **Größe:** 891 Plätze, eingerichtete Zelte, Trekkinghütten
▶ **Ausstattung:** Schwimmbad, Veranstaltungen

Kulinarisches am Wegesrand

Von Rotterdam bis Texel

Außen pfui, innen hui

In dieser ausgemusterten Lagerhalle auf der Halbinsel Katendrecht von Rotterdam gab es schon eine Food Hall, bevor das Konzept einen weltweiten Siegeszug angetreten hat. Der Pioniergeist weht bis heute durch das abgerockte Gebäude der **Fenix Food Factory.** Das IPA der Kaapse Brouwers stammt aus eigener Herstellung. Es ist so gut, dass man sich am liebsten ein Fässchen abfüllen lassen würde. *Infos: Nico Koomanskade 1025 | Rotterdam | fenixfoodfactory.nl | €*

Probier's mal, mit Gemütlichkeit

Gesundes Frühstück und ein leckerer vegetarischer Lunch im Liegestuhl? Diesen Stadttraum lässt das sympathische Lokal **Parqiet** mitten im schönsten Park von Rotterdam wahr werden. *Infos: Baden Powelllaan 20 | Rotterdam | parqiet.com | €*

Einmaliges Ambiente

Eine große Auswahl an kleinen Snacks auf hohem Niveau zu mittleren Preisen, das bekommst du in vielen Food-Hallen. Kaum irgendwo ist das Ambiente aber schöner als rund um den Innenhof der **Foodhallen Haagse Bluf** in Den Haag. Die Haagse Croquetterij serviert die Gourmetversion von frittierten Snacks. Am besten ist die Variante mit Boerenkaas. *Infos: Haagsche Bluf 40 | Den Haag | foodhallen.nl | €–€€*

Mit „een lekker spotify lijstje" chillen

Fischtacos, Bio-Bier vom Fass und ein gemütliches Feuerchen, dazu der Blick aufs Meer

Wer kennt sie nicht, die köstlichen Kartoffelstäbchen mit den leckeren Saucen?

Neben Obst und Gemüse bietet der Alkmaarer Markt auch viel Käse-Entertainment

in Scheveningen. Diese Wunschkombination ist im **Fat Mermaid** nicht ganz billige Realität. *Infos: Strandweg 19 | Scheveningen | thefatmermaid.nl | €€*

Nur das Beste aus der Nordsee

Frischer Fisch im ältesten Restaurant von Zandvoort: Das ist die simple Formel des unprätentiösen Lokals **De Meerpaal,** in dem vom geräucherten Aal über ein Krabbencocktail bis zur Scholle nur Fisch aus der Nordsee auf den Tisch kommt. Spezialität ist die Sliptong, eine kleine Unterart der Seezunge, die im Dreierpack gegessen wird. *Infos: Haltestraat 61 | Zandvoort | restaurantdemeerpaal.nl | €€*

Strandträume

Die Eigentümer haben sich mit der Eröffnung des Strandpavillons **Bada Bing** in Bergen aan Zee einen Jungstraum erfüllt. Dazu gehören vier Terrassen, effektiver Windschutz – und moderate Preise. Die Flasche Hauswein etwa ist für weniger als 20 Euro zu haben. *Infos: C.F. Zeiler Boulevard 3 | Bergen aan Zee 7 | strandpaviljoen-badabing.nl | €€*

In Käse schwelgen

Okay, es erfordert einen gewissen Aufwand, aber echte Käsefans lassen sich davon nicht abschrecken: Im nahen Beemsterpolder befindet sich der Hofladen **Cono Kaasmakers** der gleichnamigen Käsegenossenschaft, in dem es eine große Auswahl von vorzüglicher Qualität gibt. *Infos: Cono Kaasmakers | Rijperweg 20 | Westbeemster | 23 km südöstl. von Bergen | cono.nl*

Frisch, lokal, urban à la Texel

Texel hegt keinerlei Metropolenambitionen. Trotzdem musst du auf ein vorzügliches Frühstück nicht verzichten: Das knuffige **Lokaal 16** ist bekannt für guten Kaffee (Flat White!) und ein üppiges Frühstück, das stilvoll auf einer Etagere kommt. *Infos: Gravenstraat 16 | Den Burg | lokaal16.nl | €*

Romantisches IJsselmeer

Rundtour von Urk über den Afsluitdijk & Amsterdam

Strecke & Dauer

- Strecke: 445 km
- Reine Fahrzeit: 8 Std.
- Streckenprofil: Die Route führt über flache, gut ausgebaute Straßen. In einigen historischen Dörfern kann es auf Brücken und in Gassen schon mal eng werden. Eine Besonderheit ist der 32 km lange Afsluitdijk (Abschlussdeich), auf dem vor allem bei Wind Vorsicht geboten ist.
- Empfohlene Dauer: 6–8 Tage

Was dich erwartet

Das IJsselmeer hieß früher Zuiderzee, jedenfalls bis der Afsluitdijk gebaut wurde, um die umliegenden Städtchen vor den Fluten der Nordsee zu schützen. Nicht der einzige schwerwiegende Eingriff, denn die Niederländer haben weite Teile des Meeres trockengelegt und besiedelt. Malerische Städtchen erinnern an die Blütezeit des 17. Jh., wunderbar erholsam sind die Wasserlandschaften.

1 Urk

54 km

Kein Seemannsgarn – das Städtchen war einst Insel

Ohne Zweifel einer der apartesten Orte des Landes: **1** Urk war früher eine Insel in der Zuiderzee, deren Fischer auf allen Weltmeeren zu Hause waren. Dann wurden Afsluitdijk und Polder gebaut. Seitdem muss sich das Städtchen mit einer Nebenrolle als historisch wertvolles Touristenziel begnügen. Aus alten Zeiten überlebt hat eine strenge Frömmigkeit, die den Alltag in Form von allgegenwärtigen Kirchen und stimmgewaltigen Männerchören bis heute prägt.

Das Ijsselmeer ist ein Paradies für Wassersportler

Parken kannst du am Klifweg gegenüber der Touristeninfo für einen niedrigen Tagessatz (GPS 52.66000, 5.59935).

Auf dem Weg über die N 712 in Richtung Lemmer fällt auf, dass alle Pappeln, Birken oder Ulmen nach Spezies sortiert und ähnlich hoch sind. Sie wurden alle zur gleichen Zeit nach Trockenlegung des Polders gepflanzt. Es folgt ein radikaler Landschaftswechsel: Auf dem Weg von Lemmer nach Stavoren wirkt alles plötzlich natürlich und authentisch.

Auf der Eisschnelllaufroute

Am Ijsselmeer liegt das Dorf ❷ **Stavoren** (1000 Einw.), das in der friesischen Folklore zu den elf Städten der gleichnamigen Eisschnelllaufroute gehört. Der Hafen mit seinen bunten Häuschen wirkt fast skandinavisch, die Stadsgracht hingegen ist entschieden niederländisch. Über die Stadsgracht führen mehrere Brücken gen Osten. Am schönsten ist die Koebrug (Kuhbrücke): eine weiß getünchte Ziehbrücke aus Holz. Am Nordende des Dorfes gibt es einen kleinen P+R-Platz für den Bahnhof und die Fähre nach Enkhuizen. Alternativ am Südende der Straße Stadsfenne parken.

Weiter geht es nach Hindeloopen. Auf dem Stationsweg bis Noardermar. Der Straße folgen, auf Noorderdyk und Westerdijk entlang der Küste fahren.

❷ **Stavoren**

11 km

Rundtour von Urk über den Afsluitdijk & Amsterdam

Eines der schönsten Dörfer in Europa

Das hinreißende Dorf ❸ **Hindeloopen** wird von schmalen Wasserstraßen durchzogen. Ein japanischer Tourismusverband kürte es zu den schönsten Dörfern Europas. Auch Hindeloopen gehört zu den berühmten elf Städten Frieslands. Ein Schlittschuhlaufmuseum *(schaatsmuseum.nl)* thematisiert die Bedeutung des Sports für die Region und führt in die lokale Tradition des Schlittschuhlaufens ein.

5 km weiter wartet Warkum auf Besucher. Wer dem Rechnung tragen möchte, sollte die N 359 am Ortseingang verlassen, um über die Straßen Súd und Noard durchs Zentrum zu fahren. Über die N 359 und die A 7 geht es in die stolze Friesenstadt Sneek.

❸ **Hindeloopen**

30 km

❹ **Sneek**

25 km

Ein Stadttor als Wahrzeichen

Schon 1492 war Snits, wie die Einheimischen zu ❹ **Sneek** sagen, vollständig von einer Befestigungsanlage umgeben. Davon geblieben ist bis heute das charakteristische Wasserstadttor. Auch die Innenstadt hat sich kaum verändert: Grachten wie gemalt und gemütlich kleine Häuschen bestimmen das Bild. All das und die gute Anbindung an diverse Wasserstraßen machen Sneek zu einem populären Ziel – nicht nur für Bootskapitäne. Auf dem P+R-Parkplatz am Bahnhof nahe der City hast du Anschluss an die öffentlichen Verkehrsmittel *(GPS 53.03188, 5.65047)*.

Über die A 7 fährst du zurück in Richtung Ijsselmeer. Es ist eine Autobahn wie keine andere, denn sie führt über den Afsluitdijk in die Provinz Noord-Holland. Die 32 km lange Straße ändert nur zweimal die Richtung. Obwohl sie sich hinter der schützenden Deichkrone befindet, solltest du im Wohnmobil jederzeit auf starken Wind oder Böen gefasst sein.

Das Wasserstadttor ist das Wahrzeichen von Sneek

Hindeloopen gehört zu den berühmten elf Städten in Friesland

Die neue Bedeutung für „Wasserstraße"

Der Afsliutdijk wurde 1932 vollendet, um die Küsten des Ijsselmeers vor der launischen Nordsee zu schützen. Wenn du dich für Technik und Ingenieurskunst interessierst, bist du ganz am Anfang des Deichs im Dokumentationszentrum ❺ **Afsliutdijk Wadden Center** *(afsluit dijkwaddencenter.nl)* richtig aufgehoben. Der Bau des Deichs war ein Projekt von nationaler Tragweite, dessen Folgen für die komplette Zuiderzee enorm waren: Viele Städte mit einer internationalen Seefahrtsgeschichte wurden zu Binnenhäfen, deren Bedeutung sich seitdem überwiegend auf den Tourismus beschränkt. Immerhin wird auf Höhe des neuen Besucherzentrums in Kürze wieder eine Fischmigrationsschleuse eingerichtet, um die Artenvielfalt zu gewähren.

Die verbleibenden Kilometer bis Medemblik werden intensiv landwirtschaftlich genutzt, Erwähnenswertes gibt es auf der Strecke nicht. Du folgst weiter der A 7. In gebührendem Abstand zur Nordsee ist Medemblik das nördlichste und zugleich älteste Küstenstädtchen Westfrieslands, wie der Landstrich heißt. Das herrliche Stadtbild, der Jachthafen mit historischen Schiffen, die Burg Radboud, die Mehlmühle De Herder und die Museumsstoomtram (visitmedemblik. nl) lohnen einen kleinen Stopp. Über Wervershoof und die N 505 nimmst du Kurs auf Enkhuizen. Die Strecke führt mit einigen scharfen Kurven durch die Felder in die Stadt.

❺ **Afsliutdijk Wadden Center**

68 km

Rundtour von Urk über den Afsluitdijk & Amsterdam

Vom Welthafen zum Segler-Hotspot

Während des Goldenen Zeitalters in den Niederlanden im 17. Jh. war ❻ **Enkhuizen** mit seinen 25 000 Einwohnern eine Großstadt. Von den 500 Schiffen der niederländischen Heringsflotte waren gut 300 hier stationiert. Auch war der Hafen einer der Stützpunkte der VOC, der legendären Ostindien-Kompanie. Mit der Blüte war es allerdings 1650 abrupt vorbei, denn die zunehmende Handelskonkurrenz von Amsterdam und England bereitete ihr ein Ende. Die Stadt empfiehlt allen Campern, ausschließlich auf Campingplätzen zu parken.

Enkhuizen verlässt du über die N 307, doch schon bald nimmst du in einem Kreisverkehr die dritte Ausfahrt, um über die Küstenstraße in Richtung Süden auf Tersluis zuzusteuern. Du befindest dich nun auf der Küstenstraße, die an der Deichkrone entlangführt. Der Blick über das Ijsselmeer, das hier offiziell Markermeer heißt, ist endlos. Nach einem hufeisenförmigen Streckenverlauf erreichst du Hoorn, das du über den Provincialeweg auch umgehen kannst. In Scharwoude nimmst du die N 194 und die N 243 bis Schermerhorn, wo du über den Molendijk erst nach Noordeinde und Graft und schließlich nach De Rijp fährst.

- ❻ Enkhuizen
- 45 km
- ❼ De Rijp
- 20 km

Beliebter Wohnort unter Künstlern

Es scheint, als würde die Phalanx sehenswerter Dörfer in den Niederlanden nie abreißen. Die Siedlung ❼ **De Rijp** gehörte vom 17. bis 19. Jh. zu den wohlhabendsten des Landes. Damals gab es noch

Wie im Freilichtmuseum: das Dorf Volendam

Traditionelles Ambiente in der alten Fischerstadt Enkhuizen

einen Zugang zum offenen Meer, Herings- und Walfischer legten hier die Leinen los, um auf den Weltmeeren auf Fang zu gehen. Ihren Wohlstand haben sie in prächtigen Häusern verewigt. Das monumentale Rathaus von 1630 *(raadhuisderijp.nl)* kannst du besichtigen. Das Rathaus bildet gemeinsam mit einer Holzbrücke über die Dorfgracht ein Motiv, das vor Hollandklischees fast platzt.

Über die N 244 führt die Route direkt nach Volendam.

Tradition, Trachten, Trubel

Einst mit der offenen See verbunden sind die Städtchen an den Ufern des Ijsselmeers durch den Bau des Abschlussdeichs seit 1932 vor den Launen der Nordsee geschützt. Zurückgeblieben sind Fischerorte, die ihrer ursprünglichen Bedeutung beraubt wurden. Durch ihr authentisches Erscheinungsbild sowie ihre geschützte Lage werden heute viele von ihnen als Heimathafen von Wassersportlern angesteuert. ❽ **Volendam** trägt dabei die Züge eines Themenparks. Der Parkplatz am Slobbeland ist kostenlos, allerdings nicht allzu groß *(GPS 52.49191, 5.06345, 5–10 Min.* ins *Zentrum).*

Nach der vollen Dosis Ijsselmeer-Romantik fährst du über die N 244 und anschließend die A 7 zu einer holländischen Ikone.

❽ Volendam

25 km

❾ Zaanse Schans

61 km

Wo sich die Windmühlen drehen

Die ❾ **Zaanse Schans** war im 17. Jh. das erste Industriegebiet der Welt. Existenzgrundlage waren Windmühlen, mit deren Hilfe das Land trockengelegt wurde. Heute befinden sich eine ganze Reihe

Rundtour von Urk über den Afsluitdijk & Amsterdam

von Bauwerken auf dem Gelände, die Aufschluss darüber geben, wie sehr sich das Land im Lauf der Jahrhunderte verändert hat. Zur Auswahl stehen unter anderem ein Freilichtmuseum und eine Museumsmühle, aber auch ein auf alt getrimmter Supermarkt. Wenn es nicht zu voll ist, sind auch die Bootstouren ein Vergnügen *(Schansend 7 | Zaandam | dezaanseschans.nl)*. Du kannst die Anlage auch kostenlos am Abend besichtigen.

Wenn die Zeit es erlaubt, fährst du über A 7/8/10 und N 247 bis nach Monnickendam, um abermals der Küstenstraße bis Uitdam und Durgerdam zu folgen. Bald aber kommt die Ringautobahn A 10 in Sicht, die auch zur Campinginsel Zeeburg führt.

10 Amsterdam

36 km

Metropole mit liberalem Geist

Prächtige Patrizierpaläste. Das Abendlicht, das sich im Wasser der Grachten spiegelt. Mehr Fahrräder als Autos. Museen von Weltrang – und Menschen aus mehr als 180 Nationen, die harmonisch zusammenleben. Nicht zu vernachlässigen: Hollands Hauptstadt hat mehr zu bieten als nur Geschichte, denn außerhalb des Grachtengürtels erfindet sich **10 Amsterdam** in rasantem Tempo neu. Mit kleinen Campervans ist das Parken in der Stadt theoretisch möglich, aber aufgrund der engen Gassen absolut nicht empfehlenswert. Die beste Alternative zum Campingplatz ist der P+R-Parkplatz Zeeburg *(GPS 52.37188, 4.96183)*.

Auf der A 1 in Richtung Almere gelangst du zunächst zum mittelalterlichen Muiderslot. Kurz dahinter bringt dich die A 6 zurück ins neue Land. Konkret ist es das Zuid-Flevoland, das mit Almere die mittlerweile achtgrößte Stadt des Landes (215 000 Einw.) verzeichnet.

Im Naturschutzgebiet Oostvaaderplassen in Flevoland wurde der Film „Die neue Wildnis" gedreht

Hier lässt du gerne den Abend nach einem erlebnisreichen Sightseeingtag in Amsterdam ausklingen

Junge Stadt mit neun Stränden

Die Stadt polarisiert. Sie besteht aus den drei recht weit voneinander entfernten Teilen Haven, Buiten und Centrum, die allesamt durch konsequente Modernität auffallen. Viele Besucher von ⑪ **Almere** halten die Architektur für kühn, was nicht von der Hand zu weisen ist, da der urbane Masterplan aus dem Büro OMA von Baumeister Rem Koolhaas stammt. Schau dir unbedingt die Wohnhäuser auf dem Dach der City Mall an *(visitflevoland.nl)*. Doch auch der Standpunkt, Almere stelle nur ein herzloses artifizielles Konstrukt dar, ist keineswegs exotisch. Der Parkplatz P5 Hennepveld ist zentrumsnah, unter freiem Himmel und ohne Höhenbeschränkung *(GPS 52.37016, 5.22483)*.

Über die A 6 geht es zum Portal Hollandse Hout, einem der Zugänge zum Naturschutzgebiet.

Mit dem Ranger in die einmalige Natur

Das Naturschutzgebiet ⑫ **Oostvaadersplassen** ist nach den Seefahrern benannt, die auf dem Weg von Amsterdam in die ostasiatischen Kolonien hier vorbei mussten. Das 6000 ha große Areal hat 2013 durch den Dokumentarfilm „Die neue Wildnis" Furore gemacht, der das Leben in diesem besonderen Ökosystem thematisiert. Teilweise darf das Gebiet *(staatsbosbeheer.nl)* betreten werden, der Besuch zeigt die Vielseitigkeit des neuen Landes.

Schon bald schließt sich der Kreis und die Tour rund um das Ijsselmeer ist vollendet. Bis nach Urk bleiben 37 km über A 6 und N 352.

⑪ Almere

33 km

⑫ Oostvaadersplassen

37 km

① Urk

Niederlande

Campingplätze am Wegesrand

Rundtour von Urk über den Afsluitdijk & Amsterdam

Ein Domizil für Pferdefreunde

Die Wahrscheinlichkeit, dass man sein Pferd mit in den Urlaub nehmen möchte, ist eher gering. Doch für alle Fälle: Hier ist es möglich. Damit ist gleichzeitig der Ton gesetzt für die gesamte Anlage, die ländlich und familienfreundlich ist. Auch erwähnenswert: die ruhige Lage mitten in einem künstlich angelegten Wald. Bis zum Fischerort Urk sind es zu Fuß etwa 30 Min.

Vakantiepark t'Urkerbos
€€ | Vormtweg 9 | Urk
Tel. +31 527 68 77 75 | urkerbos.nl
GPS 52.679621484419, 5.6093788146972
▶ **Größe:** 180 Plätze, von Glampingzelten bis zu Blockhütten
▶ **Ausstattung:** Freibad, Spielplatz, Lauf- und Pflegeponys, Snackbar

Zwischen Hennen und Schafen

Rund 3000 Hennen erfreuen sich auf diesem Bauernhof großzügiger Auslaufflächen 12 km nordwestlich von Sneek. Doch auch für Anhänger naturnahen Urlaubs gibt es genügend Platz. Wer mag, kann Rad fahren, angeln und im gut sortierten Hofladen regional einkaufen. Saubere Duschen und Kanuverleih. Sehr guter Standard für einen verschwindend geringen Preis.

Boerencamping Fûgelfrij
€ | Schwartzenbergweg 2 | Hichtum
Tel. +31 515 57 52 26 | fugelfrij.com
GPS 53.077759594718, 5.5251145362854
▶ **Größe:** 40 Plätze, umgebauter Bauwagen

Zwischen Meer und Stadtmauer

Dieser Ferienpark ist ein Vorreiter: Neben einem Zeltplatz und Ferienhäusern befinden sich auf dem Gelände auch Wohnhäuser getreu dem Motto „Da leben, wo andere Urlaub machen". Ein gutes Argument ist neben der Lage am Ijsselmeer auch die Nähe zur Innenstadt von

Alles dabei für den Campingurlaub in den Niederlanden

Im Camping Zeeburg vor den Toren von Amsterdam kannst du eine ganze Campingstadt erkunden

Enkhuizen. Gute Sanitäranlagen, aber weder Toilettenpapier noch Papiertücher.

Europarc Enkhuizer Strand

€€-€€€ | Immerhornweg 15 | Enkhuizen
Tel. +49 221 82 82 84 00 | europarcs.nl/vakantieparken/nederland/noord-holland/enkhuizer-strand
GPS 52.711053333528, 5.2917194366455

▶ **Größe:** 130 Plätze, Lodgezelte, Bungalows

Zwischen Fluss und See

Freundliche und intime Anlage am Wasser. Die Atmosphäre ist angenehm entspannt, das verträumte Städtchen Edam gut zu Fuß erreichbar. Wer ein Rad dabei hat, kann dieses bequem für einen Tagesausflug nach Amsterdam benutzen (alternativ gute Busverbindung). Große Spielwiese am Ijsselmeer für Kinder.

Camping Strandbad Edam

€€ | Zeevangszeedijk 7A | Edam
Tel. +31 299 37 19 94 | campingstrandbad.nl
GPS 52.518858456954, 5.0737738609313

▶ **Größe:** 40 Mieteinheiten, 110 Saisonplätze, 7 Trekkinghütten
▶ **Ausstattung:** moderne Sanitäranlagen, Waschsalon, separater Baby-Waschraum, behindertengerechte Dusche und Toilette, Restaurant und Imbiss, Spielplatz, Tischtennisplatte, Fahrradverleih,

Stadtcamping von seiner besten Seite

Eine Campingstadt für sich, die sich auf einer Insel in den Ausläufern des Flusses IJ ausbreitet. Die Anlage ist nicht nur wegen ihrer besonderen Lage beliebt, sondern auch aufgrund des Straßenbahnanschlusses, der die Besucher in gut 15 Minuten zum Grachtengürtel befördert. Allerdings geht es hier zuweilen hoch her.

Camping Zeeburg

€€€ | Zuider IJdijk 20 | Amsterdam
Tel. +31 20 6 94 44 30 | campingzeeburg.de
GPS 52.365118306150, 4.9606490135192

▶ **Größe:** max. 1200 Personen, vom Holzfass bis zur Ferienwohnung

Niederlande

Kulinarisches am Wegesrand

Rundtour von Urk über den Afsluitdijk & Amsterdam

Fisch bis zum Abwinken

Aal, Hummer, Seezunge. Du stehst auf Fisch? Dann nichts wie hin zu **Visspecialiteiten Baarssen** in Urk. Freitags ab 17 Uhr lockt das Lokal mit seiner Fischbüffetplaza, einem All-you-can-eat-Büffet für Fans zu einem annehmbaren Preis. *Infos: Klifweg 2–4 | Urk | visspecialiteitenbaarssen.nl*

Frische aus Flevoland

Einer der Gründe für die Trockenlegung von Flevoland: Die Niederlande brauchten eine neue Kornkammer. Im Bauernladen **Vers uit de Nop** steht das Ergebnis in den Regalen: Obst, Gemüse, Säfte und natürlich jede Menge Kartoffeln für leckere *fritjes*. *Infos: Hannie Schaftweg 10 | Emmeloord | 13 km östl. von Urk über N 351/717 | versuitdenop.nl*

Die besten Sandwiches weit und breit

Der Name des Lokals in Sneek, **Royaal Belegd**, bedeutet so viel wie „königlich belegt". Das ist kein leeres Versprechen, denn die Sandwiches genießen überregionalen Ruhm. Fast alle Produkte sind bio. Der *Rode Smoothie* ist der beste Beweis, dass flüssige Vitaminbomben vorzüglich munden können. *Infos: Lemmerweg 4 | Sneek | royaalbelegd.nl*

Ein Bierchen zischen

Die Friesen sind umtriebige Bierbrauer. So wundert es nicht, dass die kleine Brauerei **Us Heit** aus Bolsward mittlerweile unter Kennern landesweiten Ruhm genießt. *Infos: Snekerstraat 43 | Bolsward | usheit.com*

Hmmh, lecker: frisch ausgebackener Kibbeling

Eine kleine süße Stärkung kannst du auf deiner Tour gut gebrauchen

Sympathisch gemütlich

Die Tapasbar **Onder de Wester** besitzt eine internationale Ausrichtung. Aber auch die Varianten belegter Fladenbrote schmecken sehr gut. Bei gutem Wetter ist die hübsche Terrasse geöffnet, mit Blick auf die ehrwürdige Westerkerk in Enkhuizen. *Infos: Westerstraat 113 | Enkhuizen | onderdewester.nl*

Mehr als nur Fritteuse

Wer nach Volendam fährt, kommt am Fisch kaum vorbei. Der Crew des angenehm altmodischen **Café De Dijk** mit schönem Blick auf den Hafen fällt mehr ein als der universelle Einsatz der Fritteuse – zum Beispiel ein *High Wine* mit drei Gängen und Weinbegleitung. *Infos: Haven 108 | Volendam | cafededijk.nl*

Sich mal was gönnen

Die **Brasserie Ambassade** ist ein tolles Bistro mit ambitionierter französischer Küche und aufmerksamem Service in einem prächtigen Grachtenhaus, das zum Hotel Ambassade Amsterdam gehört. Ein Fall für ein romantisches Dinner für Zwei. *Infos: Herengracht 339 | Amsterdam | brasserieambassade.nl*

Der holländische Traum

Die **Brouwerij t'Ij** in Amsterdam ist ein Biergarten mit Probierstube und hausgemachtem Gerstensaft im Schatten einer Windmühle. Dieser kleine holländische Traum ist im Osten der Stadt wahr geworden. Die Küche beschränkt sich auf Käseplatten und ähnlich effektive Trinkhilfen. *Infos: Funenkade 7 | Amsterdam | brouwerijhetij.nl*

An vielen Traumstränden auf dem Darß an der deutschen Ostseeküste ist Dünencamping angesagt

MARCO POLO
DIGITALE EXTRAS

TOUREN-DOWNLOAD

Alle Touren aus diesem Band als gpx-Download zur einfachen Orientierung unter: www.marcopolo.de/camper-guide/auf_tour_norden

PLAYLIST ZU DEN WOHNMOBILTRIPS

Den Soundtrack für deinen Urlaub gibt's auf Spotify unter MARCO POLO Ab in den Norden

Code mit Spotify-App scannen

Register

Aarhus 87
Abbotsford House 196
Aegna 143
Afsliutdijk 241
Afsliutdijk Wadden Center 241
Å i Lofoten 19
Ålesund 41
Almere 245
Alūksne 147
Amsterdam 244
An Ceann Mòr, Aussicht 207
Åndalsnes 40
Andenes 27
Andøya 27
Anholt 85
Ardlui 207
Arisaig 211
Arken Museum for Moderne Kunst 95
Austvågøya 24

Bad Malente-Gremsmühlen 162
Bakkum 9
Baltā kāpa 129
Bergen 231
Bergen aan Zee 11
Berwick-upon-Tweed 198
Bloemendaal 231
Bodø 18
Borga Eggum 8, 23
Bøstad 23
Breidalsvatnet 37
Brommö Store Vite Sand, Strand 70
Burg von Rakvere 144
Büsum 172

Cismar 164

Dalsnibba, Aussicht 37
Dänemark 77
Den Haag 227
Den Helder 232
De Rijp 242
Djupvatnet 37
Dryburgh 196
Dunte 135

East Lothian Coast 192
Ebeltoft 86
Edinburgh 11, 192
Eidersperrwerk 174
Eidsdal 39
Enkhuizen 242
Esterhøj, Gedenkstein 102

Eutin 11, 162
Eyemouth 198

Fairy Pools 9
Falls of Falloch 208
Fehmarn 164
Fehmarnsundbrücke 164
Flakstad 22
Flakstadøya 21
Floors Castle 197
Flydalsjuvet, Aussicht 37
Fort William 209
Frederiksborg Slot 97
Frederikshavn 83
Friedrichstadt 178

Galashiels 195
Gålö 58
Gamleby Trollskogen 56
Gamle Strynefjellsvegen, Landschaftsroute 36
Geirangerfjord 38
Geiranger-Trollstigen, Landschaftsroute 37
Geopark Odsherred 100
Gilleleje 98
Gimsøya 24
Glasgow 204
Glasshytta på Vikten 22
Glencoe 209
Glenfinnan Monument 210
Glen Nevis 209
Götakanal 69
Gränna 10, 67
Grömitz 164
Großer-Belt-Brücke 103
Grotli Høyfjellshotell 36
Gudbrandsjuvet, Aussicht 39
Gut Panker 163

Habo, Kirche 68
Hadseløya 25
Halsskov 103
Hamnøy 21
Heiligenhafen 164
Hermitage Castle 195
Hindeloopen 240
Hinnøya 26
Hjo 68
Hoek van Holland 226
Hohwacht 163
Holstebro 88
Honingdalsvatnet 34
Hønsinge Lyng 101
Hoven, Berg 34

Hov Gård 24
Hundested 100
Hurtigrutemuseet 26
Husum 179

Ijsselmeer 238
Isle of Skye 9

Jönköping 67
Jostedalsbreen Nasjonal- parksenter 35
Jūrmala 130
Jütland 83
Jyllinge Marina 97

Kafejnīca Cope 130
Kalmar 53
Kalø Slotsruin 87
Kanalschleusen von Berg 64
Kap Kolka 123, 128
Karlsborg 69
Kattegatcentret Grenaa 85
Katwijk 229
Kauksi 146
Kellersee 162
Kelso Abbey 197
Kijkduin 227, 228
Klaipėda 114
Knoydart 211
Kolkasrags 123
Kopenhagen 94
Kuldīga 120
Kurische Nehrung 9, 116

Læsø 83
Langøya 26
Latvijas Etnogrāfiskais brīvdabas muzejs 133
Lefdal 33
Leiden 228
Liepāja 118
Lille Tilde 96
Loch Lomond 206
Lodalen 35
Lofotr Vikingmuseum Borg 23
Lovatnet 35
Lübecker Bucht 166
Ludza 148
Majori 130
Mallaig 211
Måløy 32
Måløystraumen 33
Mariestad 70
Medemblik 241
Melrose 196

REGISTER

Mērsrags 129
Mønsted Kalkgruber 88
Monster 226
Mors 89
Moskenesøya 19
Motala 65

Näs sannar, Strand 70
Nationalpark Gauja 133
Nationalpark Jostedalsbreen 34
Nationalpark Lahemaa 143
Nationalpark Loch Lomond & The Trossachs 206
Nationalpark Mols Bjerge 87
Nationalpark Slītere 123
Nationalpark Tiveden 69
Nationalpark Tresticklan 71
Nationalpark Tyresta 59
Nationalpark Zuid-Kennemerland 230
Naturpark Pape 118
Naturparkzentrum Fugledegård 102
Naturreservat Stendörren 58
Neustadt in Holstein 165
Noordwijk 229
Nordfjordeid 33
Nordstrand 9, 181
Norrköping 57, 64
North Berwick 199
Norwegen 13
Nusfjord 22

Öland 53
Olando kepures skardis, Aussicht 117
Omberg Ecopark 66
Oostvaaderplassen 245
Oppstrynsvatnet 35
Ørnesvingen, Aussicht 39
Oskarshamn 54
Oxelösund 57

Palanga 117
Pataholm 54
Pavilosta 119
Peipus-See 145
Pellworm 181
Plön 161
Poskær Stenhus 87
Preetz 160
Püünsi 143

Råbjerg Mile 83
Raftsund 25
Rakvere 144
Rampestreken, Aussicht 40
Rannoch Moor 209
Razna-See 149
Refviksanden, Strand 32
Reine 20
Reinebringen 20
Rentierfarm Inga Sámi Siida 27
Riga 132
Rigaer Bucht 135
Road to the Isles, Panoramaroute 210
Rök 66
Rømsdalseggen 41
Rørvig 100
Roskilde 96
Røsnæs 102
Rosslyn Chapel 193
Rotterdam 224

Sabile, Weinberg 120
Sæby 84
Sagastad, Wikingerzentrum 34
Sakrisøya 21
Saltstraumen 18
Samye Ling 194
Sandhamn 52
Sandhöhlen von Riežupe 120
Sankt Anna 56
Scharbeutz 166
Scheveningen 227
Schleusentreppe bei Borenshult 65
Schoorl 232
Schottland 187
Sjælland 94
Sjællandsbroen 95
Skagen 8, 82
Skrova, Schäre 25
Skye 213
Smailholm Tower 196
Sneek 240
Sortland 26
St Abb's Head 199
Stavoren 239
Stockholm 59
St. Peter-Ording 175
Stryn 34
Stryneelva 35
Stryn-Sommerskizentrum 36

Südschweden 47
Svinøya 10
Svolvær 25

Tallinn 11, 140
Tarbet 207
Tartu 146
Texel 233
The Hill House 206
Timmendorfer Strand 166
Tissø 102
Tissø Vikingecenter 102
Tisvildeleje, Strand 99
Tönning 176
Torabhaig Distillery 213
Torhamn 52
Torvdalshalsen, Rastplatz 24
Traquair House 194
Traveünde 167
Trollfjord 25
Trollstigen, Aussicht 40
Turaida, Burg 134

Udbyhøj Kabelfærge 84
Ungurmuiža 134
Urk 238
Urnatur, Feriendorf 67
Užava-Brauerei 121

Vadstena 65
Vågsøy 32
Vänern 8, 70
Västervik 55
Vättern 65
Ventspils 121
Veten, Berg 32
Viborg 88
Viru, Hochmoor 144
Vita sandar, Strand 70
Volendam 243
Võru 146

West Highland Way, Weitwanderweg 206

Zaanse Schans 243
Zandvoort aan Zee 230

IMPRESSUM

Titelbild: Schafe weiden auf einer Wiese, dahinter stehen Camper auf einem Parkplatz in der Landschaft. Isle of Mull, Schottland, Grossbritannien (Mauritius images: Bruno Kickner)

Fotos: Camping Žagarkalns (137); DuMont Bildarchiv/picture alliance: H. Meyer zur Capellen (157); imagebank.sweden.se: Alexander Hall (72), Anna Hållams (11), Christoffer Collin (70), Henrik Trygg (59), Tina Stafrén (62); iStock.com: Aleh Varanishcha (115), anela (182), anyaberkut (252), gorsh13 (116), imantsu (148), Jelena Safronova (132), mariannehoy (17), prosiaczeq (146), veger (147); R. Johnen (247); M. Kaupat (136); Laif/hemis.fr: B. Gardel (113); M. Kaupat (120, 124, 181, 183, 184, 212); M. Müller (85, 90, 91, 93, 95, 96, 97, 100, 104, 105, 210, 214); Martin Mueller (14, 20, 24, 27, 29); Martin Müller (89); Mauritius images: Alamy Stock Photos / Ragnar Th Sigurdsson (41); Mauritius/Alamy: M. Ramirez (142); Oliver Lück (61, 65, 74, 75); pio3 (201); S. Tokarski (171); Shutterstock.com: A. Armyagov (12/13, 19, 31), A. Hoehne (250–251), A. Lurye (111), Aastels (108/109), Abinieks (134), Agenturfotografin (206), Alberto Loyo (237), Alexanderstock23 (81), alfotokunst (180), Algimantas Barzdzius (188), Allard One (229), Ana del Castillo (25), Andrei Nekrassov (144), Anki Hoglund (67), AnMenshikova (131), Art_Pictures (185), arvids001 (130), AS Food studio (127), AS Foodstudio (44), B. Hoff (156), Bargais (122), barmalini (217), beaulaz (45), BeautifulBlossoms (215), Bjoern Wylezich (38), Brian Blades (209), by-studio (56), CloudVisual (198), Dan_Manila (107), Deyveone (71), dibrova (35), Dietmar Rauscher (170), EdgarsFoto (121), EdSea (53), Firn (235), fotoschneider (118), Frank Lambert (43), fujilovers (30), G. Akelis (4–5), Gertan (249), Giedrius Akelis (36), Goldsithney (232), grebcha (150), I. Kruklitis (133), Imfoto (49, 60), Ina Meer Sommer (173), Ingrid Pakats (152), INTREEGUE Photography (243, 246), iuliia_n (48), iwciagr (37), Jeff Whyte (202), JeniFoto (218–219), Jo Jones (98), Juergen Wackenhut (162, 165, 166, 177), Jule_Berlin (194), Juliette Mages (10), JuliusKielaitis (125), K. A. Isaksen (86), Karl Aage Isaksen (87), Karl Allen Lugmayer (8–9), kelifamily (223), Kjersti Joergensen (26), Konstantins Pobilojs (101), L. Kuse (79), Lasse Johansson (68), LeManna (145), Lightboxx (178, 179), Liliia Fadeeva (126), LouieLea (22), Lublinn (55), Lukasz Janyst (28), M. Bergsma (234), M. Venema (163), Majonit (175), makasana photo (159), Maliwan kittidacha (40), Marijs Jan (244), Martin Bergsma (241), Maximillian cabinet (153), Miks Mihails Ignats (129), Mistervlad (141), nehls16321 (176), Nick Fox (21, 211), Todor N. Nikolov (189), oksana perkins (73), Oliver Foerstner (106), OtmarW (205), penofoto (161), Petr Jelinek (196), petratrollgrafik (58), PIXEL to the PEOPLE (76–77), posteriori (231), protoper (151), Reidar Nesje (34), Resul Muslu (242), Richard Kellett (203), Richard Semik (236), Richard Whitcombe (207), ricok (46/47), Riska Parakeet (199), Rolf_52 (57, 63), ronstik (135), Rudmer Zwerver (221), S. Figurnyi (193), S. Winter (233), saiko3p (15, 39, 42), Sebastian Heider (208), Shaiith (186–187), Sina Ettmer Photography (167, 174), Snapshot freddy (154–155), Sofiia Popovych (92), St. Alenas (78), Stefano Zaccaria (66), Stephen Bridger (216), Steve Photography (239, 240), stockcreations (191, 248), Suratwadee Rattanajarupak (23), Susie Hedberg (54), Svetlana Monyakova (138), T. Cloverfield (83), Taiga (220), Tanya Keisha (139), Thijs de Graaf (230), Tommy Alven (2), torstengrieger (84), trabantos (99, 110, 117, 227), Ttphoto (51, 69), Uldis Laganovskis (149), Ulmus Media (195), uslatar (103), V_E (245), Valdis Skudre (119), Vladimir Zhoga (228), J. Wackenhut (168), Wapted (197), Wirestock Creators (33, 226), XaviFar (200), Z. Jacobs (225); T. Zwicker (169)

Texte: Der Inhalt dieses Buchs basiert auf bereits veröffentlichten Texten der Camper-Guide- und der Reiseführer-Reihe von MARCO POLO.

1. Auflage 2025
© 2025 MAIRDUMONT GmbH & Co. KG, Ostfildern

Konzept & Projektleitung: Tamara Siedler
Redaktion & Satz: Susanne Schleußer, derschönstesatz
Kartografie: © KOMPASS-Karten GmbH, kompass.de unter Verwendung von © OpenStreetMap Contributors, osm.org/copyright
Als touristischer Verlag stellen wir bei den Karten nur den De-facto-Stand dar. Dieser kann von der völkerrechtlichen Lage abweichen und ist völlig wertungsfrei.
Bildbearbeitung: typopoint GbR, Ostfildern
Gestaltung, Umschlag & Layout: Sofarobotnik, Augsburg & München

Printed in Slovenia

Lob oder Kritik? Wir freuen uns auf deine Nachricht!
Trotz gründlicher Recherche schleichen sich manchmal Fehler ein.
Wir hoffen, du hast Verständnis, dass der Verlag dafür keine Haftung übernehmen kann.
**MARCO POLO Redaktion, MAIRDUMONT, Postfach 3151,
73751 Ostfildern, info@marcopolo.de**

Unvergessliche Erlebnisse

Zu den Wasserfällen am Geirangerfjord paddeln

Klar, du kannst auch mit dem Schiff oder Schiffchen den Geirangerfjord erkunden. Ein aktives Erlebnis wie beim Seekajakfahren erschließt dir das berühmteste Naturjuwel Nordnorwegens aber auf ganz besondere und ungleich intensivere Art und Weise. So kannst du die Kraft und Schönheit der Sieben-Schwestern-Wasserfälle aus nächster Nähe erleben. ▶ **S. 38**

Auf der Wanderdüne Råbjerg Mile herumtollen

Die Weite Nordjütlands, das hübsche Skagen, allein diese Orte versprechen bereits unvergessliche Hygge-Momente in Dänemark. Zum Kind wird auch jeder Erwachsene, wenn er auf der riesigen Wanderdüne Råbjerg Mile Schuhe und Strümpfe von den Füßen streift und über die Sandmassen keuchend bergan stapft – ein Wüstenfeeling –, oder sprintend bergab läuft – ein Schwebezustand. ▶ **S. 83**

Schäfchen zählen beim Radfahren auf Pellworm

Ein Inselbesuch ist immer spannend – auch wenn es nur eine halbe ist. Man hat das Gefühl, eigene Welten zu entern. Entdecke die Welt der Insel Pellworm vor der norddeutschen Küste auf dem Fahrrad mit tollen Ausblicken über die Halligen. Genieße die Weiten des Wattenmeers und die frische Seeluftbrise der Nordsee und stärke dich dann mit leckeren Fischbrötchen am idyllischen Hafen mit seinen bunten Krabbenkuttern. ▶ **S. 181**

In Tyresta uralte Kiefern umarmen

Genug vom Stockholmer Großstadtleben? Dann suche ausgleichende Ruhe in der Natur. Und zwar im wunderbaren Wald des Tyresta-Nationalparks in Südschweden, dem größten Urwaldgebiet südlich des Dalälven und nur wenige Kilometer von der Hauptstadt entfernt: raue, knorrige Kiefern, hoch aufragende Tannen über Moosen und Flechten, das glitzernde Wasser der Seen. Einatmen, ausatmen – Entspannung! ▶ **S. 59**

Am Kap Kolka picknicken

„Das lettische Kolkasrags ist ein natürlicher Treffpunkt. Meere und Nationen treffen hier aufeinander: der Mensch mit der Natur, der Sonnenaufgang mit dem Sonnenuntergang, Vogel und Schifffahrtswege ebenso wie Vergangenheit, Gegenwart und Zukunft." – so formuliert es poetisch-eindrücklich die Website *kolkasrags.lv*. Nimm dir Zeit, diese Eindrücke aufzunehmen und ihnen nachzuspüren. Also dann: Picknickdecke ausgebreitet, ein paar Leckereien und ein Getränk aufgetischt, und los geht's. ▶ **S. 123**

Auf Loch Lommond mit dem SUP kreuzen

Auf dem Wanderweg „West Highland Way" bei Ardlui hast du ihn die ganze Zeit im Blick: Loch Lommond. Tausche in Ardlui die Wanderschuhe mit einem SUP und wechsle die Perspektive. Schippere gemütlich paddelnd auf dem in der Sonne funkelnden Wasser und betrachte die schottischen Highlands von unten. ▶ **S. 207**